As quarenta parábolas de Jesus

Dados Internacionais de Catalogação na Publicação (CIP)
(Câmara Brasileira do Livro, SP, Brasil)

Lohfink, Gerhard
  As quarenta parábolas de Jesus / Gerhard Lohfink ; tradução de Milton Camargo Mota. – Petrópolis, RJ : Vozes, 2025.

  Título original: Die vierzig Gleichnisse Jesu

  ISBN 978-85-326-7067-0

  1. Jesus Cristo – Parábolas I. Título.

24-236135   CDD-226.8

Índices para catálogo sistemático:

1. Jesus Cristo : Parábolas   226.8

Cibele Maria Dias – Bibliotecária – CRB 8/9427

GERHARD LOHFINK

As
quarenta parábolas
de Jesus

Tradução de Milton Camargo Mota

EDITORA
VOZES

Petrópolis

© 2020 Verlag Herder GmbH, Freiburg im Breisgau.

Tradução do original em alemão intitulado *Die vierzig Gleichnisse Jesu*

Direitos de publicação em língua portuguesa – Brasil:
2025, Editora Vozes Ltda.
Rua Frei Luís, 100
25689-900 Petrópolis, RJ
www.vozes.com.br
Brasil

Todos os direitos reservados. Nenhuma parte desta obra poderá ser reproduzida ou transmitida por qualquer forma e/ou quaisquer meios (eletrônico ou mecânico, incluindo fotocópia e gravação) ou arquivada em qualquer sistema ou banco de dados sem permissão escrita da editora.

CONSELHO EDITORIAL

Diretor
Volney J. Berkenbrock

Editores
Aline dos Santos Carneiro
Edrian Josué Pasini
Marilac Loraine Oleniki
Welder Lancieri Marchini

Conselheiros
Elói Dionísio Piva
Francisco Morás
Gilberto Gonçalves Garcia
Ludovico Garmus
Teobaldo Heidemann

Secretário executivo
Leonardo A.R.T. dos Santos

PRODUÇÃO EDITORIAL

Aline L.R. de Barros
Jailson Scota
Marcelo Telles
Mirela de Oliveira
Natália França
Otaviano M. Cunha
Priscilla A.F. Alves
Rafael de Oliveira
Samuel Rezende
Vanessa Luz
Verônica M. Guedes

Diagramação: Sheilandre Desenv. Gráfico
Revisão gráfica: Michele Guedes Schmid
Capa: Rafael Machado

ISBN 978-85-326-7067-0 (Brasil)
ISBN 978-3-451-38670-1 (Alemanha)

Este livro foi composto e impresso pela Editora Vozes Ltda.

Sumário

Prefácio 11

I
COMO AS PARÁBOLAS FUNCIONAM, 15

1 O leão, o urso e a serpente (Am 5,18-20) 15
2 O espinheiro se torna rei (Jz 9,8-15) 20
3 A ovelhinha do pobre (2Sm 12,1-4) 26
4 O cântico da vinha (Is 5,1-7) 30
5 A esposa infiel (Ez 16,1-63) 34
6 A videira e os ramos (Jo 15,1-8) 40
7 O olmo e a videira (Hermas, Similitudes II 1-10) 43
8 O rei que adquiriu um povo (Mekhilta sobre Ex 20,2) 47
9 O homem no poço (Friedrich Rückert) 51
10 O nadador perfeito (Martin Buber) 57

II
AS QUARENTA PARÁBOLAS DE JESUS, 61

1 A invasão bem-sucedida (Lc 12,39) 63
2 A subjugação do "homem forte" (Mc 3,27) 66
3 O tesouro no campo e a pérola (Mt 13,44-46) 69

4	A figueira em flor (Mc 13,28-29)	79
5	O grão de mostarda (Mc 4,30-32)	82
6	O fermento (Lc 13,20-21)	87
7	A semente que cresce por si mesma (Mc 4,26-29)	90
8	A colheita abundante (Mc 4,3-9)	94
9	Os dois devedores (Lc 7,41s.)	104
10	A ovelha perdida (Mt 18,12-14)	106
11	A dracma perdida (Lc 15,8-10)	110
12	O filho pródigo (Lc 15,11-32)	113
13	Os trabalhadores na vinha (Mt 20,1-16)	125
14	O juiz e a viúva (Lc 18,1-8)	134
15	O amigo insistente (Lc 11,5-8)	138
16	O banquete (Lc 14,16-24)	142
17	A rede de pesca (Mt 13,47-50)	149
18	O joio no trigo (Mt 13,24-30)	153
19	O fariseu e o publicano (Lc 18,10-14)	160
20	O bom samaritano (Lc 10,30-35)	165
21	Os dois filhos desiguais (Mt 21,28-31)	170
22	O rico e o pobre (Lc 16,19-31)	175
23	As dez virgens (Mt 25,1-13)	182
24	A figueira estéril (Lc 13,6-9)	188
25	As crianças briguentas (Mt 11,16-19)	191
26	A caminho do tribunal (Mt 5,25-26)	194
27	O fazendeiro insensato (Lc 12,16-20)	196
28	O convidado sem traje de festa (Mt 22,11-13)	200
29	O servo incompassivo (Mt 18,23-34)	202
30	Os escravos vigilantes (Lc 12,35-38)	210
31	O escravo que mantém guarda (Mt 24,45-51)	218

32 O salário dos escravos (Lc 17,7-10) 222
33 O dinheiro entregue em confiança (Mt 25,14-30) 227
34 O administrador desonesto (Lc 16,1-13) 236
35 O assassino (*EvThom* 98) 242
36 Construção da torre e condução da guerra (Lc 14,28-32) 246
37 Construção de uma casa sobre a rocha ou sobre a areia
    (Mt 7,24-27) 250
38 A lamparina no candelabro (Mt 5,15) 253
39 A morte do grão de trigo (Jo 12,24) 256
40 Os lavradores violentos (Mc 12,1-12) 260

III
A SINGULARIDADE DAS PARÁBOLAS DE JESUS, 277

1 O material 277
2 A forma 281
3 A tradição 293
4 O tema 298
5 O tema dentro do tema 313

Referências 323
As parábolas no ano litúrgico 329

As parábolas não apenas nos conduzem ao centro da pregação de Jesus, mas ao mesmo tempo apontam para a pessoa do pregador, para o próprio mistério de Jesus (Eberhard Jüngel)[1].

---

1. *Die Problematik der Gleichnisse Jesu*, p. 281.

Prefácio

As parábolas de Jesus nunca foram peças de museu. Desde o início, elas foram continuamente contadas, pensadas, explicadas, inseridas em novas situações e, dessa maneira, mantiveram seu frescor e seu fulgor. Acima de tudo, elas foram incorporadas aos textos dos evangelhos, onde muitas vezes receberam até mesmo enquadramentos próprios, que já eram, por si, uma espécie de interpretação. Nesse processo, era perfeitamente possível que o "cume de sentido" de uma parábola se deslocasse para outra parte.

Por certo, é legítimo buscar a forma mais antiga e o sentido originário das parábolas de Jesus. No entanto, não se deve fazer isso seguindo o lema de que é preciso remover o "cascalho" da tradição da Igreja para chegar à rocha sólida da origem.

Não gosto dessa imagem. A tradição da Igreja não é um campo de cascalhos e muito menos um monte de detritos. Se não houvesse essa tradição eclesial como uma transmissão fiel e moldada, não teríamos mais as parábolas de Jesus. Elas nos foram preservadas e nunca cessam de exercer seu poder justamente porque viveram na pregação da Igreja.

Prefiro outra imagem: As parábolas de Jesus são como diamantes que, já desde o início de sua transmissão e principalmente nos próprios evangelhos, receberam um engaste.

Os engastes de pedras preciosas não são apenas valiosos em si mesmos. Eles são necessários. Eles dão destaque e apoio à gema, preservam-na e a protegem. E devem ser levados em consideração para a interpretação das parábolas de Jesus. A Igreja precisa de ambos: a constante atenção à sua tradição e, ao mesmo tempo, a crítica histórica, que pergunta pela origem.

Mas o todo precisa ser formulado de maneira ainda muito mais radical: Sempre encontramos a verdadeira imagem de Jesus apenas na pregação da Igreja e nunca passando ao largo dessa pregação. Peter Stuhlmacher acerta ao afirmar: "A crítica histórica é uma ferramenta de trabalho valiosa, mas quando se trata de exegese de livros bíblicos, ela deve ser integrada à moldura da tradição da Igreja"[2].

Tudo isso precisava ser dito para que o que vem a seguir não seja mal compreendido. Agora que foi dito, posso passar ao tema deste livro. Trata-se aqui da origem. Trata-se da forma mais antiga das parábolas de Jesus e de sua mensagem originária. Trata-se, portanto, de uma das questões mais importantes na interpretação dos evangelhos – e dos problemas que desde muito mantêm ocupada a pesquisa sobre Jesus. Neste livro, recorro gratamente ao trabalho de muitos estudiosos do Novo Testamento sobre as parábolas de Jesus.

Contudo, não estou interessado numa visão geral da pesquisa e também não primordialmente em debates puramente científicos. Não quero fazer nada além de revelar aos meus leitores esses textos ousados e amiúde surpreendentes. Para isso, retomei em alguns casos interpretações de parábolas que já havia publicado em lugares bastante diversos. Mas essas

---

2. STUHLMACHER, P. *Der Kanon und seine Auslegung*, 179.

interpretações são questionadas novamente, reconsideradas e muitas vezes também reformuladas.

O título do livro faz menção a *quarenta* parábolas. Por favor, peço que não se leve esse número ao pé da letra. Um exemplo: o grande discurso sobre o julgamento das nações em Mateus 25,31-46 é realmente uma parábola? A imagem inicial da separação entre ovelhas e bodes autoriza falar de uma parábola? Seja como for, a composição geral não é, de modo algum, uma parábola[3].

A soma de *quarenta* parábolas também se deve ao fato de eu ter deixado de lado os chamados símiles extremamente concisos e incisivos de Jesus. Sem dúvida, não se pode traçar uma linha divisória clara entre uma parábola e esses "símiles", mas normalmente eles não são entendidas como "parábolas". Partindo desse pressuposto, chegamos a aproximadamente *quarenta* parábolas – o que é um número extraordinariamente alto para um autor antigo!

Também é digno de nota que todas essas parábolas atestem uma arte narrativa admirável. No entanto, o fator ainda mais importante é que elas falam sobre a vinda do Reino de Deus, o tema central do anúncio de Jesus, de uma maneira que só é possível por meio da parábola. E, por fim, elas nos conduzem a Jesus. Quase toda parábola nos revela – discreta e ocultamente – o próprio mistério de Jesus.

No semestre de verão de 1976, Peter Stuhlmacher e eu organizamos um seminário conjunto na Universidade de

---

3. J. Jeremias também aborda quarenta parábolas em seu livro de parábolas, que merecidamente tem sido reeditado com constância. No entanto, ele inclui o "julgamento do mundo" (Mt 25,31-46) e o "espírito impuro que retorna" (Mt 12,43-45) entre as parábolas. Neste ponto, não o segui, pois não consigo ver uma verdadeira "parábola" em nenhum desses textos.

Eberhard Karls em Tübingen com o título "Problemas fundamentais das epístolas pastorais". Desde então, nossa conversa sobre Igreja e teologia nunca mais foi interrompida. Dedico este livro a Peter Stuhlmacher como sinal da minha profunda gratidão por sua fé e sua teologia.

Janeiro de 2020
Gerhard Lohfink

I

Como as parábolas funcionam

A essa altura, os livros já clássicos sobre parábolas e a pesquisa sobre parábolas já partiriam discutindo os pontos fundamentais. Indagariam qual é realmente a essência de uma parábola, como ela ocorre linguisticamente, em que situações de vida ela está enraizada e quais tipos de parábolas existem. Especialmente para essa última pergunta seria dedicado um grande espaço. Como podemos classificar as parábolas de Jesus por diferentes tipos claramente distinguíveis, para que possamos arquivá-las nas gavetas certas?

No entanto, é exatamente isso que não vai acontecer aqui. Simplesmente vamos examinar dez parábolas diferentes de épocas completamente distintas e perguntar como elas são construídas e de que maneira funcionam. Nisso, ainda permaneceremos sem tocar nas parábolas autênticas de Jesus. Essa visão panorâmica nos ajudará a lidar adequadamente com as parábolas de Jesus na Parte II deste livro.

1 O leão, o urso e a serpente (Am 5,18-20)

Recentemente, apresentei uma parábola a um grupo de discussão que se reúne regularmente para ler e debater textos literários selecionados. Mas não disse aos participantes quem era o autor. Simplesmente lhes pedi que exprimissem sua própria compreensão e interpretação do seguinte texto:

> Um homem foi atacado por um leão. Por um golpe do acaso, conseguiu escapar. Mas depois topou com um urso que corria em sua direção. Novamente, o homem conseguiu escapar. Com suas últimas forças, pôde voltar para casa, conseguiu fechar a pesada porta bem na fuça do urso, apoiou-se com as mãos na parede, respirando com dificuldade – e nesse momento uma serpente o mordeu. A picada foi fatal.

Fiquei surpreso ao ver a intensidade com que o grupo imediatamente se debruçou sobre este pequeno texto. Uma jovem de dezessete anos, que muitas vezes se destacava no grupo por seus comentários provocativos, mas inteligentes, disse espontaneamente: "O significado do texto é completamente claro: Seus piores inimigos não estão lá fora, mas em sua própria casa".

"Oh, não", retrucou uma mulher mais velha. "Essa parábola fala de morte. Ela quer dizer: Você não pode escapar da morte. Ela chega implacavelmente, mesmo que você tenha tido sorte várias vezes na vida".

Um homem de meia-idade, professor de filologia clássica, formulou:

> Certamente, você poderia dizer isso ... mas eu gostaria de modificar um pouco a interpretação apresentada por último. A parábola não fala simplesmente da morte. Fala do destino. Você nunca poderá escapar do destino imposto a você, mesmo que lute com todas as suas forças. Pelo menos, assim pensavam os gregos. Você pode correr quanto quiser. No fim, ele nos pega – mesmo que os deuses tenham de enviar uma serpente.

Outro participante, um psicoterapeuta de sucesso, disse:

> Você certamente não inventou esta parábola, que definitivamente é antiquíssima. E essas parábolas antigas contêm muitas experiências – experiências profundas.

> Essa parábola trata das sombras às quais muitas pessoas estão decididamente entregues e, sem terapia, de um modo geral, não conseguem lidar com elas. Elas são repetidamente ameaçadas ou até mesmo dominadas por elas, e as sombras surgem e ressurgem em figurações sempre novas.

"Eu tenho uma interpretação completamente diferente", disse então um jovem perspicaz, com os mais diversos interesses e que está trabalhando numa dissertação sobre teólogos morais do século XVII.

> O leão simboliza uma tentação grave. O homem tentado consegue escapar dela. Então, a mesma tentação volta a surgir em outra forma. E também agora, ele consegue resistir. Ele se alegra com sua vitória e finalmente se sente liberto. Então, a tentação se prepara para o último golpe e aparece mais uma vez em forma completamente diferente. E agora ela sobrepuja o homem, justamente porque ele se sentia tão vitorioso.

"Acho que vocês estão sendo muito teóricos", finalmente se manifestou uma mulher que tivera um casamento muito infeliz e doloroso.

> O pior no meu casamento não foram os golpes realmente pesados – a morte de nossa filhinha e os casos sujos do meu marido. Não, o pior foram as alfinetadas com que ele me machucava repetidamente, seus comentários irônicos, as feridas provocadas intencionalmente. No fim, esses minúsculos dentes peçonhentos foram mortais para o nosso casamento.

Em seguida, eu revelei para o grupo de onde extraíra a parábola. Eu li o texto do Profeta Amós.

> Ai dos que desejam o dia do SENHOR! Para que vos servirá o dia do SENHOR? Ele será trevas e não luz! É como o homem que foge do leão, mas topa com um urso! Ou que entra em casa, apoia a mão na parede, e a serpente o morde! Não é o dia do SENHOR trevas sem luz, escuridão sem claridade?

Evidentemente, precisei dizer algumas coisas sobre o "Dia do Senhor", ou seja, sobre a palavra-chave decisiva que emoldura e domina essa parábola. Amós, por meio da parábola, quer explicar aos seus ouvintes no Reino do Norte de Israel o que o "Dia do Senhor" significa para eles. A população do Reino do Norte vive, antes que a guerra e a deportação a atinjam, numa segurança frágil. A situação econômica é boa (Am 3,15). Os ricos ficam cada vez mais ricos e exploram os pobres (Am 2,7; 4,1; 8,4). Celebram-se cultos pomposos e festas opulentas (Am 5,21-23; 6,4-6). No entanto, a situação política está se deteriorando. O povo espera de Deus uma vitória sobre os inimigos, tal como no "Dia de Midiã" (Is 9,3; Jz 7). Este foi um dia em que Deus interveio, um dia em que ele salvou Israel de seus inimigos. Agora, o povo anseia novamente por esse "Dia do Senhor".

Mas essa expectativa é completamente aniquilada pelo profeta. O "Dia do Senhor", que o povo deseja para si, será completamente diferente. Será um dia de desgraça, de destruição e morte. Pois o Reino do Norte de Israel, em sua vida comunitária, não está cumprindo de maneira alguma a vontade de Deus.

O pequeno discurso de Amós é extremamente enxuto e incisivo. A mensagem está condensada em máximo grau. É até mesmo possível que o Amós histórico o tenha apresentado dessa forma. Em vez da luz, que é o símbolo de salvação e redenção, a escuridão cairá sobre a terra. O tão esperado "Dia do Senhor" se revelará como danação mortal. Está embutida nesta profecia de desgraça a parábola da fuga inútil. Não há mais salvação para o povo do Reino do Norte!

Em seguida, nosso grupo de discussão falou extensamente sobre como um texto de parábola avulso, autônomo pode estar aberto a diversas interpretações. Somente o contexto literário, ou um comentário oral, ou ainda a situação factual na qual uma parábola é proferida, definem claramente seu significado. Justamente por isso, Amós já forneceu uma moldura para sua parábola – a moldura do "Dia do Senhor". No entanto, a moldura também poderia ter sido simplesmente a situação histórica da época, conhecida por todos: a crescente pressão militar vinda do leste e as ilusórias concepções de redenção por parte do povo.

A parábola de Amós seria completamente aberta e sujeita a interpretações arbitrárias sem alguma moldura e sem o conhecimento de sua situação histórica? "De jeito nenhum", afirmou uma parte do grupo: "As diferentes interpretações apresentadas seguiam, todas, uma direção específica – a direção da inevitabilidade". – "Isso não é verdade", disse a moça de dezessete anos. "Minha interpretação de que os verdadeiros inimigos estão sempre dentro de nossa própria casa não tem absolutamente nada a ver com 'inevitabilidade'". Fui obrigado a concordar com ela. Obviamente, uma parábola sem moldura e sem contexto histórico claro pode permitir as mais diversas interpretações.

Esse problema vai reaparecer quando tratarmos das parábolas de Jesus. É verdade, se as vemos como "construções estéticas autônomas", que se bastam a si mesmas[4], isso pode ajudar a examinar sua estrutura com mais cuidado do que é habitual. No entanto, sua mensagem pode ser perdida com imensa facilidade. Então, reconheceremos nelas apenas admoestações

---

4. Se entendi corretamente, esta é exatamente a posição de D. O. Via. Cf. esp. Id. *Die Gleichnisse Jesu*, p. 78-80. Contudo, ela é um pouco relativizada logo em seguida – cf. p. 87s. Também vale mencionar W. Harnisch com seu livro *Die Gleichniserzählungen Jesu*. Ele deliberadamente deixa de lado uma investigação sobre como situar historicamente as parábolas de Jesus.

morais gerais, inteligentes regras sapienciais ou a revelação de fatos da existência humana. Contudo, as parábolas de Jesus eram decididamente mais do que isso: elas falavam sobre a vinda próxima do Reino de Deus e falavam do "aqui e agora" do reinado de Deus em Israel. As parábolas de Jesus não devem, de forma alguma, ser isoladas de quem as proferiu e da situação em que foram proferidas.

2 O espinheiro se torna rei (Jz 9,8-15)

Nosso segundo texto provém do Livro dos Juízes e está inserido no seguinte contexto: Abimeleque, filho de Jerubaal, tornou-se rei de Siquém (Jz 9,6). Para alcançar esse objetivo, ele teve de matar seus setenta meios-irmãos do harém de seu pai, com auxílio de uma tropa de mercenários contratados (Jz 9,4-5). Apenas Jotão, o mais novo dentre os irmãos, conseguiu escapar. Ele se escondeu a tempo (Jz 9,5). Do topo do Monte Gerizim, Jotão fala aos cidadãos de Siquém, começando com uma parábola, que é a famosa "fábula de Jotão":

> Certa vez as árvores puseram-se a caminho a fim de ungir um rei para si. "Reina sobre nós!" pediram para a oliveira. A oliveira respondeu: "Vou renunciar ao meu azeite com que se honram deuses e homens para balançar-me sobre as outras árvores?" Então as árvores disseram para a figueira: "Vem tu reinar sobre nós!" E a figueira respondeu: "Vou renunciar à minha doçura, a meus saborosos frutos para balançar-me sobre as outras árvores?" Então as árvores disseram à videira: "Vem tu reinar sobre nós!" E a videira respondeu: "Vou renunciar ao meu vinho que alegra deuses e homens para balançar-me sobre as outras árvores?" Então todas as árvores disseram ao espinheiro: "Vem tu reinar sobre nós!" E o espinheiro respondeu para as árvores: "Se deveras quereis ungir-me como vosso rei, vinde abrigar-vos à minha sombra. Senão, que saia fogo do espinheiro e devore os cedros do Líbano!"

Assim como existem fábulas de animais, também existem fábulas de plantas. Juízes 9,8-15 é uma fábula de plantas. E como todas as fábulas, ela ilumina com nitidez e sem ilusões as condições do mundo humano. O texto apresenta uma estrutura rigorosa. Ele tem quatro estrofes, das quais as três primeiras são estruturadas quase da mesma forma. Por isso, a quarta estrofe pode sobressair com maior clareza ainda, gerando uma sequência de acordo com a fórmula 3 + 1. Onde quer que essa fórmula apareça em narrativas ou parábolas, a parte adicional tem um peso especial. Pode-se dizer também que a última parte é o clímax de tudo – assim como em qualquer boa piada, a frase de efeito sempre vem apenas no fim.

O material imagético da parábola é cuidadosamente escolhido: primeiramente a oliveira, a figueira e a videira – então destacado delas, na quarta estrofe, o espinheiro. A oliveira, a figueira e a videira eram fundamentais no mundo mediterrâneo do ponto de vista econômico e civilizacional. Em contraste, o espinheiro era considerado inútil. No máximo, poderia ser usado para fazer cercas ou como lenha.

As árvores constituem um povo inteiro, e este povo de árvores deseja ter um rei. Como é frequente nas parábolas, alguns poucos representantes são selecionados entre muitos. Numa forma estritamente estilizada, eles são sucessivamente solicitados a se tornar rei desse povo. No entanto, todos os três recusam. Com verdadeira indignação, eles rejeitam o cargo de rei oferecido. Afinal, eles já servem ao povo com seus dons – com o azeite, os figos e o vinho. Eles deveriam então abandonar suas preciosidades apenas para "balançar" sobre as outras árvores?

A palavra hebraica aqui traduzida como "balançar" tem o significado básico de "mover-se de um lado para o outro", "vaguear", "oscilar" ou "cambalear". A palavra é usada para pessoas que perderam toda orientação, como os bêbados (Is 24,20; Sl 107,27). Na medida em que a oliveira, a figueira e a videira dizem sucessivamente "Por que eu iria me balançar sobre as outras árvores?", a realeza é ridicularizada de forma decididamente sarcástica. São justamente os melhores no meio do povo que se recusam a se tornar rei. Pois o rei apenas "balança" sobre as árvores, ou seja, executa seus rituais bombásticos de realeza que não beneficiam ninguém. Obviamente, deve-se questionar como a videira pode "balançar" sobre as árvores. Será que as imagens aqui perdem sua lógica? A resposta é simples. Na Palestina daquela época, as videiras não eram cultivadas em fileiras como as nossas e muito menos em aramados. Ou elas simplesmente se espalhavam pelo chão (Sl 80,10.12), ou as ramas eram puxadas para cima até os galhos das árvores, onde eram deixadas penduradas (Sl 80,11)[5]. Neste caso, elas certamente poderiam "balançar".

Portanto, a mesma declaração é feita três vezes seguidas: a oliveira, a figueira e a videira rejeitam a dignidade real com desdém, até mesmo com zombaria. Elas não querem cambalear como bêbados. Sobre esse plano de fundo de uma declaração cada vez mais enfática, na quarta estrofe aparece o efeito final: De todas as árvores (as três representam todas as outras), resta apenas o espinheiro. E ele, o arbusto cheio de espinhos, reage de maneira completamente diferente de seus antecessores: está

---

5. O autor romano L. Iunius Moderatus Columella, em sua obra padrão de doze volumes, *De re rustica*, fala principalmente para a Itália (mas também para as províncias), a respeito das seguintes maneiras de cultivar videiras: 1. A própria videira forma uma espécie de "tronco" ereto, do qual os ramos pendem (Livro V, Cap. 4). – 2. O "tronco" é amarrado a um poste, no topo do qual há um suporte horizontal em forma de cruz, onde os ramos podem se apoiar e de onde podem pender (IV 1.16). – 3. Na estruturação do vinhedo, são plantadas árvores (geralmente olmos), cujos galhos são posteriormente podados de tal forma que os ramos das videiras possam ser puxados em "guirlandas" ao redor desses galhos ou pendam deles (V 6.7). – 4. Os galhos são simplesmente deixados para se espalharem pelo chão (IV 1; V 4).

extremamente feliz. Imediatamente proclama: "Vinde abrigar-vos à minha sombra!"

Quem nunca esteve em países do sul, onde há o vento quente ardente, o siroco ou *chamsin*, não sabe o que significa uma sombra. Mas, acima de tudo, é preciso saber que, no antigo Oriente Médio, "dar sombra" é uma declaração característica sobre o rei, até mesmo sobre Deus. Que o rei dá "sombra" é algo que faz parte da ideologia real do antigo Oriente Médio. Isso significa: ele dá vida ao seu povo, concede-lhe proteção, é seu refúgio (Sl 121,5; Is 32,2; Lm 4,20).

O espinheiro, imediatamente e sem inibição, apropria-se dessa metáfora régia da sombra salvífica – ele, que na verdade não oferece sombra a ninguém, porque ninguém pode se abrigar debaixo dele. Mas isso não é tudo! A promessa de salvação "vinde abrigar-vos à minha sombra!", arrogante para suas condições, rapidamente se transforma em ameaça mortal: "Senão, que saia fogo do espinheiro e devore os cedros do Líbano!" Essa repentina declaração de guerra mostra o que o espinheiro realmente quer: tirania, que não teme nem mesmo a aniquilação.

Alguns intérpretes importantes[6] consideram que a ameaça no fim da fábula não é original. Em primeiro lugar, o espinheiro, de repente, fala de si mesmo na terceira pessoa – e, em segundo, estranhamente entra agora em cena o cedro, que, na verdade, como a mais nobre de todas as árvores, deveria ter sido convidado antes mesmo da oliveira. Por esse motivo, o versículo 15e–g não poderia mais fazer parte da parábola original.

Não considero essa argumentação convincente de maneira nenhuma. Um discurso em primeira pessoa pode muito bem mudar para a terceira pessoa. Aliás, a mudança da primeira

---

6. Assim, por exemplo, GROSS, W. *Richter*, p. 487; cf. tb. MOENIKES, A. *Die grundsätzliche Ablehnung des Königtums in der Hebräischen Bibel*, 116-118.

para a terceira pessoa pode ser um recurso estilístico altamente eficaz. E a introdução do majestoso cedro do Líbano apenas neste ponto faz todo sentido: justamente aqui ela é um reforço eficaz da ameaça do espinheiro: Se até mesmo o alto e poderoso cedro é ameaçado pelo fogo do espinheiro, o que dirá todas as outras árvores no arvoredo! Mas, principalmente: sem o versículo 15e–g, a quarta estrofe não teria preponderância sobre as três primeiras. Sua ironia ("à minha sombra") permaneceria relativamente inofensiva. Mas agora, o arrogante desejo de poder dos reis emerge nu e sem disfarce irônico.

Há um amplo consenso de que a fábula de Jotão não se encaixa realmente em seu contexto atual. Em algum momento, ela deve ter existido isoladamente, com a finalidade de simplesmente ridicularizar a realeza. Só a entendemos em seu impacto total quando consideramos também a história de Israel. O ideal silencioso no plano de fundo é a sociedade tribal *anterior* à era dos reis, ou seja, a chamada época dos "juízes". Era um tempo de solidariedade libertária. Não havia obrigações incondicionais exceto dentro da família e do clã. A tribo e a associação de tribos não podiam obrigar nada. Esta sociedade tribal não era um protótipo de estado, mas sim um consciente contramodelo às cidades-estados cananeias de organização monárquica, mas principalmente ao "estado escravista do Egito". Apesar de todos os problemas que existiam nesse período não estatal de Israel, essa era uma época de livre vontade, responsabilidade individual e igualdade. Os "juízes" – uma das mais conhecidas figuras de juiz foi uma mulher, Débora – eram personalidades carismáticas que reuniam o povo continuamente. Nem sempre isso era bem-sucedido. Por isso, havia em Israel o desejo por um rei forte que protegesse contra ataques inimigos. Mas por isso também havia a crítica contundente de muitas pessoas sensatas contra a instituição da monarquia (ver, por exemplo, 1Sm 8,10-18). Não se queria mais voltar ao Egito!

Será que Jotão, filho de Jerubaal, apresentou a fábula de Jotão aos cidadãos de Siquém do topo do Monte Gerizim? Isso está fora de cogitação. A fábula das árvores que queriam ungir um rei para si mesmas é uma sátira político-teológica dirigida contra a instituição da realeza – muito provavelmente do período régio tardio, mas ainda com um olhar de volta para a era dos juízes, vista como um ideal. Com razão, Martin Buber chamou a fábula de Jotão de "o mais forte poema antimonárquico da literatura mundial". A fábula de Jotão foi formulada para circular entre o povo. Ela precisava ser estruturada da forma mais clara possível e conter muitas repetições para uma fácil memorização. E, como toda boa piada, precisava terminar com uma inesperada e aguda reviravolta.

De fato, o "ponto crucial" da parábola estava no fim. Mas os ouvintes sabiam desde o início: tratava-se da questão da instituição da realeza, pois as árvores queriam criar um rei para si. E já na primeira estrofe a realeza é rejeitada. E igualmente na segunda e na terceira estrofes. A cada vez, o rei aparece como uma figura cômica, pois "balança" sobre as árvores. Não obstante, é somente no fim que toda a arrogância e a sede de poder dos reis (ou talvez de um rei específico?) são reveladas. E – se a parábola teve o efeito esperado – os ouvintes sabiam: o povo de Deus não deve ser dominado por estruturas de poder, como era o caso dos povos circunvizinhos.

Para nosso tratamento posterior das parábolas de Jesus, é importante observar aqui: evidentemente, as parábolas podem ter a estrutura de 3 + 1, cujo clímax se encontra no fim. Além disso, devemos contar com o fato de que algumas parábolas são construídas de maneira extremamente uniforme, com fórmulas repetitivas e estereotipadas. Mas acima de tudo: não se pode excluir que as parábolas "argumentem" no intuito de convencer seus ouvintes. O estranho é que exatamente isso é de vez em quando contestado. Alega-se, então, que as parábolas de Jesus não podem de maneira alguma ter caráter argumentativo. Nunca entendi por que isso não poderia ser possível.

3 A ovelhinha do pobre (2Sm 12,1-4)

O abuso do poder real também é o tema da próxima parábola. Seu contexto bíblico só pode ser brevemente exposto aqui: O rei Davi levou Betsabeia, esposa de Urias, para o palácio real e para a sua cama, enquanto Urias lutava na guerra por ele. Urias era um dos seus melhores e mais leais soldados[7]. A noite com Betsabeia tem consequências: a esposa de Urias fica grávida. Davi ordena que Urias retorne do fronte, recebe-o em seu palácio e tenta convencê-lo a ir para casa e dormir com sua esposa, Betsabeia. Urias percebe a intenção do rei. Ele não vai para casa, mas se deita junto à porta do palácio real com os guardas. Dessa forma, ele pode atestar publicamente que não esteve com sua esposa. Então, Davi envia Urias de volta para a linha de frente e arranja para que ele morra na batalha pela cidade de Rabá. Vários outros soldados do exército de Davi também caem com Urias. Em seguida, o rei toma Betsabeia como esposa. A forma como Davi encena esse assassinato é descrita com maestria na arte narrativa. No entanto, o clímax da narrativa é atingido quando o Profeta Natã, enviado por Deus a Davi, apresenta ao rei o seguinte caso:

> Numa cidade havia dois homens, um rico e outro pobre. O rico tinha grande quantidade de ovelhas e bois. O pobre só possuía uma ovelhinha pequena que tinha comprado e criado. Ela cresceu com ele e com seus filhos. Comia da sua comida, bebia da sua taça

---

[7]. Urias pertencia aos 30 ou 37 "heróis de Davi", um grupo de mercenários experientes e especialmente leais a Davi. Poderíamos também chamá-los de soldados de elite. Ver 2 Samuel 23,8.39; 1 Reis 1,8.

> e dormia no seu colo; em uma palavra, era para ele como uma filha.
>
> Um dia, o homem rico recebeu uma visita. Ele não quis pegar uma das suas ovelhas ou um de seus bois, a fim de prepará-lo para a visita. Tomou a ovelhinha do homem pobre e a preparou para o visitante.

Quando Natã chega a esse ponto, Davi não consegue mais se conter: "Pela vida do Senhor! O homem que fez isso merece a morte. Ele pagará quatro vezes o valor da ovelha por ter feito uma coisa dessas sem nenhuma compaixão".

Então Natã diz a Davi: "Esse homem és tu!"

Isso foi o fim da história? Seja como for, Davi fica furioso, e caso a história ainda não tivesse terminado, ela não precisava ter prosseguimento. Ela havia alcançado seu objetivo.

A narrativa da "ovelhinha do pobre" toca precisamente na vileza de Davi em relação a Urias. Davi, que na época já possuía um harém inteiro[8], apropriou-se da esposa de um de seus soldados mais fiéis. No entanto, Davi não percebe que a história narrada se refere a ele mesmo e o desmascara pessoalmente. Por que ele realmente não percebe isso?

Uma resposta natural a essa pergunta seria: O Davi da narrativa – aqui permanecemos, é claro, puramente no nível narrativo – está completamente seguro de si mesmo em todos esses acontecimentos. Ele está decididamente cego. Ele vacilou e resvalou para um crime que o arrastou passo a passo cada vez mais para baixo. Tudo começa quando, do telhado de seu palácio, Davi vê uma mulher se banhando e a deseja, querendo-a em sua cama. Depois tenta atribuir a gravidez dela a Urias e, no fim, simplesmente elimina seu esposo. Além disso, como "danos

---

8. 2 Samuel 3,2-5; 5,13-16.

colaterais", mais alguns de seus soldados são mortos. Davi, ao que parece, não está de forma alguma consciente de sua grave culpa. Está completamente em paz consigo mesmo e, por isso, é incapaz de perceber que a história se refere a ele mesmo.

No entanto, é claro que essa resposta mais psicológica não é suficiente para a nossa questão. Estamos interessados em saber como a parábola funciona. Será que funciona tão bem porque não é imediatamente reconhecida como uma parábola? "Havia dois homens numa cidade, um rico e o outro pobre". Assim poderia começar um caso jurídico concreto, apresentado pelo profeta ao rei. O pobre tem apenas uma única ovelha, enquanto o rico tem rebanhos inteiros. Não obstante, ele toma o cordeiro do pobre. Isso parece muito bem um caso jurídico – e da pior espécie. Pelo menos é assim que ele parece ao Davi na narrativa, que reage à altura.

Mas será que a forma da narrativa é realmente uma apresentação tão inequívoca de algum caso jurídico? "Havia dois homens numa cidade..." – esse é um "começo nominativo" que mais tarde aparecerá com frequência nas parábolas de Jesus:

Um homem descia de Jerusalém a Jericó... (Lc 10,30)

Um homem deu um grande banquete... (Lc 14,16)

Um homem tinha dois filhos... (Lc 15,11)

Havia um homem rico que tinha um administrador... (Lc 16,1)

Havia um homem rico que se vestia com roupas de púrpura... (Lc 16,19)

Havia numa cidade um juiz... (Lc 18,2)

Um homem plantou uma vinha... (Mc 12,1)

Um homem tinha dois filhos... (Mt 21,28)

Dois homens subiram ao Templo... (Lc 18,10)

Havia parábolas com esse tipo de início na época em que a história da "ovelhinha do pobre" foi formulada? Então, Davi poderia ter percebido: "Cuidado, aqui está sendo contada uma parábola!" Mas, mesmo que não fosse esse o caso, Davi deveria ter percebido mais cedo ou mais tarde, no decorrer da história, que não lhe estava sendo apresentado algum caso legal de seu reinado. Ele deveria ter prestado atenção quando foi mencionado que a ovelhinha desse homem bebia de seu copo à mesa e dormia em seu colo. É verdade, isso não era simplesmente irrealista, pois, dessa maneira ou de outra semelhante, crianças podem criar um cordeiro como animal de estimação. Mas, ainda assim, aqui uma metáfora clara insinua o casamento de Urias. Por outro lado, o comportamento do rico é tão brutal e desumano que Davi na narrativa pôde pensar novamente que o profeta estava lhe apresentando algum caso jurídico.

Portanto, não há dúvida: estamos diante de dois gêneros narrativos diferentes. Por um lado, há uma sugestão de um verdadeiro "relato de caso"; por outro, surgem indícios de uma "parábola" que clama por maior reflexão. O texto oscila entre ambos. Os traços extravagantes surgem precisamente porque se alude de maneira metafórica ao comportamento real de Davi: pão e cálice representam a mesa doméstica de Urias, a ovelhinha é Betsabeia, a amada que repousa em seu colo. A parábola é, portanto, construída para que Davi possa se lembrar de seu crime – mas, ao mesmo tempo, ela o engana. Davi deve ser atraído para dentro da história. Ele deve, sem perceber, pronunciar a sentença de morte sobre si mesmo e só então compreender: "Eu sou esse homem!"

Devemos também contar com o fato de que Jesus também poderia contar histórias com essa ambiguidade narrativa. De início, as mulheres e os homens ao redor dele ouvem apenas uma história interessante, até mesmo emocionante. Mas, de repente, eles percebem que ela está falando deles mesmos. Eles próprios são parte da narrativa. E, assim, eles são capturados na rede da parábola.

4 O cântico da vinha (Is 5,1-7)

Vimos, então, que a parábola da "ovelhinha do pobre" estava destinada a inicialmente enganar o rei. O seguinte texto profético engana seus ouvintes com mais clareza ainda. Pelo menos no início! Eles são seduzidos a se envolver numa história que terá um desfecho muito diferente do que inicialmente haviam pensado. O texto começa como uma canção de amor. E quem não gosta de ouvir uma canção de amor?

Provavelmente, nos primeiros dias de seu aparecimento, em algum momento entre os anos de 740 e 730 a.C., o Profeta Isaías apresentou uma canção em Jerusalém que mais tarde ficou conhecida como o "cântico da vinha". Ele o apresentou num período de abastança, de saciedade e autossatisfação. Talvez ele o tenha cantado no Templo, talvez até mesmo em meio à alegria festiva da Festa dos Tabernáculos.

> Quero cantar para meu amigo o canto do meu amado à sua vinha: Meu amigo possuía uma vinha em uma colina fértil. Ele a cavou, tirou dela as pedras e plantou-a com mudas de uva escolhida. No meio construiu uma torre e também escavou nela um lagar. Esperava que produzisse uvas boas, mas só produziu ruins. Agora, habitantes de Jerusalém e homens de Judá, sede juízes entre mim e minha vinha. Que mais poderia eu ter feito por minha vinha e não fiz? Por que, esperando que produzisse uvas boas, produziu apenas ruins? Agora quero mostrar-vos o que vou fazer à minha vinha: Arrancarei sua sebe, para que sirva de pastagem, farei uma brecha em seu muro, para que seja pisoteada. Vou deixá-la abandonada: não será podada nem escavada, crescerão espinhos e matagal; proibirei às nuvens chover sobre ela. Porque a vinha

do Senhor Todo-poderoso é a casa de Israel e o povo de Judá, sua planta preferida. Ele esperava a justiça e eis a injustiça, a retidão e eis gritos de aflição.

Antes de começar, Isaías anuncia o que pretende fazer. Ele quer cantar um canto para seus ouvintes – um canto sobre uma vinha que seu amigo plantou. Como supostamente os ouvintes terão entendido essa declaração? Muito provavelmente não pensaram numa vinha real. No Antigo Oriente, as canções frequentemente jogavam com símbolos – e a vinha poderia ser um símbolo de uma bela mulher, uma amada, uma noiva. No posterior Cântico dos Cânticos, a vinha tem até mesmo uma conotação erótica (Ct 1,6; 2,15; 7,8.13; 8,11-12).

E Isaías quer explicitamente cantar sobre a vinha "de seu amigo". Será que o profeta – os ouvintes devem pensar – tornou-se aquele "que pede a mão da noiva", o "padrinho de casamento"? Pois naquela época, a comunicação direta entre o noivo e a noiva não era permitida. Por isso, um homem era escolhido para atuar como porta-voz e intermediário entre o noivo e a noiva. Ele era chamado de "amigo do noivo" (cf. Jo 3,29). Portanto, se o profeta pretende cantar uma canção que trata de seu amigo, como também da vinha de seu amigo, então a expectativa dos ouvintes se volta, quase inevitavelmente, para a descrição de uma bela noiva – mas, é claro, uma descrição repleta de metáforas. Os ouvintes devem ter esperado que agora, como imagem da bela noiva, haveria referência a uma vinha que precisava ser protegida porque nela amadureciam uvas nobres e saborosas.

E, de início, essa expectativa não é decepcionada. O profeta descreve detalhadamente como seu amigo erguera essa vinha como um projeto modelo, por assim dizer, numa colina fértil. O solo foi profundamente revolvido, e as pedras foram removidas. Uma variedade de uva particularmente nobre foi plantada.

No meio da vinha, uma torre foi construída para os vigias, que durante a colheita deveriam proteger as uvas dos pássaros e ladrões. Num local apropriado dois tanques retangulares com um canal entre eles foram escavados no solo rochoso, como lagares, para que os pisadores pudessem espremer o suco das uvas com os pés descalços após a colheita[9]. Tudo o que poderia ser feito para uma vinha exemplar foi feito.

Os ouvintes devem ter acompanhado a história com entusiasmo. Eles sabiam: inicialmente era necessário investir bastante numa vinha produtiva – assim como era necessário investir muito numa jovem e bela mulher. E agora eles esperam para ouvir sobre as doces uvas que o noivo colheria do amor.

Mas é exatamente nesse ponto que o cântico muda de rumo. Contra todas as expectativas, a vinha não produziu uvas suculentas e saborosas, mas apenas uvas ácidas, murchas e fedorentas. Nesse momento, é provável que os ouvintes tenham mudado rapidamente de pensamento. Aparentemente, tudo estava caminhando em direção a uma das histórias "do amante enganado". Muitas vezes, histórias desse tipo eram contadas com certo prazer pela desgraça alheia – por exemplo, como um homem pagara um dote alto por uma mulher e acabou fazendo papel de bobo quando sua noiva, depois de tirar o véu, revelou-se horrorosa, ou até mesmo o tinha traído com outro homem.

Mas os ouvintes só puderam pensar nessa direção por um momento. Porque imediatamente ocorre a segunda virada dramática na canção. De repente, o profeta não canta mais como "o amigo do noivo", mas como o próprio noivo – e sua canção se transforma em lamento, até mesmo em acusação amarga

---

9. As uvas eram esmagadas com os pés num tanque escavado no solo rochoso e situado num nível mais alto. O suco fluía então por um canal para outro tanque abaixo, onde era clarificado e de onde era retirado.

contra a noiva. O castigo da noiva é detalhadamente descrito, na imagem da destruição da vinha.

Assim como a construção da vinha foi detalhadamente descrita – agora também o é sua destruição. E então fica cada vez mais claro quem está realmente falando. Quando se diz que o noivo vai proibir as nuvens de derramar chuva sobre a vinha, está claro: o noivo é Deus mesmo, e "a vinha do Senhor dos exércitos é a casa de Israel". Assim, Isaías finalmente remove suas máscaras. Vinha e videira não têm apenas conotações eróticas; também são metáforas fixas para Israel, o povo de Deus (Os 10,1; Sl 80,9-17).

Deus fez tudo pelo seu vinhedo, planejando para longo prazo. No entanto, Israel foi infiel. Em vez de viver perante todas as nações a ordem social que lhe foi dada por Deus, os pobres e destituídos de justiça clamam na terra. A canção termina em hebraico com jogos de palavras que só podem ser reproduzidos de forma aproximada na tradução: "Ele esperava a justiça e eis a injustiça, a retidão e eis gritos de aflição".

Todo o texto, que aparentemente começou como elogio de uma bela noiva, revelou ser cada vez mais nitidamente uma acusação contra o povo de Deus. O amigo sobre o qual Isaías queria cantar se revela gradualmente como o próprio Deus. E o que deveria ter sido uma propriedade modelar de Deus no mundo se tornará terra desolada. Isaías joga de maneira sofisticada com a linguagem. Ele traz estranheza para a linguagem comum e os padrões de pensamento comuns. Ele começa como um tocador de cítara, que agrada aos ouvidos de todos – e de repente, no término, ele tem um machado na mão, para finalmente quebrar a armadura de gelo da indiferença em seus ouvintes.

Conclusão: Devemos sempre estar preparados para o fato de que, nas parábolas bíblicas, os destinatários são colocados numa situação em que creem que poderão desfrutar uma história emocionante – e então tudo muda de um só golpe: eles são confrontados com a vontade de Deus ou com a danação em que estão vivendo diante de Deus. O cântico da vinha é mesmo uma parábola? Certamente! Mas é também uma acusação, até mesmo um discurso acusatório tal como ocorre nos tribunais. Portanto, os intérpretes das parábolas bíblicas devem sempre contar com o fato de que não encontram "gêneros puros", mas um jogo altamente artístico, oscilante, que muitas vezes adentra outros gêneros.

5 A esposa infiel (Ez 16,1-63)

O cântico da vinha de Isaías nos mostrou Deus como um amante indignado – como um amante que ameaça seu povo com julgamento. No entanto, a canção da vinha era um texto relativamente curto. E o fato de que Deus mesmo era o acusador ainda permanecia encoberto. Tudo isso muda totalmente em Ez 16. Aqui, Deus aparece desde o início como acusador sem disfarces, e sua acusação é extensamente desenvolvida. Apesar da forma de parábola, temos diante de nós um explícito discurso de acusação. Isso já fica evidente pelo fato de que o discurso é iniciado com a frase: "Filho de homem, faze Jerusalém conhecer suas abominações. Dirás: Assim diz o Senhor DEUS para Jerusalém..." (Ez 16,2-3). A isto se segue imediatamente:

> Por tua origem e nascimento és do país de Canaã. Teu pai era um amorreu e tua mãe uma hitita. E como foi o teu nascimento? Quando nasceste, não te cortaram o cordão umbilical, não foste banhada em água para te limpar, nem esfregada com sal, nem envolvida em faixas. Ninguém teve dó de ti, prestando-te um destes serviços por compaixão. Ao contrário, no dia em que nasceste deixaram-te exposta em campo aberto, pela repugnância que causavas.

> Então eu passei junto de ti e vi que te revolvias no próprio sangue. E eu te disse, enquanto jazias em teu sangue: Vive! Eu te fiz crescer exuberante como uma planta silvestre. Tu cresceste e te desenvolveste, entrando na puberdade. Teus seios se formaram e os cabelos cresceram, mas estavas inteiramente nua. Passando junto de ti, percebi que tinhas chegado à idade do amor. Estendi o manto sobre ti para cobrir a nudez. Eu te fiz um juramento, estabelecendo uma aliança contigo – oráculo do Senhor DEUS – e passaste a ser minha. Banhei-te na água, limpei-te do sangue e te ungi com óleo. Eu te revesti de roupas bordadas, calcei-te com sandálias de pele fina, cingi-te com faixa de linho e te cobri de seda. Adornei-te com joias, pus braceletes em tuas mãos e um colar no pescoço. Eu te pus um anel no nariz, brincos nas orelhas e uma magnífica coroa na cabeça. Estavas ornada de ouro e de prata, tuas vestimentas eram de linho finíssimo, de seda e de bordados. Eu te nutria com flor de farinha, mel e óleo. Ficaste extremamente bela e chegaste à realeza. Tua fama espalhou-se entre as nações por causa de tua beleza, pois eras perfeita, devido ao esplendor com que te cobri – oráculo do Senhor DEUS.
> Mas puseste tua confiança na beleza e te prostituíste graças à tua fama. Tu te oferecias deslavadamente a qualquer um que passasse e lhe pertencias.
>
> (Ez 16,3-16).

O discurso parabólico de Ezequiel ainda continua por um longo tempo. O que eu citei aqui não passa do primeiro quarto do texto completo. A infidelidade da cidade de Jerusalém para com seu Deus é descrita com intensidade e severidade fora do comum. A cidade se tornou uma prostituta. Ela se entregou a todos os pecados dos cananeus. Abriu as pernas para qualquer um que passasse por ali. Ela agiu de maneira pior do que Samaria e Sodoma. Esqueceu o que Deus fizera por ela quando foi exposta em campo aberto. Ela se esqueceu de que recebeu sua beleza e seus adornos tão somente de Deus. Por isso, Deus reunirá seus amantes contra ela. Eles vão arrancar suas roupas, roubar todas as suas joias e deixá-la caída nua e indefesa. É provável que originalmente o discurso de acusação terminasse justamente com essas imagens. Terminou como havia começado: Jerusalém agora jaz novamente nua e indefesa no chão:

> Por isso, prostituta, ouve a palavra do SENHOR. Assim diz o Senhor DEUS: Uma vez que expuseste teus órgãos genitais e mostraste tua nudez, ao te prostituíres com os amantes e com todos os ídolos abomináveis, e por causa do sangue dos filhos que lhes ofereceste [ou seja, aos ídolos], por isso vou reunir todos os amantes aos quais procuraste agradar, todos os que amavas e os que odiavas. Vou reuni-los de todas as partes contra ti, vou descobrir-lhes tua nudez para que a vejam por inteiro. Vou aplicar-te a pena das adúlteras e assassinas, descarregando em ti ira e furor. Vou entregar-te nas mãos deles. Eles derrubarão teus pódios, demolirão teus estrados, despirão tuas vestes, tomarão tuas joias e te deixarão completamente nua (Ez 16,35-39).

Vamos nos lembrar: o foco nesta Parte I do nosso livro é analisar como as parábolas funcionam. Nesse sentido, Ezequiel 16 nos apresenta uma nova variante de parábola.

Pois o texto presente é mais longo do que tudo o que conhecemos até então. O discurso básico correspondia aproximadamente ao texto citado aqui. Num estágio posterior, essa versão mais antiga da parábola foi até mesmo ampliada, principalmente com os versículos 44-63.

Também já tínhamos visto: Ao contrário do cântico da vinha em Isaías 5, aqui está claro desde o início que o próprio Deus está falando. Aquele que constantemente fala na primeira pessoa só pode ser Deus.

Também é claro desde o princípio para quem se dirige a palavra de Deus: a cidade de Jerusalém. Isso é formulado antes mesmo do discurso. No entanto, ainda que faltasse essa instrução de leitura inicial, todos deveriam percebê-lo quando é dito: "Teu pai era um amorreu, e tua mãe, uma hitita". O profeta torna seus ouvintes (ou leitores) conscientes de que Jerusalém era originalmente uma cidade pagã com todos os lados escuros do paganismo.

Aqui, com certeza, Jerusalém representa todo o povo de Deus. Jerusalém está em destaque apenas porque Ezequiel deseja falar do povo de Deus como uma menina ou uma mulher. E no Antigo Oriente e em toda a Antiguidade, precisamente as grandes cidades eram simbolizadas como mulheres – em especial quando se lamentava sobre uma cidade destruída. Isso também vale para o Antigo Testamento, em que Jerusalém é chamada de "Filha de Sião" (Lm 2,1), "Filha de Jerusalém" (Lm 2,13) ou "virgem filha de Sião" (Lm 2,13). Portanto, é por esse motivo que a cidade de Jerusalém está em primeiro plano aqui.

Desde o início também está claro que está se falando metaforicamente, ou seja, de maneira "transferida". E os ouvintes ou leitores certamente estavam em condição de continuar transferindo os elementos metafóricos para a história real do povo de Deus. Não era necessário que a narrativa fosse interpretada para eles num apêndice separado. Eles sabiam: Tudo isso é a nossa história. Eles podiam internalizar com choque e pesar o que estava sendo contado – mas também podiam rejeitá-lo com indignação e amargura.

A criança exposta é Israel. Israel teria se perdido entre as nações, ou seja, nem teria chegado a existir, se Deus não o tivesse criado para si. A palavra "Vive!" ressoa como um ato criador que chama Israel à vida. – Então Deus cuida de seu povo. Ele o faz crescer e se tornar belo. Ele o faz amadurecer e o adorna. Aqui os ouvintes pensam em tudo o que Deus fez por seu povo para elevá-lo entre as nações. – Quando então lhes é narrado que Deus se casa com a jovem mulher, eles obviamente pensam na aliança que Deus fez com Israel no Sinai. Foi apenas com isso que Israel realmente veio a ter vida no sentido pleno. – E quando, finalmente, descreve-se aos ouvintes como a noiva se ofereceu como prostituta a todos, muitos certamente pensam não apenas na participação do povo nos cultos dos cananeus, mas também na política de aliança de seus reis, que bajulavam as grandes potências e se sujeitavam a elas.

Portanto, a história de Israel com Deus é contada como uma parábola, na qual há constantes correspondências entre o nível imagético e a própria situação real. Na terminologia técnica, isso é chamado de "alegoria". No entanto, a narrativa não permanece apenas no nível imagético. Em certos pontos, a própria situação é diretamente incorporada ao nível figurativo – por exemplo, quando a origem de Jerusalém é mencionada como os amorreus e os hititas, ou quando se faz referência direta ao sacrifício do primogênito para um deus pagão (cf. Ez 16,36).

Nós, ouvintes modernos, temos mais dificuldade em entender a parábola da esposa infiel do que a fábula de Jotão ou o cântico da vinha de Isaías. Por exemplo, é necessário saber que, no mundo antigo do paganismo, o abandono de crianças em pântanos e terrenos baldios era comum. Especialmente as meninas eram, não raro, simplesmente jogadas fora após o nascimento. É preciso saber que um bebê recém-nascido era esfregado com sal finamente moído e depois era firmemente envolto em faixas – não apenas por motivos de higiene, mas principalmente para protegê-lo de demônios. É preciso saber que até brincos e anéis de nariz tinham significado apotropaico: o acesso de demônios às aberturas do corpo devia ser barrado. É preciso saber que a coroa no versículo 12 é uma coroa nupcial. É necessário saber que Oseias e Jeremias já haviam descrito a aliança de Deus com Israel com a imagem do casamento; e haviam chamado a participação nos cultos de fertilidade dos cananeus de prostituição e adultério (Os 1-3; Jr 3,1-13). – Há muitas outras coisas que devem ser conhecidas para entender o texto de Ezequiel 16 em todos os seus detalhes e em todo seu alcance.

No entanto, mesmo que muitos desses detalhes, conhecidos pelos ouvintes da época, não sejam imediatamente compreendidos: a parábola da esposa infiel é hoje, como era naquela época, um texto profundamente comovente e que concerne a todo o povo de Deus, pois nós também estamos sempre quebrando a fidelidade a Deus e nos entregamos com muita frequência a modelos falsos e, por vezes, até mesmo demoníacos.

O discurso parabólico de Ezequiel aqui apresentado tem a audácia de retratar Deus como um amante fracassado. Deus fez tudo por sua amada, esperou por muito tempo – de modo similar ao dono da vinha em Isaías 5,1-7. E então todo o seu esforço foi em vão. A decepção de Deus se transforma em ira. No entanto, essa ira não é indiferença. Indiferença fria seria o fim de todo o amor. Mas uma ira fervorosa mostra precisamente que o amor não está morto. Ele está apenas profundamente ferido – tão profundamente ferido quanto apenas o verdadeiro amor pode ser. Então, ao fim de Ezequiel 16, também ouvimos – a versão original do profeta foi posteriormente expandida e continuada – a seguinte promessa:

> Pois assim diz o Senhor DEUS: Agirei contigo segundo teu proceder, tu que desprezaste o juramento, violando a aliança. Mas eu me lembrarei de minha aliança contigo, quando eras jovem, e estabelecerei contigo uma aliança eterna (Ez 16,59s.).

No geral, Ezequiel 16 mostra que nos livros dos profetas de Israel há "alegorias", que muito provavelmente já existiam nas missões e falas dos próprios profetas. E, aparentemente, as pessoas em Israel estavam em posição de entender alegorias.

6 A videira e os ramos (Jo 15,1-8)

Saltamos do Antigo para o Novo Testamento – mais especificamente para o Evangelho de João, onde se encontra um tipo de parábola que difere de tudo que conhecemos até aqui. Na ciência do Novo Testamento, isso é chamado de "discurso metafórico". Eis um exemplo típico disso:

> Eu sou a videira verdadeira e meu Pai é o agricultor. Ele remove todo ramo que em mim não dá fruto, e poda [literalmente: purifica] todo aquele que dá fruto, para que produza [ainda] mais. Vós já estais limpos por causa da palavra que vos tenho anunciado. Permanecei em mim e eu permanecerei em vós. O ramo não pode dar fruto por si mesmo se não permanecer na videira. Assim também vós, se não permanecerdes em mim. Eu sou a videira, vós os ramos. Quem permanece em mim, e eu nele, dá muito fruto; porque sem mim nada podeis fazer. Se alguém não permanecer em mim, será lançado fora como o ramo e secará; será ajuntado, jogado no fogo e queimado. Se permanecerdes em mim e minhas palavras permanecerem em vós, pedireis tudo o que quiserdes, e vos será dado. Meu Pai será glorificado, se derdes muito fruto e vos tornardes meus discípulos (Jo 15,1-8).

Na maioria das traduções deste texto, não fica claro como os dois processos de corte se diferenciam. O autor do quarto evangelho está ciente de tal distinção, pois ele diferencia os dois processos no nível linguístico também: ramos que não produzem frutos são "removidos". Por outro lado, feixes de ramos com muitas flores são "podados". O verbo grego aqui traduzido como "podar" é comumente traduzido como "limpar, purificar". Isso faz sentido, pois assim fica nítida a conexão com João 15,3 ("Vós já estais limpos").

É importante ressaltar que nosso texto não distribui o "remover" e o "podar" para os dois cortes usuais antes e durante o período de crescimento. Pois no corte antes do período de crescimento, todos os ramos que foram frutíferos no ano anterior também são removidos. Trata-se exclusivamente do segundo corte no meio do período de crescimento[10]. Pois é exatamente nesse corte que todos os rebentos sem frutos são "removidos" e os feixes de ramos com flores são "podados". Mas isso é apenas uma observação preliminar!

Ao comparar o discurso figurado de João 15 com a parábola da esposa infiel em Ezequiel 16, fica imediatamente claro que algo completamente diferente está em jogo aqui. Em Ezequiel, havia uma narrativa contínua. Começou com a criança enjeitada ensanguentada e terminou com a esposa infiel deitada em seu próprio sangue. Como um todo, ele era, de fato, um "discurso forense" ou mais precisamente o "discurso de um acusador". Mas era uma narrativa contínua, que falta em João 15,1-8. Pelo contrário, aqui temos uma mistura habilidosa de discurso parabólico e discurso didático, mas não do tipo no qual uma série de comparações e metáforas apenas é salpicada num discurso didático. Pelo contrário, no discurso didático se esconde uma parábola completa e coesa. Pois, se deixarmos de lado todos os elementos didáticos e antepormos ao texto restante uma das conhecidas aberturas de parábolas sinópticas, obteremos o seguinte texto significativo em si mesmo, sem manipulações especiais:

> O Reino de Deus é como uma videira. Todo ramo nele que não produz fruto é removido, e todo ramo que produz fruto é podado, para que produza ainda mais fruto. Os ramos que não permanecem na videira são jogados fora e secam. Eles são recolhidos, lançados ao fogo e queimam.

---

10. Com razão, isso é defendido por POPLUTZ, U. *Eine fruchtbare Allianz*, p. 831.

Não se pode negar certa semelhança entre o texto reconstruído dessa forma e a parábola mateana da "rede de peixe" (Mt 13,47-50). Enquanto ali ocorre a separação entre bons e maus peixes, aqui ocorre aquela entre ramos que dão frutos e os que são inúteis. Os peixes ruins são jogados fora, os ramos removidos são queimados.

Certamente, não fiz essa "poda" no discurso didático de João 15,1-8 para descobrir e reconstruir uma parábola autêntica de Jesus. Absolutamente. Esse não é o objetivo aqui. Minha "poda" serviu apenas como demonstração. Eu queria mostrar como João 15,1-8 é habilmente construído: material de parábola, interpretação deste material, admoestação e promessa são intercalados e firmemente entrelaçados.

Nossa reconstrução já nos ajudou a reconhecer o "material de parábola". A "interpretação" é encontrada logo no início do discurso figurado: Deus é o viticultor – Jesus é a videira – os discípulos são os ramos. A "admoestação" permeia todo o texto, principalmente com as palavras-chave "permanecer" (sete vezes) e "dar fruto" (cinco vezes). E no fim, há a grande promessa: "Se permanecerdes em mim e minhas palavras permanecerem em vós, pedireis tudo o que quiserdes, e vos será dado".

Esse entrelaçamento de diferentes gêneros produz um tipo de discurso figurado totalmente único, que até então não tínhamos encontrado. Visto como um todo, ele é diferente também das parábolas autênticas de Jesus, que encontraremos na Parte II deste livro. Isso se evidencia principalmente pelo fato de que nos três primeiros evangelhos sinóticos não há discursos prolongados em primeira pessoa de Jesus, ao passo que se trata, no discurso metafórico de João 15,1-8, de um discurso contínuo em primeira pessoa. A autoconcepção "Eu sou a verdadeira videira" inicia o discurso e é logo repetida no versículo

5; e também entre esses pontos Jesus fala repetidamente em primeira pessoa.

Qualquer um com sensibilidade para formas e gêneros literários deve, em algum momento, maravilhar-se, e até mesmo assombrar-se, com as profundas diferenças entre os estilos de fala de Jesus nos evangelhos sinóticos e no Evangelho de João. Obviamente, Jesus nunca falou na forma que encontramos nos discursos figurados joaninos. No entanto, o mesmo observador, ao olhar mais de perto e escutar mais atentamente, reconhecerá o grau de exatidão e fidelidade com que o Evangelho de João ilumina o que Jesus foi. Pois também por trás das parábolas autênticas de Jesus há, discreta e velada, uma reivindicação que vai além de toda compreensão. Este livro ainda falará sobre isso.

7 O olmo e a videira (Hermas, Similitudes II 1-10)

A próxima parábola vem do século II d.C. Ela está contida num livro escrito por um cristão chamado Hermas por volta do ano 140 d.C. em Roma, intitulado *O pastor de Hermas* (*Pastor Hermae*). Este livro foi posteriormente dividido em três partes: 1ª: Visões (*Visiones*), 2ª: Mandamentos (*Mandata*), e 3ª: Parábolas (*Similitudines*). Escolho da terceira parte a segunda parábola. O "pastor" que fala aqui com Hermas é um anjo na forma de um pastor. Ele aparece numa parte do livro como uma espécie de professor e intérprete que esclarece, com autoridade, as diversas questões que preocupam Hermas. O narrador em primeira pessoa é Hermas[11].

> Durante um passeio pelo campo, observando um olmo e uma videira, comecei a refletir sobre eles e seus frutos. Nesse momento, o Pastor apareceu e disse: "O que estás pensando sobre o olmo e a videira?" Eu respondi:

---

11. A seguinte tradução é de N. Brox, do seu comentário sobre o "Pastor de Hermas".

"Estou refletindo sobre como eles se complementam muito bem". Ele então disse: "Essas duas árvores são um modelo para os servos de Deus". Eu disse: "Eu gostaria de entender o modelo que essas árvores, das quais falas, oferecem". Ele continuou: "Vês o olmo e a videira?" Respondi: "Sim, Senhor". Ele disse: "A videira produz frutos, enquanto o olmo é madeira infrutífera. Mas se a videira não trepar pelo olmo, ela não pode produzir muitos frutos, pois ficará estendida no chão; e os frutos que produzir apodrecerão, porque não estará suspensa no olmo. Mas se a videira estiver presa no alto do olmo, então ela produzirá frutos por si própria e com a ajuda do olmo. Vês, então, que o olmo também produz muitos frutos, não menos que a videira, mas até mais". "Senhor, por que ainda mais?", perguntei. Ele respondeu: "Porque a videira só produz frutos abundantes e bons quando está suspensa no olmo. Tão logo se encontra no chão, o que ela produz é escasso e podre. Portanto, esta parábola se aplica aos servos de Deus, ao pobre e ao rico" (Hermas, *Sim.* II 1-4).

Logo de início, podemos ver: a parábola consiste quase inteiramente num diálogo entre o cristão Hermas e o mediador da revelação, que aparece como um pastor. O ponto de partida da conversa: Hermas observa uma videira que cresce trepando por um olmo.

Na fábula de Jotão, já havíamos observado que no Antigo Oriente as videiras muitas vezes simplesmente se espalhavam pelo chão (o que, aliás, ainda pode ser visto com frequência hoje em dia). Para evitar que as gavinhas ficassem muito próximas do solo, elas, em geral, eram ligeiramente levantadas sobre forquilhas. No entanto, havia outra possibilidade – usada especialmente na Itália: para instalar um vinhedo, olmos (ou até mesmo freixos) eram plantados. Quando atingiam a altura certa, parte da ramagem era cortada, deixando apenas alguns ramos mais amplos. Em seguida, era plantada uma videira, cujos ramos poderiam crescer em forma de guirlanda ao redor da copa do olmo ou simplesmente pender dele. Especialmente na Itália, havia muitos vinhedos com olmos como "espaldeiras de videira". A imagem que esses vinhedos ofereciam deve ter sido bastante impressionante pois a simbiose entre olmo e videira aparece com relativa frequência na literatura romana[12]. Essa simbiose se tornou até mesmo um símile para a convivência humana, para amizade verdadeira, para casamentos felizes.

Para sua parábola, Hermas se inspira nesse símbolo comum da época. No entanto, ele atribui um significado específico à comunhão entre olmo e videira. Ela se torna para ele uma imagem da convivência de pobres e ricos na comunidade cristã. O olmo representa os pobres, enquanto a videira, os ricos. Pois a videira, é certo, produz uvas doces. Mas, quando se espalha no chão, produz menos frutos, os quais, além disso, estão sempre em risco de apodrecer. Se, por outro lado, ela estiver atada no alto de um olmo, produzirá frutos mais ricos e melhores "com a ajuda do olmo".

Isso, entretanto, significa: é verdade, os ricos têm sua riqueza, mas diante de Deus são mendigos, pois sua riqueza é corruptível, ou melhor: ela é sem sentido. Só não é sem sentido quando os ricos se deixam erguer e apoiar pelos pobres. Concretamente: quando usam sua riqueza para ajudar os pobres. Na interpretação da parábola nos versículos 5 a 10, que não citei devido à sua extensão, isso é especialmente desenvolvido no exemplo da oração: os pobres são ricos diante de Deus, pois suas orações têm grande poder. Portanto, se os ricos na comunidade ajudarem os pobres, serão ajudados pelas orações de súplica e de graças dos pobres, que sobem até Deus e lhe são agradáveis. Dessa forma, ambos se beneficiam mutuamente.

---

12. Por exemplo, em OVÍDIO, *Metamorphosen* XIV, p. 661-669.

Mas aqui não estamos tão interessados na teologia extraída da simbiose de olmo e videira no "Pastor de Hermas". Interessa-nos, antes, a estrutura desse discurso parabólico. E ela nos mostra: o discurso parabólico se desenvolve no interior de um diálogo entre Hermas e o pastor. Na maioria das vezes, Hermas pergunta, e o pastor dá explicações cada vez mais longas. Ainda não havíamos deparado com uma forma comparável a essa.

Como já ocorrera em João 15,1-8, não nos é oferecida uma parábola coesa. O material da parábola é mencionado no início: "Durante um passeio pelo campo, observando um olmo e uma videira..." Mais elementos figurativos são fornecidos mais tarde, no âmbito da interpretação.

A forma de diálogo tem, por si só, suas vantagens. Veremos que as parábolas de Jesus contêm muitos diálogos. Os diálogos tornam uma narrativa emocionante. Mas nas parábolas de Jesus, os diálogos ocorrem no interior das próprias parábolas. Por outro lado, no caso de Hermas, a pressuposta parábola do olmo e da videira é "discutida" num diálogo.

E essa "discussão" está longe de ser tão redondamente estruturada e profunda quanto a interpretação em João 15,1-8. O texto se move desajeitadamente; e a interpretação com base em relações na comunidade parece forçada. Acima de tudo, Hermas não deixa claro desde o início quem o olmo e a videira representam. O fato de o olmo ser chamado de "madeira infrutífera" levou muitos intérpretes a ver o olmo como os ricos e a videira como os pobres. No entanto, é exatamente isso que não era o ponto de vista de Hermas. Para ele, o olmo representa os pobres e a videira, os ricos. A formulação de Hermas é extremamente desajeitada. Ele confunde o leitor mais do que o ajuda.

Para ser honesto, escolhi essa parábola bastante artificial e mal organizada do *Pastor de Hermas* principalmente para ter um contraste, de modo que assim outras parábolas se destacassem favoravelmente ainda mais – como a "fábula de Jotão" em Juízes 9,8-15, a parábola da "ovelhinha do pobre" em 2Samuel 12,1-4, o "cântico da vinha" em Isaías 5,1-7, ou então, em nossa segunda parte, as parábolas de Jesus. Para avaliar corretamente suas parábolas, é preciso também observar como eram frequentes no mundo antigo parábolas mal sucedidas ou narradas de maneira extremamente tortuosa.

8 O rei que adquiriu um povo (Mekhilta sobre Ex 20,2)

O seguinte texto servirá como modelo da quantidade extraordinariamente grande de parábolas *rabínicas*. Ele se encontra na Mekhilta do rabino Ishmael sobre o Livro do Êxodo. Essa Mekhilta, uma espécie de comentário, passou por sua redação final na segunda metade do século III d.C.

O texto bíblico comentado aqui são os Dez Mandamentos (Ex 20,2-17). Em vez do texto completo, apenas as primeiras palavras são citadas; os leitores ou ouvintes já sabiam qual era o complexo textual em questão. A interpretação se desenrola da seguinte maneira[13]:

> "Eu sou o Senhor, teu Deus". – Por que as Dez Palavras [ou seja, os Dez Mandamentos] não foram ditas no início da Torá? Elaborou-se um símile. A quem se assemelha o tema?
> A alguém que entrou numa província. Ele lhes disse [ou seja, aos habitantes da província]: "Serei vosso rei". Então eles lhe disseram: "Fizeste algo [bom] por nós para que queiras governar sobre nós?" O que ele fez? Ele construiu uma muralha para eles, levou um canal [de água], lutou guerras por eles. Então ele lhes disse: "[Agora] eu quero governar sobre vós". Então eles lhe disseram: "Sim, sim!" Assim o Lugar [circunlocução

---

13. Texto segundo FIEBIG, P. *Altjüdische Gleichnisse*, p. 48. Cf. tb. STEMBERGER, G. *Mekhilta*, p. 267.

respeitosa para o nome divino] retirou os israelitas do Egito, dividiu o mar para eles, enviou-lhes o maná, fez brotar para eles o poço [água da rocha], trouxe-lhes codornizes, lutou contra Amaleque por eles. Então ele lhes disse: "Eu governarei sobre vós", ao que eles responderam: "Sim, sim!" (*Mekh Ex* 20,2).

Este exemplo ilustra muito bem a estrutura de muitas parábolas rabínicas: No início está o texto bíblico a ser interpretado ou (mais frequentemente) as primeiras palavras como abreviação para o texto completo. Em seguida, segue-se uma parábola começando com o caso dativo. Posteriormente, a parábola é explicada numa seção separada.

Neste caso, entretanto, não se trata de comentar o texto completo dos Dez Mandamentos. Em vez disso, trata-se de uma questão especial que se mostrará de extrema importância para a compreensão teológica dos mandamentos de Deus como um todo. Esta questão especial é introduzida com grande habilidade pedagógica. Alguém pergunta, aparentemente com bastante ingenuidade: Por que os Dez Mandamentos, sendo tão fundamentais para a relação do povo de Israel com seu Deus, não estão no início de toda a Torá, ou seja, antes mesmo do relato da criação em Gênesis 1?

A resposta, dada em seguida por meio da parábola e sua explicação, é: Porque os mandamentos de Deus são exigências para Israel, e sua observância só pode ser uma resposta ao que Deus já fez por seu povo puramente por amor. *Portanto, antes que os Dez Mandamentos fossem dados, a ação graciosa de Deus para com seu povo precisava ser primeiramente narrada no interior da estrutura textual da Torá.* Em nosso texto, essa ação anterior e atenciosa de Deus é resumida na breve frase: "Eu sou o Senhor, teu Deus", à qual evidentemente se deve acrescentar "que te libertou do Egito, lugar de escravidão". E, obviamente, os leitores ou ouvintes sabem e são lembrados no comentário:

Após a libertação do Egito, vieram a travessia do Mar de Juncos, a dádiva do maná e das codornizes, o presente da água da rocha e a libertação das mãos dos amalequitas. Somente então Israel chegou ao Sinai, onde os Dez Mandamentos (e com eles toda a ordem social de Israel) foram dados. Assim, o mandamento foi precedido por uma multiplicidade de ações salvíficas por parte de Deus.

Do puro ponto de vista teológico, isso é exposto com admiráveis clareza e precisão por esta parábola, pois não apenas no Novo, mas também no Antigo Testamento, prevalece o princípio da graça. A ação dadivosa sem qualquer motivo por parte de Deus ocorre antes de todos os mandamentos.

No entanto, quando se observa a parábola (e seu comentário), parece que ela carece totalmente do rigor da "fábula de Jotão" e do impacto da "ovelhinha do pobre". A parábola é, para dizer o mínimo, uma construção. Pois é justamente dessa maneira que os poderosos com desejo de ser reis em algum lugar não costumam agir. Ou afirmam que a soberania lhes pertence por direito desde sempre, ou a tomam à força. A parábola é bem construída para ilustrar a ação de Deus, mas aparentemente tem pouco a ver com a realidade. É justamente isto: "construída".

E é exatamente isso que os intérpretes cristãos das parábolas de Jesus sempre criticaram nas parábolas rabínicas. Estas seriam artificiais e distantes da realidade – em total contraste com as parábolas frescas e realistas de Jesus[14]. Segundo eles, isso

---

14. Cf., p. ex., JÜLICHER, A. *Die Gleichnisreden Jesu*, 1ª parte, 170s.: "Onde quer que variantes rabínicas de parábolas evangélicas nos são impostas, a comparação lhes é desfavorável; quase sempre elas têm algo de artificial. É verdade, elas são claras, e também organizadas, mas não são verdadeiras, nem convincentes; seu poder de persuasão não se compara, nem de longe, ao das parábolas de Jesus: ou elas não conseguem se livrar do tom escolar, da imposição e do pedantismo, ou são meras séries de comparações que ocupam a imaginação e ajudam a memória".

está relacionado ao fato de que, na maioria dos casos, os rabinos estão interpretando um trecho específico da Bíblia. Eles então forçam sua interpretação do texto a assumir uma forma parabólica. E acrescentam que as parábolas de Jesus, por outro lado, não servem para interpretar passagens da Bíblia, mas para a interpretação do Reino de Deus que já estava chegando.

A última observação está absolutamente correta. De fato, Jesus não interpreta passagens da Bíblia em suas parábolas. No entanto, não devemos simplesmente aceitar a acusação de que as parábolas rabínicas são "construídas". O fato de uma parábola ser construída não precisa ser, de antemão, algo negativo. Se numa conhecida fábula de Esopo, leão, raposa e burro saem juntos para caçar e matam um cervo, isso é obviamente construído – mas a fábula em si revela ser um texto refinadamente elaborado e altamente inteligente[15]. E se na "fábula de Jotão" todas as árvores, exceto o espinheiro, recusam-se a ser rei, isso também é construído – mas que texto e que ataque à arrogância dos poderosos temos diante de nossos olhos! E se Jesus fala do viticultor que à noite paga aos últimos, que trabalharam apenas um pouco, tanto quanto paga aos primeiros – isso não é construído?

Portanto, devemos ser cautelosos com a acusação de "construído". Pode ser que o constructo se revele construtivo. Talvez os discípulos dos rabinos, ao memorizarem e estudarem a parábola da Mekhilta sobre o Livro do Êxodo, sobre aquele homem que queria adquirir um povo para si mediante boas ações, ficassem profundamente irritados, porque sabiam que tal coisa não existe – e ao mesmo tempo percebessem a partir dessa irritação que, por outro lado, tudo isso existia, porque ali se falava de

---

15. Cf. a interpretação magistral desta fábula de Esopo em HARNISCH, W. *Die Gleichniserzählungen Jesu*, 16-20.

Deus, e a ação de Deus é absolutamente diferente da ação de pessoas sedentas de poder que querem dominar os outros.

9 O homem no poço (Friedrich Rückert)

Quando se fala em parábolas, frequentemente surge o termo "alegoria" ou se discute a respeito de "alegorese". Precisamos ter uma compreensão mais precisa do que isso significa. Para isso, vou usar um poema do erudito alemão Friedrich Rückert (1788-1866)[16]. No entanto, o título do poema não é Alegoria, mas *Parábola*. Rückert foi o primeiro orientalista na Alemanha. Diz-se que ele dominava cerca de 40 línguas e dialetos.

Caminhava um homem na Síria,

Levando um camelo pela rédea.

O animal, com gestos irascíveis,

De súbito, começou a se assustar,

E a ofegar tão terrivelmente,

Que seu guia teve de fugir.

Ele correu e viu um poço

À beira do caminho.

Ouviu o animal bufar atrás dele,

Isso deve ter tirado sua razão.

Arrastou-se para dentro do poço,

Ele não caiu, ainda flutuava.

Um arbusto de amora crescia

Do ventre quebrado do poço;

Agarrou-se a ele com firmeza,

Lamentando sua condição.

---

[16]. O texto da "parábola" de Friedrich Rückert foi retirado do seguinte livro: DITHMAR, R. (org.), *Fabeln, Parabeln und Gleichnisse*, p. 213-215.

Olhou para o alto, e com pavor
Viu bem perto a cabeça do camelo,
Que em cima queria de novo pegá-lo.
Então, olhou para o poço abaixo;
Lá no fundo, avistou um dragão
Com a boca escancarada,
Pronto para devorá-lo
Se ele caísse lá embaixo.
Assim, flutuando no meio de ambos,
O pobre homem viu ainda uma terceira coisa.
Onde na fenda da parede estava
A raiz do arbusto do qual se pendurava,
Ele espiou, calado, um par de ratos,
Um preto, o outro branco.
Viu como o preto e o branco
Alternadamente mordiam a raiz.
Eles roíam, arranhavam, cavavam, revolviam,
Removiam a terra da raiz;
E quando a terra escorreu para baixo,
O dragão, lá do fundo, olhou para cima,
Para ver como o arbusto, com sua carga,
Logo cairia desenraizado.
O homem em angústia e medo e aflição,
Deslocado, cercado e ameaçado,
No estado de lamentável suspensão,
Procurou em vão por salvação.
E enquanto olhava ao redor,

Viu um raminho que balançava
Do arbusto de amora com frutos maduros!
Então não pôde resistir à alegria.
Não viu mais a fúria do camelo,
Nem o dragão na inundação,
Nem o maligno jogo dos ratos
Quando os frutos atraíram sua visão.
Deixou o animal rugir lá em cima,
E o dragão murmurar embaixo,
E os ratos roerem ao lado,
Pegou os frutinhos com deleite,
Pareciam bons para comer,
Comeu as frutinhas com prazer,
E com a doçura na boca
Esqueceu-se de todo o medo.
Tu perguntas: Quem é esse tolo,
Que pode esquecer o medo assim?
Saiba, amigo, esse homem és tu.
Ouve também a interpretação.
O dragão no fundo do poço,
É a bocarra da morte;
E o camelo ameaçador lá em cima
São a angústia e a carência da vida.
És tu que entre a morte e a vida
Flutua junto ao arbusto verde do mundo.
Os dois que roem a raiz
Para entregar-te à morte,

Junto com os galhos que te sustentam
São os ratos chamados Dia e Noite.
O preto rói veladamente
Da noite até a manhã,
O branco rói da manhã até a noite
Minando por baixo a raiz.
E entre horror e tumulto
És atraído pelo sabor das bagas
Até que esqueças a angústia da vida no camelo,
A morte no dragão lá no fundo
E a noite e o dia nos ratos
E não dês atenção a nada,
Exceto colher as baguinhas,
E degustar o que brota
das fendas do poço-túmulo.

Vê-se que Friedrich Rückert tinha facilidade em escrever poesia. Dizem que, em seus melhores anos, ele escrevia um poema por dia. É um esplendor a ironia que permeia tudo. Muitas de suas rimas no alemão também são magistrais, como, por exemplo, *Abend* (noite) e *wurzeluntergrabend* (minando por baixo a raiz). Quem deseja rimas precisa se esforçar para encontrá-las, mas, para Rückert, elas pareciam fluir naturalmente. No entanto, esse texto também mostra muito bem o que é uma alegoria: uma camada figurativa corre paralelamente a uma camada literal; muitos elementos da camada figurativa têm uma correspondência exata na situação objetiva. Em nosso caso, isso pode ser representado da seguinte forma:

dragão → morte

camelo → angústia da vida

arbusto verde → mundo

rato branco → dia

rato preto → noite

amoras doces → prazer dos sentidos

poço → túmulo

Uma alegoria é, portanto, uma narrativa que deve ser decifrada pedaço por pedaço. O modelo da alegoria são, provavelmente, os nossos sonhos. Neles, muitas vezes se sucedem as imagens e eventos mais estranhos. Depois geralmente tentamos decifrar o sonho. Às vezes temos sucesso, muitas vezes não.

Nas parábolas e discursos parabólicos que discutimos até agora, o "cântico da vinha", em Isaías 5, e o discurso sobre a "esposa infiel", em Ezequiel 16, são, sem dúvida, alegorias. E pelo menos elementos alegóricos estão contidos na parábola da "ovelhinha do pobre", em 2Samuel, pois os atos de a pequena ovelha comer da mesa do pobre e repousar em seu colo são naturalmente um tema que pode ser decifrado.

As coisas se tornam mais difíceis no caso da parábola rabínica do "Rei que adquiriu um povo". O ponto de comparação é, em si, apenas a ação graciosa e atenciosa de um rei. Mas, obviamente, para todo ouvinte judeu, este rei era desde o início ninguém menos que Deus.

De fato, existem textos que são formulados como alegorias desde o princípio. No entanto, também existem textos que não são alegorias, mas que são tratados e interpretados posteriormente como alegorias. Nesse caso, fala-se de alegorese.

Aqui também um exemplo deverá mostrar o que isso quer dizer. A parábola do "bom samaritano" (Lc 10,30-35), que ainda vou discutir detalhadamente, era para Jesus uma narrativa que pretendia mostrar, sobretudo, como se age no Reino de Deus. No entanto, os exegetas cristãos não se contentaram com isso e passaram a buscar um significado mais profundo na narrativa além do "Vai e faze tu o mesmo!" E essa decodificação se apresentava, então, da seguinte maneira:

Jerusalém é o paraíso, Jericó é o mundo – o homem que vai de Jerusalém para Jericó é Adão. Sua queda nas mãos de assaltantes é o pecado original. O samaritano é Cristo – a montaria sobre a qual o samaritano põe o ferido é o corpo terreno de Cristo. A estalagem para onde Cristo leva o homem caído é a Igreja. O estalajadeiro é o Apóstolo Paulo. O azeite e o vinho com os quais o ferido é ungido apontam para os sacramentos. Os dois denários que o samaritano dá ao estalajadeiro são o Antigo e o Novo Testamento; e o retorno anunciado do samaritano é a segunda vinda de Cristo. Como se pode ver, a parábola tornou-se assim um reflexo de toda a história da salvação. Um procedimento semelhante foi aplicado a todas as parábolas de Jesus.

Isso certamente aplacava certo desejo detetivesco ao atribuir um significado mais profundo às parábolas de Jesus dessa maneira e decifrar cada detalhe até o limite – em detrimento das próprias parábolas, que eram então desmembradas. Para salvar a honra dos antigos intérpretes, que se deleitavam com essa alegorização, é preciso acrescentar: o método de atribuir um significado mais profundo a textos narrativos normais era amplamente difundido na Antiguidade e considerado uma arte elevada.

E numa coisa os teólogos alegorizantes da Igreja primitiva e da Idade Média estavam absolutamente corretos: as parábolas de Jesus não eram textos banais do cotidiano. Elas falavam do Reino de Deus. E veremos ainda: e ao falar do Reino de Deus, também falavam do mistério de Jesus, de sua missão e de sua ação salvífica. Mas isso significa que, com auxílio da alegorização, os séculos anteriores desdobraram o que, de fato, estava contido nas parábolas de Jesus – apenas o fizeram à sua maneira. Nós também devemos interpretar as parábolas de Jesus à luz do reinado de Deus que veio em Jesus e, ao mesmo tempo, à luz daquele que trouxe o reinado de Deus[17].

10 O nadador perfeito (Martin Buber)

Nesta Parte I, estamos questionando como as parábolas funcionam. No fim, gostaria de apresentar uma parábola do livro *As histórias hassídicas*, de Martin Buber (1878-1965)[18]. Buber coletou uma grande quantidade de narrativas do chassidismo nesse livro muito conhecido e apreciado. No entanto, ele não apenas as coletou, mas também lhes deu uma forma acabada.

O chassidismo é uma expressão especial do judaísmo que surgiu no século XVIII na Europa Oriental. Entre os princípios fundamentais do chassidismo está a ideia de que a glória de Deus está presente em todo o mundo e pode ser experimentada em todos os lugares e em tudo. Por isso, a oração pode, por exemplo, ser uma alegria entusiástica e envolver todo o corpo.

Isso, claro, não era totalmente novo no judaísmo. Havia muito tempo, o Salmo 35,10 ("Todos os meus ossos dirão: Senhor, quem é semelhante a ti?") já estava relacionado à oração, de modo que muitos judeus moviam a parte superior do corpo para frente e para trás durante a oração. Contudo, no chassidismo da Europa Oriental isso foi intensificado: saltos, danças e alegria extática foram adicionados. É nesse contexto que a seguinte narrativa deve ser entendida:

> Quando o filho do rabi de Lentschno ainda era menino, viu certa vez o rabi Jizchak de Worki orando. Cheio de admiração, ele correu até o pai e perguntou

---

17. Para a justificativa de uma alegoria da Bíblia corretamente compreendida e aplicada de forma significativa, cf. REISER, M. *Bibelkritik und Auslegung der Heiligen Schrift*, p. 99-118, especialmente 113-115.

18. BUBER, M. *Die Erzählungen der Chassidim*, p. 680.

> como era possível que um tzadik [= justo] pudesse orar com tanta calma e simplicidade, sem qualquer sinal de êxtase. "Quem não sabe nadar bem", respondeu o pai, "precisa se mexer freneticamente para se manter à tona. O nadador perfeito se estende na corrente, e ela o leva".

Como a maioria dos textos que Martin Buber apresenta em suas *As histórias hassídicas*, esta história faz uma declaração inicialmente surpreendente, mas precisamente por isso convincente, sobre um processo importante da fé – neste caso, sobre uma oração que se deixa conduzir totalmente por Deus e repousa completamente nele.

Certamente, se desconsiderarmos o âmbito imagético dessa historieta, obteremos um texto não apenas muito curto, mas até mesmo banal: "Quem não sabe nadar bem precisa se mexer freneticamente para se manter à tona. O nadador perfeito se estende na corrente, e ela o leva". Este texto nem mesmo constitui uma narrativa; é uma mera descrição de como um nadador familiarizado com a água difere de um iniciante. Por isso, nosso exemplo mostra novamente[19]: Uma teoria sobre parábolas que separa cada parábola de seu contexto e a vê como uma construção estética autônoma e coesa está fadada ao fracasso.

Mas será que aqui há de fato uma parábola? Se sim, isso se dá apenas por causa do contexto narrativo. Sem o contexto, não saberíamos que uma parábola está sendo contada, nem entenderíamos o que essa parábola quer dizer. É somente através de seu contexto que as duas sentenças perdem sua banalidade, tornam-se uma parábola, adquirem significado e elucidam uma prática específica de oração.

* * *

---

19. Cf. I,1 deste livro ("O leão, o urso e a serpente").

Também há textos semelhantes de Jesus: breves comparações com fatos ou eventos da vida cotidiana, conhecidos por todos, que absolutamente não precisam ser narrados, aos quais basta uma breve referência – mas que, devido à situação em que estão inseridos ou à forma que lhes é dada, tornam-se textos sobre o Reino de Deus.

Muitas vezes nos perguntamos: Deveríamos ainda considerar tal texto como uma parábola? Não seria "metáfora" uma designação melhor? Consideremos a palavra sobre o "cisco no olho" (Mt 7,3): "Por que olhas o cisco no olho de teu irmão e não vês a trave no teu?" É isso uma parábola? Provavelmente seria mais apropriado – como a maioria dos estudiosos do Novo Testamento também faz – chamá-la de "metáfora", não de "símile", muito menos de "parábola"[20].

Mas e quanto à palavra sobre a "figueira em flor"? Vejamos a versão de Marcos: "Aprendei a comparação com a figueira: Quando os ramos estão tenros e as folhas brotam, sabeis que o verão está próximo" (Mc 13,28). Parábola ou mera metáfora? As transições aqui são verdadeiramente fluidas.

Mais um terceiro exemplo; trata-se de Lucas 6,39: "Pode um cego guiar outro cego? Não cairão ambos no buraco?" Mais uma vez surge a pergunta: metáfora ou parábola? A simples extensão de um texto não pode ser o critério nesta questão, pois há textos muito curtos de Jesus que, em geral, são considerados "parábolas". Por exemplo, Mateus 13,33: "O reino dos céus é semelhante ao fermento que uma mulher pegou e misturou com três medidas de farinha, e tudo ficou fermentado".

---

20. É exatamente isso que acontece no grande e útil manual de ZIMMERMANN, R. (org.), *Kompendium der Gleichnisse Jesu*. Ali, pequenas metáforas desse tipo são tratadas de forma unificada sob o termo geral "parábolas", junto com o que normalmente denominaríamos "símiles". A justificativa para tanto é encontrada nas p. 17-29 de seu livro. Cf. tb. ZIMMERMANN, R. *Parabeln – sonst nichts!*, p. 404-405.

Este exemplo de parábola consiste em apenas uma única sentença. Estamos aqui falando de uma parábola porque um "evento" ou "processo" está sendo representado e não uma imagem estática? De fato, a maioria das quarenta parábolas de Jesus que será apresentada na Parte II fala sempre de um "evento" ou "acontecimento" que não é apenas "indicado", mas sim "narrado". E o requisito mínimo para uma "narrativa" seria que pelo menos dois eventos se sucedam de tal modo que a situação inicial se modifique[21]. Portanto, se não houver uma "narrativa" no sentido definido, não seria melhor falar de uma "metáfora"? Mas o que exatamente é uma "mudança da situação inicial"?

Faria pouco sentido aqui construir uma elaborada teoria da parábola, com o objetivo de criar tipos de parábolas claramente definidos. Uma pessoa normal nunca fala usando gêneros puros. Jesus tampouco o fez. Os gêneros puros são constructos (perfeitamente válidos) de acadêmicos. Se, a seguir, portanto, quarenta parábolas são compiladas e explicadas, é de esperar desde o início que haja diferentes tipos entre elas, mas que também encontremos transições fluidas entre esses diferentes tipos e até mesmo fronteiras borradas entre eles e a "metáfora".

---

21. Cf. DORMEYER, D. *Gleichnisse als narrative und metaphorische Konstrukte*, p. 423.

II

As quarenta parábolas de Jesus

Em referências ocasionais às parábolas de Jesus, a expressão chave "Reino de Deus" já foi mencionada várias vezes. Isso não foi por acaso. A seção principal deste livro, que se segue agora, mostrará que todas as parábolas de Jesus falam direta ou indiretamente sobre o Reino de Deus. Apenas como um aparte: em vez de "Reino de Deus", Mateus geralmente fala de "reino dos céus". Mas isso é exatamente a mesma coisa. "Céus" no judaísmo, assim como "o Lugar", "o Todo-Poderoso", "o Eterno" ou "o Nome", são circunlocuções respeitosas para Deus.

A seguir, não apenas usarei o termo "Reino de Deus", mas também falarei repetidamente do "reinado de Deus" (ou, em Mateus, do "reinado dos céus"). A palavra subjacente no Novo Testamento grego é sempre a mesma: *basileia tou theou* (ou, em Mateus, *basileia tōn ouranōn*) – e ambas as traduções estão corretas. No entanto, a mais precisa é "reinado de Deus", pois se refere a um evento dinâmico: Deus estabelece seu reinado em Israel e no mundo. Muitas vezes, isso implica também a *esfera* na qual Deus impõe seu reinado. Portanto, "Reino de Deus" não está errado. Eu uso ambos os termos porque ambos são comuns, mas também para deixar claro que se trata da mesma coisa.

Quando se diz "Deus estabelece seu reinado", isso é naturalmente uma maneira de falar muito humana e, portanto, suscetível a mal-entendidos. O "reinado de Deus" é algo completamente diferente de qualquer reinado humano. Além disso, ele não precisa vir de longe. Ele já está desde sempre presente e abrange a criação e a história. Ele só deve "vir" no sentido de ser "anunciado" e "aceito" – frequentemente contra a resistência do hábito, da rigidez e da maldade humana. A Sagrada Escritura está profundamente convencida de que há algo antidivino no mundo; sim, de que há um poder reunido do mal que se opõe ao domínio de Deus. Ela tem vários termos para esse poder potencial – incluindo o termo "demônios". São os demônios da sociedade – uma sociedade na qual há muitas coisas boas e verdadeiras, mas que também, não raro, está focada apenas em si mesma, nega a Deus e, assim, constantemente gera potenciais infortúnios, hostis à vida.

Jesus não apenas falou sobre esses demônios, ele os combateu. Expulsou demônios e, dessa maneira, criou espaço para o reinado de Deus. Ele disse: "Mas, se é pelo dedo de Deus [poder de Deus] que expulso os demônios, então o reinado de Deus chegou até vós" (Lc 11,20). Jesus também pode dizer que o reinado de Deus ainda está "por vir". Ele ensinou seus discípulos a rezar: "Venha o teu Reino" (Lc 11,2). Isso significa: com Jesus, o reinado de Deus já está fundamentalmente presente, mas ainda precisa se estabelecer em todo o mundo contra as forças antagônicas a Deus. Ele tem, portanto, um aspecto presente e um aspecto futuro.

Esta conexão entre a vinda do reinado de Deus e o colapso do domínio dos demônios é importante. Ela serve como plano de fundo para a primeira parábola de Jesus, com a qual vamos nos ocupar agora.

1 A invasão bem-sucedida (Lc 12,39)

O texto que vamos examinar agora se encontra em Lucas[22]. Ele faz parte de uma composição discursiva mais longa dirigida aos discípulos de Jesus, que começa em Lc 12,22 e vai até 12,53. No contexto mais imediato, trata-se da prontidão constante e da fiel espera pelo retorno de Cristo. Mas ninguém sabe o dia e a hora. Portanto, só há uma coisa a fazer: permanecer vigilante e cumprir diligentemente as tarefas do discipulado na Igreja. No meio dessa temática está o seguinte texto:

> Vós bem sabeis que, se o pai de família soubesse a hora em que viria o ladrão, não deixaria arrombar-lhe a casa. Estai, pois, preparados, porque na hora em que menos pensais virá o Filho do homem (Lc 12,39).

Presume-se aqui que seja uma residência maior, onde não se ouve imediatamente que está ocorrendo um arrombamento. A palavra para "arrombar" em nosso texto significa literalmente "escavar". Isso era um termo para "arrombar" naquela época. Esse uso linguístico se deve ao fato de que as casas muitas vezes tinham apenas paredes de barro. Não era necessário arrombar fechaduras. Em vez disso, fazia-se um buraco na parede. "Abria-se caminho escavando".

Para o evangelista Lucas, nosso texto (como o contexto mostra) trata do retorno de Cristo. O Filho do homem virá como um ladrão durante a noite. Qual é o ponto de comparação? Obviamente, o Filho do homem não é chamado de ladrão aqui. Não se quer dizer que ele é um criminoso que se apropria de bens alheios. O ponto de comparação é, antes, a imprevisibilidade com que o Filho do homem vem.

---

22. Lc 12,39 provém da Fonte Q. O paralelo sinótico é Mateus 24,43s. Exceto pelo fato de que, em Mateus, em vez de "hora", temos "vigília da noite", o texto dele é quase idêntico ao de Lucas. Cf. tb. *EvThom* 21 e 103.

Na Igreja primitiva falava-se com frequência do "Dia do Senhor", que vem como um ladrão durante a noite. Basta ver, por exemplo, 1 Tessalonicenses 5,2-4; 2 Pedro 3,10 e Apocalipse 3,3; 16,15. Era uma comparação fixa, frequentemente usada, destinada a conscientizar sobre a subitaneidade da parusia, a imprevisibilidade do retorno de Cristo. O "contexto de vida" da comparação era a experiência de que a tão arduamente esperada segunda vinda de Cristo ainda não havia ocorrido, que o tempo se estendia e os abusos na Igreja aumentavam. Portanto: vigilância constante, expectativa incessante! Na "casa" da Igreja, justamente os responsáveis devem provar que são servos fiéis e vigilantes.

Isso deixa claro: estamos aqui na época após a Páscoa. No entanto, isso não necessariamente se aplica aos componentes individuais da composição da fala lucana. Especialmente não à frase que nos importa aqui. Ela é de Jesus. Pois a imagem do "ladrão durante a noite" revela aquela audácia que encontraremos reiteradamente nas parábolas de Jesus. A Igreja primitiva não inventou de modo algum esse "como um ladrão durante a noite". A imagem era muito ousada para isso. Deve ter origem numa parábola de Jesus. Mas o que essa parábola originalmente intencionava? Aqui, uma análise gramatical pode ajudar.

A forma verbal que está subjacente a "Se o dono da casa *soubesse*", pode ser traduzida para o português apenas como pretérito imperfeito do subjuntivo, mas também como pretérito mais que perfeito do subjuntivo, como o permite a gramática grega. Então, a sentença seria:

> Se o dono da casa tivesse sabido a que hora em que viria o ladrão, ele teria impedido arrombar-lhe a casa.

Assim, é possível trazer a frase para um evento passado. Nesse caso, a parábola não estaria alertando contra uma invasão futura, mas estaria olhando retrospectivamente para um roubo que já aconteceu. Ao mesmo tempo, é possível, experimentalmente, desvincular a sentença de seu contexto atual e de sua "aplicação". Então, teríamos o fragmento de uma parábola sobre um arrombamento que foi bem-sucedido. E esse arrombamento bem-sucedido seria – de acordo com o tema central das parábolas de Jesus – a vinda do reinado de Deus. O texto então implicaria que: o reinado de Deus já chegou, já está aqui, já aconteceu.

Reconstruir dessa maneira não é, de modo algum, um jogo cheio de truques. Em primeiro lugar, lançamos mão de uma possibilidade real de tradução. Em segundo, a aplicação da parábola ao retorno do Filho do homem é contraditória em si mesma. Pois, de acordo com a parábola, o dono da casa não pode ficar vigilante, porque ele não sabe quando ocorrerá o arrombamento. Embora os discípulos também não saibam quando o Filho do homem retornará, eles ainda assim devem permanecer vigilantes. Portanto, a aplicação não se encaixa na parábola. Em terceiro lugar, existem paralelos contundentes para a declaração da parábola hipotética. Um desses paralelos já foi mencionado, ou seja, a passagem em Lucas 11,20: "Mas, se é pelo dedo de Deus que expulso os demônios, então o reinado de Deus chegou até vós". Jesus está dizendo: "O reinado de Deus já está aqui. E chegou ao mundo por meio de mim, de minha expulsão de demônios". A partir dessa perspectiva, a parábola subjacente a Lucas 12,39 poderia originalmente ter sido algo como:

> Com o que compararei o Reino de Deus? É como um arrombamento que não pôde ser evitado. Se o dono da casa tivesse sabido a que horas o ladrão viria, não teria permitido que sua casa fosse invadida. Mas ele não sabia. E, desse modo, o ladrão entrou em sua casa.

Se essa reconstrução estiver correta, então temos diante de nós uma verdadeira parábola. E esta parábola nos revela uma consciência incrível, quase assustadora, daquele que está falando: Jesus – e com ele o Reino de Deus – invadiu os espaços da antiga sociedade, a esfera de poder dos demônios e deuses deste mundo, as comodidades, as zonas de conforto com as quais as pessoas mobiliam a casa de sua vida. Eles teriam resistido, não o teriam deixado entrar, teriam se protegido e barricado todos os acessos. Mas ele os surpreendeu. Ele veio como um ladrão durante a noite: sorrateiramente, em silêncio, inesperadamente, quando ninguém teria contado com algo assim. Com ele veio, de repente, o reinado de Deus – no meio do velho mundo. Se o texto for lido dessa maneira, ele se torna, de fato, um grito de vitória.

A questão, obviamente, é: é permitido isolar o verso 39 dessa forma, tomar por base o pretérito mais que perfeito do subjuntivo e então expandir todo esse conjunto para uma verdadeira parábola? Eu acredito que sim. Pois há ainda outra razão para tal reconstrução: a parábola do "homem forte", que examinaremos a seguir. Ela guarda semelhanças com a parábola do "arrombamento bem-sucedido" e até mesmo a leva um pouco mais adiante.

2 A subjugação do "homem forte" (Mc 3,27)

Marcos 3,27 também trata de um assalto a uma casa. No entanto, ele vai muito além do que foi dito em Lucas 12,39, porque agora se fala em amarrar o dono da casa e saquear sistematicamente toda a propriedade: "Ninguém consegue entrar na casa de um homem forte e roubar-lhe os bens, se antes não o tiver amarrado; só então poderá saquear a sua casa" (Mc 3,27).

Inicialmente, em relação ao nível das imagens: O contexto sócio-histórico deste texto nos é estranho. Aqui, são pressupostas condições com tensões sociais explosivas, que conduziram ao fenômeno do "banditismo social" amplamente difundido na Antiguidade. Ele também existia em Israel naquela época[23]. Pessoas totalmente empobrecidas se uniam e atacavam as propriedades dos ricos para saqueá-las. Primeiramente, a resistência dos guardas tinha de ser vencida, então o proprietário era amarrado ou morto. Em seguida, toda a propriedade móvel era saqueada. Novamente, é importante notar a audácia de Jesus, que aqui não apenas compara sua própria ação com a de um ladrão, mas com a de um bandido ou de uma gangue de bandidos.

Quanto à forma do nosso texto, temos um daqueles casos em que não sabemos ao certo se devemos falar de uma "metáfora" ou de uma "parábola". Por um lado, há elementos suficientes para que uma narrativa, até mesmo uma narrativa muito empolgante, pudesse ter sido criada: a casa invadida – o proprietário amarrado – a casa saqueada. Há, portanto, uma "mudança de estado", daí uma "narrativa" e, com isso, uma parábola? Contudo, não ocorre de modo algum uma "narração"; mas sim uma possível situação é "discutida". No entanto, ao olhar mais de perto, percebemos que não se trata apenas de uma *possível* situação, pois há menção de um "homem forte" específico. Mas deixemos de lado todas as sutilezas linguísticas e perguntemos qual é o sentido disso tudo. Do que trata o texto, afinal?

No contexto do Evangelho de Marcos, a questão é a seguinte: escribas que vieram de Jerusalém (como uma espécie de comissão de investigação?) expressam suas opiniões sobre os exorcismos de Jesus. Eles não podem negar suas poderosas tera-

---

23. Para mais detalhes, cf. MERZ, A. *Jesus lernt vom Räuberhauptmann*, p. 287-290.

pias. No entanto, eles as interpretam à sua maneira: o próprio Jesus está possuído por demônios; portanto, ele se move na esfera das forças demoníacas e, pelo poder do chefe dos demônios, expulsa os demônios (Mc 3,22).

Jesus responde a essa infame acusação da seguinte maneira: Se Satanás se levantasse contra si mesmo e estivesse em conflito consigo mesmo, só isso já bastaria para que ele perdesse seu poder (3,24-26). Na realidade, ele o perdeu por um motivo completamente diferente: alguém mais forte[24] invadiu a casa do forte, amarrou-o e saqueou sua propriedade (3,27).

No entanto, isso não é simplesmente narrado por Jesus como um fato, mas apresentado aos ouvintes na forma de um "argumento" de acordo com a seguinte lógica: *se* alguém pretende ocupar e saquear a casa de um homem forte, *então* ele deve, antes de tudo, ser capaz de subjugar e amarrar esse homem forte. Ele deve ser mais forte. Portanto, Jesus está "argumentando". Mas sua argumentação pressupõe que se trata de um fato. O contexto histórico (ou seja, as objeções dos escribas) torna claro: o próprio Jesus invadiu o "casa do homem forte". Isso já aconteceu!

Aqui, não é apenas Marcos ou a tradição precedente que está argumentando, mas ouvimos a voz de Jesus mesmo. Pois ele não diz com rude impertinência: "Sou eu quem invadiu a casa do homem forte" ou "Sou o mais forte", mas ele "discute" a situação em que um indivíduo poderoso é saqueado depois de ser amarrado. Esse aspecto indireto em relação à sua própria pessoa, essa linguagem discreta são características de Jesus. Encontraremos nele repetidas vezes esse comedimento cheio de tato.

---

24. O paralelo em Lc 11,21s. fala de um "mais forte". No entanto, ali provavelmente se trata de uma revisão totalmente adequada do texto marcano feita por Lucas.

Por fim, uma palavra sobre a "casa", que desempenha um papel tão importante tanto na parábola do "arrombamento bem-sucedido" quanto na parábola da "subjugação do forte". Na parábola do "arrombamento bem-sucedido", tratava-se de uma casa comum, talvez até mesmo uma propriedade rural um pouco maior. Na parábola da "subjugação do homem forte", há algo mais em jogo. "Casa" tem muitos matizes de significado na Antiguidade e, sobretudo, no mundo linguístico da Bíblia. "Casa" também pode significar "família" ou uma "dinastia" inteira. Além disso, "casa" pode se referir ao "estado" ou ao "governo". A "casa da servidão" do Egito (Ex 20,2) não é nada mais do que o estado egípcio.

Essa observação é importante para o nosso texto. O "homem forte", ou seja, o principal de todos os demônios, não se assemelha a um simples proprietário de casa. Ele é o governante de uma espécie de "estado", ou seja, o senhor de todo um reino com um potencial diversificado de poderes e autoridades. Jesus enfrentou esses poderes. Com o poder de Deus, ele expulsou os demônios (Lc 11,20). Ele invadiu a esfera de poder deles, as insuperáveis coerções e prisões da sociedade; libertou pessoas e, desse modo, criou espaço para o reinado de Deus. A parábola em Mc 3,27 ilumina assim o grito de vitória em Lc 12,39: "Se o dono da casa *tivesse sabido* a que hora em que viria o ladrão, ele *teria impedido* arrombar-lhe a casa..."

3 O tesouro no campo e a pérola (Mt 13,44-46)

As parábolas do "arrombamento bem-sucedido" e da "subjugação do homem forte" falam sobre a invasão do reinado de Deus num mundo dominado por poderes e autoridades. De onde Jesus obtém a força para enfrentar esses poderes? E de onde os seus seguidores deverão tirá-la? Isso requer um esforço heroico? Quem deseja saber se o Reino de Deus exige dos seres humanos apenas empenho heroico e extremo esforço deve ouvir a parábola do "tesouro no campo" e da "pérola valiosa"[25].

> O reino dos céus é semelhante a um tesouro escondido num campo. Quem o encontra esconde-o de novo e, cheio de alegria, vai vender tudo o que tem e compra o campo.
>
> O reino dos céus é também semelhante a um comerciante à procura de boas pérolas. Achando uma preciosa, vende tudo o que tem e a compra (Mt 13,44-46).

Um primeiro olhar já revela: trata-se de uma parábola dupla. Jesus tem uma série de textos com estrutura semelhante, com estrofes duplas – cf. esp. Lucas 11,31s.: a referência dupla à Rainha do Sul e aos ninivitas[26]. Claramente, tais composições de duas partes e de estrutura paralela não surgiram apenas na catequese pós-ressurreição. O próprio Jesus deve ter apreciado reiterar a mesma coisa com diferentes imagens e, assim, iluminá-la por diferentes perspectivas. Além disso, dessa forma, ele podia fixar melhor o assunto em seus ouvintes.

No nosso texto, a estrutura paralela é especialmente evidente. Dois indivíduos se deparam, cada um com algo extremamente valioso e precioso, e ambos sacrificam tudo para obtê-lo. Mas os dois atores são muito diferentes: primeiro, há um trabalhador diarista ou até mesmo um assalariado, que precisa trabalhar num campo que não lhe pertence (pois ele pretende comprá-lo). O outro, por sua vez, é um grande comerciante, que tem conexões comerciais em todos os lugares (a palavra grega correspondente, *emporos*, refere-se exatamente ao comerciante que não é pequeno). E outra diferença salta aos olhos: o diarista encontra o

---

25. A dupla parábola de Mateus 13,44ss. nos é transmitida apenas por Mateus.
26. Para mais detalhes sobre essas estruturas duplas, cf. REISER, M. *Die Gerichtspredigt Jesu*, 194-196.

tesouro por pura sorte. O grande comerciante, por outro lado, esteve sempre procurando por pérolas valiosas.

Aparentemente, Jesus lança mão desse contraste para dizer que o Reino de Deus está aberto a todos, aos ricos e aos pobres. E pode ser encontrado de maneiras completamente diferentes: de repente, inesperadamente, sem aviso – ou alguém sempre o desejou e procurou, e um dia também o encontra.

Outra coisa também chama a atenção: cada uma das duas parábolas é extremamente curta. Não poderia ser mais breve. É inevitável perguntar: Jesus realmente tinha narrativas tão sucintas? O que é mais emocionante do que histórias de descoberta de tesouros? Por que ele não expandiu duas histórias que por si só são naturalmente empolgantes e não as apresentou de forma que a tensão aumentasse continuamente?

Por que não é narrado, por exemplo, como o trabalhador é realmente pobre, como começa a arar e bate com a charrua em algo sólido, como ele desenterra um pote de barro e percebe que está cheio de moedas de prata, como ele olha ansiosamente ao redor e rapidamente encobre seu achado com um monte de terra ... e como então ele compra o campo, esconde o tesouro, como chega a casa em êxtase e dança de alegria com sua esposa e filhos? Que material para uma história!

Ou por que não é contada a história de como o grande comerciante no mercado de alguma cidade no estrangeiro encontra uma pérola no balcão de um vendedor entre toda sorte de bugigangas e imediatamente se dá conta: um cliente rico pagará uma enorme quantia por ela. Ele mantém uma expressão neutra e começa a negociar. O vendedor esperto percebe imediatamente que há um negócio a ser feito. A pérola fica cada vez mais cara. Mas o grande comerciante está decidido e arrisca tudo o que tem – e faz o negócio de sua vida. Por que Jesus deixou escapar tal narrativa?

A resposta poderia ser que, obviamente, Jesus contou suas parábolas de maneira muito mais detalhada e emocionante. Foram os mestres e teólogos das primeiras comunidades que tiveram de condensá-las numa forma concisa e num esquema manejável, para que pudessem ser transmitidas mais facilmente. Pode ter ocorrido isso.

No entanto, poderia ter sido algo completamente diferente: Talvez Jesus mesmo, no fim de um discurso mais longo sobre o reinado de Deus, tivesse contado uma parábola sucinta, que os ouvintes pudessem lembrar. Isso teria a função de colocar um ponto final e despachar os ouvintes com algo para pensar[27]. Para isso, tudo o que era supérfluo tinha de ser deixado de lado e o essencial, destacado. Jesus também poderia ter inserido uma parábola curta, e compacta, no meio de um de seus discursos. Ou no início de um discurso. Temos de considerar várias possibilidades.

Em todo caso, Jesus deve ter sido um contador de histórias que sabia quando narrar detalhadamente e quando ser sucinto. Ele dominava a arte da linguagem. Cada vez mais admiro a simplicidade e a genialidade dessa parábola dupla. E quanto mais reflito sobre ela, mais convicto estou de que ela não poderia ter sido contada com a mesma riqueza de detalhes como, por exemplo, a parábola do "filho pródigo" (Lc 15,11-32).

Mais duas observações sobre a esfera das imagens na parábola do "tesouro escondido no campo". Aqui se pressupõe

---

[27]. K. Berger aponta que, de acordo com as regras da retórica antiga, "a fala figurativa, como elemento impressionante e drástico, pertence ao final, à *peroratio* (parte final intensa do discurso)". Cf. BERGER, K. *Formen und Gattungen*, 110. – M. Reiser menciona um texto de Jerônimo (*In Matth* 18,23 / PL 26, 137 B): "Os sírios, e especialmente os palestinos, costumam acrescentar parábolas a todos os seus discursos. Desse modo, os ouvintes, com auxílio de comparações e exemplos, podem se lembrar do que não conseguem reter por meio de uma simples exposição". Ver REISER, M. *Sprache und literarische Formen*, 145; além disso, HENGEL, M.; SCHWEMER, A. M. *Jesus und das Judentum*, p. 398.

algo que hoje em dia raramente tem alguma função: o ocultamento de tesouros. Naquela época, isso era comum. Afinal, não havia – pelo menos para a população mais pobre – depósitos bancários; e geralmente não havia casas seguras contra arrombamentos.

Por outro lado, eram frequentes as guerras, saques, assaltos e incêndios. Por esse motivo, dinheiro e objetos de valor eram enterrados. E poderia facilmente acontecer que, devido aos eventos de guerra, os tesouros enterrados não fossem mais recuperados e ficassem esquecidos. Não era incomum que alguém descobrisse um tesouro enterrado num campo. Havia até mesmo pessoas especializadas em procurar tesouros antigos. No judaísmo daquela época, eram chamados de "escavadores", "batedores de parede" ou "quebradores de vigas"[28].

Mas há outra questão a ser discutida sobre o âmbito imagético na parábola do "tesouro escondido no campo". Por que o homem compra o campo? Por que ele não simplesmente não vai lá à noite e desenterra o tesouro? Da maneira como se desenrola a narrativa, ele assegura sua descoberta com a compra do campo. Naturalmente, os estudiosos do Novo Testamento debatem como era a situação jurídica em relação a itens achados naquela época. No entanto, isso não é fácil de determinar. A situação legal exata era complicada – e, talvez por isso, Jesus não entre em detalhes sobre ela. Em sua narrativa, ele simplesmente presume: O descobridor compra o campo para garantir que o tesouro não lhe seja retirado. No entanto, para fazer isso, ele precisa vender tudo o que possui: sua humilde cabana, seu jumento, suas ferramentas. Talvez ele também precise tomar dinheiro emprestado. Os ouvintes podem imaginar tudo isso.

---

28. STRACK, H. L; BILLERBECK, P. *Das Evangelium nach Matthäus*, p. 971s.

Mas Jesus não o narra. Ele sabe que, numa boa parábola, é necessário omitir muitas coisas.

Ainda uma breve observação sobre o contexto das imagens da segunda parábola! Já vimos: o ambiente muda neste caso. A história não se passa no campo, mas na cidade, talvez durante uma viagem de negócios, provavelmente até mesmo no exterior. Não se deve excluir por completo a ideia de que o comerciante tenha negociado diretamente com o pescador de pérolas. Muitas possibilidades existem aqui. No entanto, nada disso é narrado. O narrador considera importante destacar que o comerciante entende de pérolas e está constantemente em busca delas. Pérolas eram muito desejadas na Antiguidade. Eram o que os grandes diamantes são para nós. Somas vultosas eram pagas por exemplares de alta qualidade.

Mas o que querem dizer essas duas parábolas? O crucial está na introdução de cada uma. Ela não diz: "O reinado de Deus é como um tesouro escondido", nem mesmo "Ele é um tesouro escondido". Devemos complementar: "As coisas se passam com o Reino de Deus como se passam com toda a história em que um trabalhador pobre encontra um tesouro. E as coisas se passam com o Reino de Deus como se passam com toda a história em que um grande comerciante faz sua fortuna adquirindo uma pérola preciosa". Mais precisamente formulado: As coisas se passam *com a entrada* no Reino de Deus como com as duas histórias que são contadas aqui.

Cada evento completo é equiparado ao reinado de Deus – desde a feliz descoberta, a venda da propriedade até o grande negócio que tanto o diarista quanto o comerciante fazem ao fim. A partir daqui, todas as interpretações se mostram muito estreitas e unilaterais; querem encontrar o ponto central ou essencial das duas parábolas num único lugar.

Por exemplo, já foi dito que o ponto em torno do qual giram as duas parábolas seria o valor imenso do que é encontrado. O Reino de Deus seria tão precioso quanto o tesouro e a pérola reluzente.

Outra posição diz: não, o valor infinito do Reino de Deus não é o fator decisivo aqui. O que importa é que, devido ao valor inestimável do Reino de Deus, tudo o mais deve ser sacrificado. O essencial é abrir mão, renunciar à posse, estar disposto ao sacrifício incondicional. Ora, "vender tudo" certamente foi o ponto crucial para Mateus na parábola dupla (cf. Mt 13,22) – mas será que foi também para Jesus?

"Não", dizem outros exegetas novamente. Também isso não teria sido o ponto crucial para Jesus. Surgiu para o diarista uma oportunidade única que jamais voltaria em sua vida de pobre. Da mesma forma, o grande comerciante nunca mais veria uma pérola como aquela em toda a sua vida. Assim, os ouvintes da parábola deveriam perceber a situação única em que se encontravam. Agora, neste momento, Deus oferece a sua salvação, e agora, neste momento, ela deve ser agarrada.

Uma quarta posição diz que, mesmo assim, a parábola do "tesouro no campo" ainda não é plenamente compreendida. O diarista obtém o seu achado astutamente, para não dizer fraudulosamente. Ele não informa o proprietário do campo sobre sua descoberta. E o comerciante não revela ao vendedor da pérola qual preço ele almeja conseguir com o comprador final. Ambos, o diarista e o comerciante, pertenceriam, então, aos "heróis imorais" das parábolas de Jesus, e Jesus quer, na verdade, mostrar aqui que é necessário agir com resolução, com uma aposta que arrisca tudo, que joga tudo implacavelmente numa só carta, com um objetivo claro. São pessoas com esse modo de agir que o reinado de Deus necessita.

Uma quinta posição interpreta de maneira diferente a parábola dupla: O que realmente importa é apenas a alegria transbordante com que os dois descobridores vendem tudo. Esse é o foco, e é exatamente a partir dele que as duas parábolas devem ser interpretadas.

É incrível como duas simples e breves parábolas possam gerar tanta controvérsia! O que se pode reprovar nas cinco tendências de interpretação brevemente esboçadas aqui é que elas realmente não fazem justiça à estrutura narrativa das parábolas. Apesar de toda a concisão, uma "história" está sendo "narrada". E faz parte da natureza de uma narração que ela nos leve consigo e, possivelmente, faça-nos ver o mundo e a nós mesmos sob uma nova luz. Ou que, no caso das parábolas de Jesus, pela primeira vez intuamos o que pode significar o reinado de Deus. Mas isso significa que não se pode usar uma lógica aristotélica para focar a narrativa em um único ponto, em um ponto de comparação nitidamente definido. Cada uma das narrativas tem, é claro, um senso interno de direção que absolutamente não é arbitrário. Mas para compreendê-lo é preciso se envolver com toda a narrativa, segui-la passo a passo, descobrir sempre algo novo em cada uma delas.

É claro, o tesouro e a pérola são de valor incomparável. Evidentemente, a oportunidade é única. Nunca mais se repetirá. Obviamente, numa situação como essa, é preciso agir com determinação, arriscar tudo e ir até o fim. Sem dúvida, é preciso renunciar a tudo para alcançar o Reino de Deus. "Quem perde a sua vida por amor de mim, há de encontrá-la" (Mt 10,39). Esse terrível paradoxo também se revela em nossa parábola dupla – paradoxo que aparece com frequência em toda a pregação de Jesus.

E ainda assim, tudo isso está embutido e deve ser lido à luz da alegria transbordante com que os dois descobridores de tesouro agem. O "cheio de alegria, ele vai" não pode ser desprezado. Nisso, a quinta posição está correta. O fascínio pelo achado é tão grande em ambos os protagonistas que ele determina o curso dos eventos. O diarista não hesita por um segundo. Tampouco o comerciante. Um é arrebatado pelo brilho do tesouro; o outro, pelo lustre da pérola. Eles são tomados por uma alegria que ultrapassa qualquer medida. No entanto, o fato de agirem com sabedoria (como se vê na ação do trabalhador braçal) não está excluído.

Jesus expressa aqui uma verdade decisiva – e o elemento encantador é que ele não a formula teoricamente, mas a narra como uma história. Em última análise, ser movido pela causa de Deus, de modo a sacrificar tudo por ela, não é algo que se dá por mera consciência do dever, por um "Tu deves!" ou mesmo "Tu tens de!"

Que uma pessoa queira livremente o mesmo que Deus só é possível quando ela vê a beleza da causa de Deus pessoalmente, de modo que ela se alegre e até se deleite com o que Deus quer fazer no mundo, e que esse "prazer com Deus e sua causa"[29] seja maior do que todo seu autocentramento humano.

O comerciante segura contra a luz a pérola que ele finalmente encontrou; e o diarista mergulha ambas as mãos nas moedas de prata. Para Jesus, o reinado de Deus é tangível e visível. Ele não existe apenas dentro do ser humano e tampouco está oculto em algum lugar além da história. É possível vê-lo, alcançá-lo, adquiri-lo, negociá-lo desde já. É precisamente por isso que ele fascina o ser humano e o move a mudar toda a sua vida em prol do novo – sem perder sua liberdade. O brilho e a felicidade do reinado de Deus são, em última análise, a força

---

29. Título de WEIMER, L. *Die Lust an Gott und seiner Sache* – oder lassen sich Gnade und Freiheit, Glaube und Vernunft, Erlösung und Befreiung vereinbaren? Freiburg i. Br., 1981.

gravitacional que move os seguidores de Jesus e sempre faz a graça de Deus prevalecer no mundo.

Parece-me que essa parábola dupla representa uma chave com a qual podemos entender mais profundamente o próprio Jesus. Todo texto verdadeiramente bom que alguém diz ou escreve é, até certo ponto, autobiográfico. Isso também se aplica a essa dupla parábola. Aqui, Jesus narrou um pouco de sua própria história e da decisão fundamental de sua vida – talvez de modo completamente inconsciente, talvez também conscientemente, mas com comedimento e grande tato.

Ele próprio deu tudo pelo reinado de Deus. Ele renunciou à segurança de uma família e de um casamento. Ele renunciou à alegria de ter filhos. Ele renunciou a ter uma casa, propriedade ou qualquer outra garantia. O que tem ainda mais peso: Ele renunciou a colocar a si mesmo no centro e, com isso, exercer poder religioso – poder religioso que certamente é a forma mais sublime e perigosa de poder que há.

Jesus não vive para sua própria pessoa, mas sim completamente entregue à causa de Deus – mais precisamente ao reinado de Deus, que está chegando agora. O crucial, no entanto, é que essa decisão fundamental por Deus não o tornou uma pessoa oprimida e atormentada, que transpira o medo de ter sido prejudicada, ou uma pessoa que transforma a renúncia, que ela mesma não resolve verdadeiramente, em agressões contra os outros.

Jesus é uma pessoa de uma liberdade inaudita. Ele não é o tipo de pessoa atormentada, obstinada, insatisfeita ou que se sente prejudicada. Ele não é um fanático profundamente convencido de que deve impor sua posição aos outros. Ele também não é o tipo de indivíduo heroico ou trágico. Ele permanece livre até o fim, apesar da radicalidade com que trilha seu caminho. Ele permanece até o último momento um homem de plena entrega e humanidade.

A parábola dupla "do tesouro e da pérola" oferece ao ouvinte ou leitor a chave para essa liberdade interior e inteireza de Jesus: Jesus, de fato, deu tudo e continua a dar até o fim; no fim, ele deve morrer. Mas ele o faz como o diarista e o comerciante, que não lamentam por um segundo a perda de sua antiga propriedade, mas agem com uma alegria e fascinação indescritíveis. Diante do brilho do que foi encontrado, tudo o mais empalidece.

Evidentemente, o que Jesus descreve na parábola "do tesouro e da pérola" é o que aconteceu com ele mesmo: ele foi tomado e arrebatado pela alegria do reinado de Deus. E não apenas de um reinado de Deus que virá em algum momento, mas daquele que já está começando hoje, que já pode ser conquistado hoje, que já pode ser negociado e adquirido hoje.

O Reino de Deus acontece aqui mesmo neste mundo – mais precisamente, hoje. Torna-se realidade em todos os lugares onde as pessoas creem no evangelho, aceitam o reinado de Deus e, por causa de sua fascinação, permitem que suas vidas sejam transformadas, ao se voltarem de seus próprios projetos de vida para o novo que Deus quer criar. A parábola dupla "do tesouro e da pérola" fala desta terra, do agora, do hoje. E, assim, fala com toda nitidez sobre a presença do reinado de Deus.

4 A figueira em flor (Mc 13,28-29)

A parábola da "figueira em flor" se encaixa bem aqui. Novamente, trata-se de um texto muito breve – em sua concisão, assemelha-se à simples metáfora.

> Aprendei alguma coisa com a comparação com a figueira[30]: Quando os ramos estão tenros e as folhas brotam, sabeis que o verão está próximo. Assim também

---

30. Literalmente: "Da figueira aprendei a parábola".

quando virdes acontecer estas coisas, ficai sabendo que o Filho do homem está próximo, às portas.

Esse texto figura em Marcos, Mateus e Lucas logo antes da Paixão de Jesus – dentro do grande "discurso escatológico". Tanto em Marcos quanto em Mateus, é totalmente claro que aquele que está próximo, às portas, não é outro senão o Filho do homem[31]. Afinal, pouco antes disso, nos três evangelhos sinóticos, havia sido mencionada a vinda do Filho do homem sobre as nuvens do céu (Mt 24,30; Mc 13,26; Lc 21,27). A questão agora, no entanto, é: Jesus também usou a parábola da "figueira em flor" para falar sobre o vindouro Filho do homem? Para responder a isso, devemos nos voltar para a expressão: "quando virdes acontecer estas coisas..." Aqui, há uma referência a eventos que foram mencionados anteriormente no discurso escatológico. A vinda do Filho do homem sobre as nuvens do céu é precedida por "sinais" apocalípticos que apontam para o fim do mundo e a parusia do Filho do homem: falsos profetas, guerras, terremotos, fome, perseguições, desintegração das famílias e a profanação do templo (Mc 13,5-23). Quando tudo isso acontece – resume nossa parábola – então o fim está próximo e o Filho do homem está "às portas".

O Jesus histórico falou sobre tais "sinais" apocalípticos antes do fim do mundo? Não sabemos com certeza. No entanto, sabemos com certeza que ele falou sobre "sinais de reconhecimento" para o *Reino de Deus*: "os cegos veem, os coxos andam, os leprosos ficam limpos, os surdos ouvem, os mortos ressuscitam, os pobres são evangelizados" (Lc 7,22).

E com certeza sabemos que ele rejeitou expressamente "sinais" apocalípticos *pelo menos para o Reino de Deus* (Lc 17,20s.).

---

31. Apenas Lucas fala aqui do "Reino de Deus" em vez do "Filho do homem" (21,31). Isso, no entanto, provavelmente se deve à redação lucana e não a uma tradição mais antiga.

Por quê? Justamente porque o Reino de Deus não está distante, mas já está se acercando. Está já vindo; de fato, já está aqui. "Mas, se é pelo dedo de Deus que expulso os demônios, então o Reino de Deus chegou até vós" (Lc 11,20).

Mais uma coisa deve ser considerada: O reverdecer da figueira é, por si só, uma imagem positiva. Assim como para nós a primavera evoca imagens de esperança e não associações com declínio, fome, doença e guerra, o mesmo ocorria em Israel naquela época. Basta pensar em textos do Cântico dos Cânticos, como o seguinte trecho:

> Eis que o inverno já passou, passaram as chuvas e se foram.
> Aparecem as flores na terra, chegou o tempo da poda, a rolinha já faz ouvir seu arrulho em nossa região.
> Da figueira brotam os primeiros figos, exalam perfume as videiras em flor (Ct 2,11-13).

Tudo isso praticamente nos obriga a ver naquilo que aprendemos dos brotos da figueira não "prenúncios" apocalípticos do fim, mas sim "sinais de reconhecimento" da proximidade e da chegada do reinado de Deus. A parábola poderia ter sido assim:

> Aprendei com a comparação com a figueira: Quando os ramos estão tenros e as folhas brotam, sabeis que o verão está próximo. Assim também quando virdes acontecer estas coisas [ou seja, a cura dos doentes e dos possuídos], ficai sabendo: o Reino de Deus está próximo.

A figueira era particularmente apropriada como um "sinal de reconhecimento" nesse sentido. Em países do sul e, é claro, também em Israel, quase todos os tipos de árvores desenvolvem novas folhas no meio das velhas, que ainda permanecem na árvore. Isso ocorre, por exemplo, com a oliveira, o carvalho e a alfarrobeira. Apenas a figueira (e a videira) são diferentes. A figueira é praticamente a única árvore que perde todas as suas folhas no inverno ou durante a estação das chuvas. Por isso, os brotos das novas folhas chamam especialmente a atenção, e a figueira se torna quase um símbolo da primavera ou, melhor dizendo – já que a primavera em Israel é apenas um período de transição extremamente curto – um símbolo da aproximação do verão.

Evidentemente, Jesus usa o brotar tão marcante da figueira desfolhada para apontar para o que está acontecendo agora: o novo mundo de Deus, o tempo da salvação, o reinado de Deus. O Reino de Deus vem com tanta certeza e rapidez quanto o verão vem com floração e os brotos da figueira. Mais ainda: no fundo, as mudanças marcantes na figueira não apenas anunciam o verão. Quando seus botões se destacam, o verão já está presente.

5 O grão de mostarda (Mc 4,30-32)

Todas as parábolas examinadas até agora falaram sobre o Reino de Deus: sobre sua chegada surpreendente, sua irrupção no mundo – e falaram sobre a fascinação que o Reino de Deus pode causar. Devemos, no entanto, partir do pressuposto de que a profunda certeza, até mesmo a consciência de vitória, com que Jesus proclamou o Reino de Deus não encontrou aprovação em todos os lugares.

A proclamação de Jesus sobre o reinado de Deus que já estava irrompendo suscitou objeções. Deve ter havido quem lhe dissesse: "Onde está a mudança no mundo da qual andas falando? A verdade é que nada muda na terra. Os romanos continuam a nos saquear. Aqueles que colaboram com eles ficam cada vez mais ricos, e os pobres ficam cada vez mais desprotegidos. Até agora, tudo permanece basicamente como era antes. E esse pequeno e indefeso grupo que te segue através da Galileia é o começo do verdadeiro Israel do fim dos tempos? Quando Deus finalmente intervier, o agir de Israel não deverá ser completamente diferente – ou seja, régio, poderoso, irresistível e transformador de tudo de uma vez?"

Naquela época, muitas objeções desdenhosas ou preocupadas devem ter soado dessa maneira. Jesus respondeu a tais objeções com parábolas – especificamente com as parábolas do "grão de mostarda" (Mc 4,30-32), do "fermento" (Lc 13,20s.), da "semente que cresce secretamente" (Mc 4,26-29) e da "colheita abundante" (Mc 4,3-9). Trata-se de uma série de parábolas com temas relacionados. Começo com a parábola do "grão de mostarda"[32].

Esta parábola também é breve. E pode sê-lo porque compara o Reino de Deus com algo familiar aos ouvintes de Jesus: algo que ocorre diante de seus olhos a cada ano. Jesus compara o reinado de Deus com o que acontece quando sementes de mostarda são espalhadas:

> Com que vamos comparar o Reino de Deus, ou em que parábola vamos representá-lo? É como o grão de mostarda que, na semeadura, é a menor de todas as sementes que há[33]. Mas, depois de semeado, cresce e se torna maior do que todas as hortaliças. Estende ramos tão grandes que as aves do céu podem aninhar-se à sua sombra (Mc 4,30-32).

Uma breve observação sobre os fatos botânicos: muito provavelmente, a referência é à "mostarda preta" (*brassica nigra*).

---

32. A parábola do "grão de mostarda" nos foi transmitida em duas versões: em Marcos e na fonte Q. Lucas tomou sua versão (Lc 13,18s.) praticamente palavra por palavra da Fonte Q. Mateus, por outro lado, procedeu a uma combinação de Marcos e da fonte Q (Mt 13,31s.). Parece-me que Marcos oferece a versão mais original, pois ele corretamente se refere ao pé de mostarda como *lachanon*, uma "hortaliça" e não como "árvore". Em Marcos, os pássaros, como frequentemente se observa na realidade, fazem ninho no chão, à sombra do pé de mostarda, enquanto na fonte Q eles constroem seus ninhos na própria planta de mostarda. Além disso, falta à fonte Q o contraste entre "pequeno" e "grande", que é essencial para a parábola.

33. Literalmente: "menor do que todas as sementes da terra".

Suas sementes são extremamente pequenas. Um grão pesa cerca de 1 mg e tem um diâmetro de 0,9 a 1,6 mm. No entanto, cresce rapidamente para se tornar uma planta anual com ramos semelhantes aos de uma árvore. Sua altura média é de 1,5 m. No Mar da Galileia, pode até atingir uma altura de 3 m. A pequenez da semente de mostarda era proverbial em Israel (cf. Lc 17,6).

Mas sobre o que trata essa parábola? O texto formula explicitamente: Jesus está falando do Reino de Deus. No entanto, ele não compara o Reino de Deus pontualmente com a pequena semente de mostarda. O Reino de Deus não corresponde simplesmente à semente de mostarda, nem ao arbusto crescido. Ele corresponde, antes, ao processo inteiro em que uma semente do tamanho de uma cabeça de alfinete se torna um grande arbusto. Isso deixa claro que nossa parábola não fala estaticamente sobre o reinado de Deus, mas sobre sua vinda, mais precisamente: sobre a dinâmica do reinado de Deus.

O Reino de Deus agora ainda é pequeno, discreto, fácil de passar despercebido, aparentemente ineficaz. Mas ele se desenvolve, cresce, expande-se, torna-se cada vez mais poderoso e – novamente uma imagem: os pássaros do céu se aninham em sua sombra[34].

Cada leitor contemporâneo deve notar que no fim da parábola não se fala simplesmente de "aves", mas de "aves do céu". Por quê? A resposta parece clara. Em primeiro lugar, trata-se de

---

34. Muitos intérpretes consideram o "aninhar dos pássaros" como uma adição pós-pascal à parábola. Por quê? Porque dizem que aqui haveria uma alusão a Ezequiel 31,3-6 ou Daniel 4,7-9. Contudo, esse argumento não convence de maneira alguma. Por que Jesus, que tinha um conhecimento espantoso da Escritura Sagrada, não faria alusão a ela? Além disso, a parábola careceria de um verdadeiro desfecho sem a impressionante referência ao "ninho dos pássaros" juntamente com o plano de fundo associado a isso.

uma expressão bíblica extremamente comum. Quando Jesus rezava os Salmos ou repetia para si outros textos bíblicos (a forma de meditação da época), ele frequentemente encontrava a frase "aves do céu" – cf., p. ex., Salmos 8,9; 79,2; 104,12; Gênesis 1,28.30; 2,19; 6,7; Jeremias 7,33; Ezequiel 31,6.

No entanto, ao examinar mais detalhadamente essa expressão nos livros dos profetas, encontramos uma imagem que trata do poder dos reis orientais. Eles próprios, assim como sua soberania e seu Reino, são descritos como um enorme cedro, sob cuja sombra vivem várias criaturas, incluindo as aves do céu. Eis um exemplo – de Ezequiel 31,3-6 (cf. tb. Ez 17,22-24 ou Dn 4,7-9):

> Um cedro do Líbano de bela folhagem, espessa sombra e elevada estatura, e cuja copa está entre as nuvens. As águas o fizeram crescer, lençóis subterrâneos tornaram-no altaneiro. [...] Multiplicou os galhos e expandiu a ramagem devido à grande umidade durante o crescimento. Em seus galhos aninhavam-se todos os pássaros do céu, debaixo da ramagem pariam todos os animais selvagens, à sua sombra sentavam-se numerosas nações.

Aqui temos um exemplo impressionante de como se podia falar de um rei no Antigo Oriente (embora aqui a descrição de sua magnificência prepare a descrição de sua queda; cf. Ez 31,10-13). É evidente, o rei nestes textos altamente simbólicos não é visto como um mero indivíduo. Ele representa todo o seu reino e a sociedade que vive nele, como fica claro pelas muitas criaturas que são parte integrante da imagem desta árvore: as aves do céu que fazem seus ninhos em seus galhos; os animais selvagens que parem suas crias sob ele; as muitas nações que vivem à sombra dele, isto é, sob sua proteção e amparo. O rei, juntamente com seu reino, é representado como uma "árvore do mundo" cósmica – uma ideologia régia imperial extremamente ambiciosa, mas também altamente perigosa, que na história do Antigo Oriente mostrou seus terríveis aspectos reversos repetidas vezes.

O que significa quando Jesus, ao fim da parábola, insere em sua mininarrativa o antigo símbolo da árvore do mundo? Primeiramente, isso prova que o reinado de Deus inclui um povo. Isso é evidenciado pela multiplicidade de criaturas que vivem à sombra dessa árvore do mundo. De acordo com a teologia bíblica, o reinado de Deus sempre requer um povo concreto, uma sociedade que o próprio Deus criou para si; uma sociedade que torna visível o seu governo misericordioso.

O símbolo da árvore do mundo também indica que não se trata apenas de Israel. Trata-se do mundo inteiro. "À sua sombra sentavam-se numerosas nações", conforme diz Ezequiel 31,6. Devemos considerar essa dimensão universal da árvore do mundo também para a parábola do "grão de mostarda". Embora apenas seja insinuada no fim, ela está presente.

Então, nossa parábola culmina na declaração: por mais que agora, neste momento, o Reino de Deus seja tão pequeno quanto um grão de mostarda, por mais que o verdadeiro povo de Deus seja apenas um pequeno rebanho (cf. Lc 12,32), a partir deste modesto começo já está surgindo o que é novo, completamente diferente: um reino que tudo abrange, uma nova sociedade mundial. E tudo isso acontecerá com a *mesma certeza* com que o minúsculo grão de mostarda se transforma num subarbusto gigante.

O que não é dito nesta parábola, mas que era óbvio para Jesus: o reinado de Deus não tem nada a ver com as pretensões de poder imperial dos governantes da época, refletidas nas imagens da árvore do mundo e em muitas outras imagens da ideologia régia oriental e helenística. Aqui se aplica o que Jesus disse a seus discípulos em outra ocasião: "Os reis das nações as dominam e os que exercem autoridade são considerados benfeitores. Entre vós não seja assim" (Lc 22,25s.).

É claro, a parábola do grão de mostarda não é simplesmente uma parábola da árvore do mundo. Este símbolo aparece apenas no fim e de forma muito sutil: no aninhar dos pássaros. A própria parábola se desenrola inicialmente no mundo real e sóbrio dos valados e dos campos – mais precisamente: na horta. Uma parábola não poderia começar de maneira mais comum. Jesus compara o Reino de Deus com o cultivo de hortaliças. Se ele tivesse começado imediatamente com a majestosa "árvore do mundo", certamente teria sido mais impressionante. No entanto, Jesus fala de maneira despretensiosa, e assim tanto mais eficaz, sobre uma planta de horta.

Naturalmente, isso não ocorre por acaso. Jesus escolhe suas imagens com muita consciência. A peculiaridade das imagens corresponde à peculiaridade da coisa em questão. O Reino de Deus acontece no meio do mundo comum, cotidiano, familiar aos seus ouvintes. O Reino de Deus não está longe. Não espera em "um dia qualquer". E muito menos vem sob tempestades apocalípticas que abalam o mundo, mas sim do modo como uma planta de mostarda cresce. Já está acontecendo bem em meio aos seus ouvintes. Quem vê, pela fé, o que está acontecendo por meio de Jesus e ao redor de Jesus, já vê o Reino de Deus: "Felizes os olhos que veem o que vós vedes..." (Lc 10,23).

6 O fermento (Lc 13,20-21)

O mesmo ambiente cotidiano da parábola do "grão de mostarda" é apresentado na parábola do "fermento". Ela vem da Fonte

Q[35] e, exceto pela introdução, tem praticamente as mesmas palavras em Mateus e Lucas. Ela vem imediatamente após a parábola do "grão de mostarda". Escolho a versão de Lucas:

> Com que vou comparar o Reino de Deus? É semelhante ao fermento que uma mulher pegou e escondeu em três sata de farinha, e tudo ficou fermentado (Lc 13,20s.).

A própria ação da parábola consiste apenas numa única sentença. Mais uma vez, temos uma dessas parábolas curtas de Jesus diante de nós. Linguisticamente, também é notável que a mulher "esconda" o fermento na farinha. Será que isso significa que o Reino de Deus está agora oculto e que, portanto, inicialmente não podemos vê-lo? Isso é muito improvável. O que se quer dizer é simplesmente que o fermento é "misturado" com a farinha[36]. Por certo, ele então não é mais visível, mas a mulher não quer "escondê-lo". Além disso, para Jesus, o Reino de Deus não está de forma alguma oculto. Seus próprios atos de poder podem ser vistos por todos (Lc 11,20). Eles só estão ocultos para a incredulidade. No entanto, uma ênfase desse tipo (ocultamento para os incrédulos, visibilidade para os crentes) não se encaixaria de maneira alguma nessa mininarrativa.

Também não devemos identificar uma intenção misteriosa no fato de que, nesta parábola, o ato de amassar a farinha, um processo fatigante e monótono, não ganhe uma descrição própria. Sem dúvida, alguns intérpretes fazem isso, mas eles ignoram que estamos diante de uma parábola extremamente

---

35. A fonte Q deve ter sido uma compilação de palavras de Jesus, que os autores dos evangelhos de Mateus e Lucas utilizaram como fonte; evidentemente, ela só pode ser reconstruída a partir da comparação desses dois evangelhos.

36. Sobre a tradução de *egkryptein*, cf. WOLTER, M. *Das Lukasevangelium*, p. 487. Talvez haja aqui também um problema de tradução do hebraico ou do aramaico.

curta, que se concentra apenas no essencial. A água, o sal e o "deixar a massa crescer" também são omitidos.

Sata é o plural de *saton*, que é a reprodução grega de uma medida de volume hebraica. Três *sata* de farinha são aproximadamente 40 litros. Então, está sendo assada uma enorme quantidade de pão – muito mais do que o necessário para uma casa normal. Pois nessa época o pão achatado não era armazenado, mas assado fresco diariamente.

Uma série de exegetas acredita que aqui Jesus aumenta a narrativa, como tantas vezes, para algo irrealista, exagerado, excessivo. Ainda precisaremos nos perguntar se isso realmente se aplica a todas as suas parábolas. Em todo caso, aqui nada é irrealista. É claro que um lar normal não precisa de tanto pão. No entanto, numa festa com convidados, como um casamento, a situação é diferente. A parábola deixa de lado todos os detalhes sobre a situação. A única coisa pressuposta é a necessidade de assar pão. E, uma vez que Jesus queria destacar o contraste, tal como na parábola do "grão de mostarda", ele escolheu uma situação que requeria grande quantidade de pão. Ele pode presumir tal situação excepcional; ele não precisa mencioná-la ou descrevê-la separadamente.

Certamente, ao mencionar a enorme quantidade de farinha, Jesus desperta a curiosidade de seus ouvintes. Essas pequenas surpresas e provocações, que tiram o ouvinte de sua fadiga cotidiana, são frequentemente oferecidas por Jesus em suas parábolas. O fermento em nossa parábola também visa a esse efeito. "Fermento" tinha uma conotação negativa no judaísmo (Mt 16,6; Mc 8,15; Gl 5,9). Não se falava de "fermento" numa parábola que explica as coisas *de Deus*.

Quanto à estrutura, nossa parábola é estreitamente relacionada à do grão de mostarda; talvez ambos os textos até mesmo formassem uma parábola dupla. No entanto, aqui não se trata mais apenas do contraste em quantidade – ou seja, a (relativamente) pequena quantidade de fermento de um lado e a grande quantidade de farinha do outro. Trata-se principalmente do contraste na qualidade: o fermento leveda a massa de farinha preparada e torna o pão saboroso.

Jesus quer dizer com este parábola que, embora o Reino de Deus possa parecer pequeno e insignificante agora, ele transformará a essência do mundo e lhe dará tempero. Ou, dito de forma mais drástica: O mundo se tornou insípido e sem graça devido à história de culpa humana. O reinado de Deus torna o mundo saboroso novamente, restaura a criação e a leva à sua plenitude e palatabilidade. Nesse sentido, a parábola do "fermento" vai além da parábola do "grão de mostarda".

7 A semente que cresce por si mesma (Mc 4,26-29)

A parábola da "semente que cresce por si mesma" (Mc 4,26-29) faz parte do grupo de parábolas que estamos discutindo no momento – frequentemente chamadas de "parábolas do crescimento". É uma das mais belas parábolas de Jesus: breve, coesa, realmente funcional em sua intencionalidade sem adornos – e ainda assim cheia de uma esperança maravilhosa.

> O Reino de Deus é como um homem que joga a semente na terra. Quer ele durma ou vigie, de dia ou de noite, a semente germina e cresce sem que ele saiba como. É por si mesma que a terra dá fruto, primeiro vêm as folhas, depois a espiga, em seguida o grão que enche a espiga. Quando o trigo está maduro, mete-lhe logo a foicinha, pois é tempo da colheita (Mc 4,26-29).

Essa parábola narra a chegada do Reino de Deus na imagem do solo que produz a semente e a faz crescer – irrefreavelmente até a colheita: "É por si mesma que a terra dá fruto". O foco não está na semeadura, que ainda faz parte da introdução da parábola. Mas o peso também não está predominantemente na colheita, por mais importante que ela seja no fim. O que importa aqui é a descrição de como o grão cresce – sem a intervenção do ser humano. A estrutura da parábola mostra: O cerne da mensagem deve estar na parte central da narrativa. Pois aí a narrativa se torna mais lenta[37].

Para o homem moderno, tudo isso é muito estranho. Como um contemporâneo esclarecido biologicamente, ele sabe como algo cresce e por que cresce, e o que a tecnologia agrícola pode fazer para que cresça mais rápido ou mais devagar, mais alto ou mais baixo. Hoje em dia, o trabalho dos agricultores não está de forma alguma completo com a semeadura. Em todo caso, antes que as hastes cresçam, vem a grande pulverização: herbicidas, fungicidas, inseticidas e reguladores de crescimento, para que as hastes não cresçam muito alto e se dobrem em tempestades severas.

Naquela época, tudo ainda era diferente na Galileia. A parábola descreve a impossibilidade de intervir no crescimento da semeadura. O fazendeiro precisa esperar. "Quer ele durma ou vigie", "de dia ou de noite" – dessa maneira, uma longa sequência de dias e noites é evocada linguisticamente. Então, o foco muda do fazendeiro para o grão. E novamente o tempo se estende: primeiro as folhas, depois as espigas, depois os grãos que enchem as espigas. E há o comentário intercalado: "É por si mesma que a terra dá fruto". Este "por si mesma" salta para nós no texto. O ser humano não pode fazer nada aqui. Ele não

---

37. Para uma série de comentaristas, a "prolongação" no versículo 28 é vista como uma adição secundária da tradição pós-pascal ou do próprio Marcos. No entanto, isso deixa de reconhecer a estrutura linguística da parábola. Ela vive justamente dessa extensão, que é formulada tanto a partir do ritmo de vida do agricultor quanto do crescimento do grão.

pode compreender nem influenciar o milagre do crescimento. Ele só sabe que ali está em atividade o poder criador de Deus, que então concede a colheita no fim.

Os comentadores de nossa parábola falaram, com frequência, da "inatividade" do fazendeiro, na qual até mesmo viram o ponto central da parábola[38]. Isso não estava completamente errado. De fato, há uma inatividade do fazendeiro – exatamente em relação ao grão. Naquela época, quando o agricultor tinha semeado, ele devia deixar o campo por conta própria. Em seguida, ele não podia mais arar ou gradar o campo (Is 28,23-25). E, no entanto, deve-se observar que essa formulação tão vívida "Quer ele durma ou vigie", "de dia ou de noite" não tem realmente a função de descrever a inatividade, nem mesmo a preguiça do fazendeiro. Em vez disso, pretende destacar o *tempo prolongado*. Os dias e as noites do fazendeiro correspondem ao crescimento e amadurecimento do cereal. Ambos – o ritmo de vida do fazendeiro e o amadurecimento do cereal – estão lado a lado e devem mostrar: o processo de crescimento escapa de qualquer intervenção humana. Aqui, apenas Deus está trabalhando, e ninguém pode impedir Deus de fazer sua obra. Portanto, não se deveria falar de "inatividade", mas sim de "não interferência" do fazendeiro.

Como no caso da parábola do "grão de mostarda", também em nosso texto há, no fim, uma alusão às Escrituras Sagradas – a Joel 4,13, onde se lê: "Lançai a foice[39], porque a colheita está madura". Essa referência ao Livro do Profeta Joel dá à parábola um término marcante e nomeia seu objetivo: no fim está a colheita, a manifestação do reinado de Deus *em sua plenitude*

---

38. Eu mesmo já sucumbi a essa tentação em trabalhos anteriores.
39. Provavelmente, Joel quer dizer: "Enviai os trabalhadores da colheita com a foice [ao campo]".

e consumação. Não há o menor motivo para negar a Jesus essa alusão: ele conhecia sua Escritura Sagrada. Ela estava sempre presente para ele. Por que ele não poderia fazer uma referência à Escritura? Neste caso, possivelmente não se trata de uma alusão *temática*, mas simplesmente do uso da linguagem bíblica. Então, o "julgamento sobre as nações" (como em Joel) ou mesmo a vinda escatológica do filho do Homem como juiz do mundo não estariam em vista. Mas não podemos ter certeza absoluta disso. Como em outras partes, aqui também talvez Jesus esteja falando, de maneira velada e indireta, de sua própria missão.

Em resumo: do começo ao fim, nossa parábola trata da vinda do reinado de Deus. Mas isso não significa que ele só vem quando a semente é semeada. E certamente não significa que ele só vem gradualmente, tal como o grão de cereal amadurece gradualmente. O que importa aqui, em primeiro lugar, é que o homem não pode provocar o Reino de Deus nem forçá-lo a vir. Muito menos com violência, como os zelotes acreditavam. O ser humano só pode esperar. O próprio Deus ocasiona seu reino. Somente ele. E ele certamente o fará.

Mas, acima de tudo, a parábola mostra o poder criador de Deus e seu domínio sobre a história. Ninguém impedirá Deus de fazer sua obra e produzir sua salvação. A resposta do homem a esse conhecimento a respeito de Deus só pode ser uma profunda tranquilidade, que confia em Deus.

É claro, tudo isso é apenas um lado da questão. É preciso discutir sobre o Reino de Deus em poderosos "arcos de tensão". Por isso, diante do reinado de Deus, o mesmo Jesus chama seus ouvintes a uma resolução última e a um emprego de todas as suas forças. Basta comparar as parábolas do "assassino" (*EvThom* 98), do "dinheiro confiado a outrem" (Mt 25,14-30) e do "administrador desonesto" (Lc 16,1-7). Mas esse grupo de parábolas será tratado em outro momento.

8 A colheita abundante (Mc 4,3-9)

Já vimos: o reinado de Deus, que inicialmente aparece de forma discreta no mundo e até mesmo permanece despercebido para muitos, no fim terá transformado todas as coisas. Ninguém pode impedir Deus de originar seu novo mundo – disso Jesus está absolutamente certo.

Mas podemos confiar nessa certeza? Jesus vê o mundo como ele realmente é – sua miséria, sua escuridão, suas negações, a magnitude de sua hostilidade contra Deus? A certeza dele, afinal, não é alheia à realidade? Outro texto do grupo de parábolas do crescimento mostra que não se pode fazer essa acusação a Jesus:

> O semeador saiu a semear. Ao semear, uma parte caiu à beira do caminho. Vieram os pássaros e a comeram. Outra caiu em solo pedregoso e, quando o sol subiu, foi crestada porque não tinha raízes[40]. Outra parte caiu no meio dos espinhos; os espinhos cresceram, sufocaram-na e ela não deu fruto. Outra parte, finalmente, caiu em terra boa e, depois de crescer e se desenvolver, deu fruto; alguns grãos[41] renderam trinta, outros sessenta e outros cem (Mc 4,3-8).

---

40. Esta parte da parábola em Marcos é complicada e sobrecarregada. Deve ter existido uma versão mais antiga, mais curta e concisa. Eu tentei, excepcionalmente, reconstruir essa versão antiga a partir da comparação com as demais partes da parábola. Mas essa reconstrução é irrelevante para sua compreensão. Ela serve apenas para mostrar que, muito provavelmente, também essa parábola era estruturada de forma concisa e coerente.

41. As edições e comentários bíblicos alemães traduzem Marcos 4,8 com uma rara unanimidade usando os advérbios numéricos "trinta vezes", "sessenta vezes", "cem vezes". Isso claramente contraria o texto grego e, quanto à língua alemã, está provavelmente relacionado com a forte influência da tradução de Martinho Lutero. No entanto, o *hen* grego não pode de maneira alguma transformar os

Ao contrário das parábolas do "grão de mostarda", do "fermento" e da "semente que cresce sozinha", aqui não é imediatamente narrada uma história de sucesso. Pelo contrário! Três quartos da parábola descrevem oponentes que ameaçam o crescimento do trigo e destroem partes da semeadura. Apenas o último quarto da parábola fala em êxito.

No entanto, perderíamos completamente o sentido da parábola se a víssemos como uma espécie de estatística, um balanço final do sucesso de Deus no mundo – com a conclusão: três quartos dos esforços de Deus serão em vão, apenas um quarto terá sucesso. Pois a parábola do "semeador" não é de forma alguma uma parábola "sobre quatro tipos de campo", "campos diversos", "diversos solos aráveis", nem sobre "diferentes tipos de solo". Todos os títulos deste naipe não captam o que a parábola pretende dizer. Porque ela conta, mesmo que em estilo estenográfico, uma *história* – uma história dinâmica, voltada para um objetivo e claramente caminhando para um clímax.

Percebemos essa dinâmica da parábola quando prestamos atenção ao que os inimigos da semente causam em cada caso: primeiramente, fala-se de pássaros que bicam parte da semente espalhada. Ou seja, a parte que caiu num caminho duro e pisado. Nesse caso, os grãos nem têm chance de germinar. Imediatamente se tornam presas dos pássaros.

Outra parte das sementes tem maiores chances: ela brota e cresce. No entanto, logo depois, o sol a faz secar rapidamente, porque a camada do solo sobre as rochas de calcário é muito fina.

---

números cardinais seguintes em advérbios numéricos. Mateus e a Vulgata mostram como o texto grego deve ser entendido. O fato de que no modelo hebraico ou aramaico talvez houvesse aqui um advérbio numérico não altera em nada o erro de tradução.

Aquela parte das sementes que cai entre os espinhos está ainda mais perto do objetivo: ela brota, cresce e se desenvolve. Mas não pode produzir frutos porque é sufocada pelos espinhos que cresceram junto com ela.

Portanto, a extensão de vida da semente aumenta, e aparentemente haveria sucesso. Mas, por isso, a destruição da semente torna-se tanto mais angustiante. Os ouvintes de Jesus devem ter sentido a tensão aumentar continuamente. Como tudo isso vai terminar? Será que agora virá uma quarta parte, na qual, a julgar pela direção da narrativa até agora, até mesmo o trigo totalmente maduro será destruído – talvez por uma tempestade severa imediatamente antes da colheita ou por um incêndio (Is 5,24)? Ou o fim da parábola será positivo? Aonde Jesus quer chegar com essa parábola? Seus ouvintes já estavam acostumados com surpresas de sua parte. No entanto, os experientes ouvintes de parábolas já sabiam naquela época: os narradores de parábolas frequentemente seguem a fórmula 3 + 1, razão pela qual algo completamente novo e diferente devia ser esperado no quarto segmento.

E esses ouvintes não se decepcionaram. A narrativa realmente muda e descreve um sucesso retumbante: uma parte das sementes cai em solo fértil e produz uma colheita abundante. Não é dito que essa quarta parte das sementes representava ainda apenas um quarto da quantidade total semeada. Pelo contrário, a mudança da palavra grega "*allo*" (outra, na tradução) para "*alla*" (plural de *allo*) sinaliza exatamente o oposto.

Neste ponto, a maioria dos ouvintes de Jesus na época certamente não ficou admirada. Muitos deles eram pequenos agricultores, arrendatários, trabalhadores rurais que entendiam de agricultura. Supostamente, acharam a descrição de Jesus totalmente realista[42]. Apenas estudiosos do Novo Testamento, e não são poucos, ficam atônitos. Um rendimento cêntuplo? Isso está totalmente fora de questão, eles dizem.

Sem dúvida, esses intérpretes poderiam ter visto que o texto absolutamente não fala de um rendimento cêntuplo da *semeadura total*. Mas caminhos uma vez abertos cavam sulcos profundos dos quais a carruagem exegética não consegue sair tão facilmente. Não, eles dizem repetidamente: nem mesmo o melhor solo produzirá uma colheita cêntupla. Isso vai contra toda experiência cotidiana. Jesus mais uma vez exagerou intencionalmente. Ele não quis apenas descrever a realidade dos agricultores da época. Ele aumentou a produção do campo a uma magnitude fantástica, porque queria dizer que o Reino de Deus, com sua abundância, explode todas as experiências humanas.

Permito-me citar algumas expressões dos comentários: "não corresponde à realidade" – "exagero óbvio" – "a interpretação influi claramente na imagem" – "afastamento da realidade" – "inimaginável" – "exageros narrativos" – "sucesso que estoura as dimensões reais" – "ultrapassando completamente a realidade" – "aumentado para o patamar prodigioso" – "um valor adicional maravilhoso, que a natureza normalmente não conhece" – "o rendimento do grão ultrapassa completamente as relações reais".

Eu próprio acreditei nessa lógica dos estudiosos do Novo Testamento por um tempo. Mas ela não é convincente, principalmente porque nos "trinta", "sessenta" e "cem" não é indicada a relação entre a quantidade de grãos semeada e a produção total, mas apenas o rendimento dos grãos que caem

---

42. Esse realismo também inclui semear no caminho. Pressupõe-se que se semeava e só depois se arava. Essa sequência não era totalmente desconhecida para a técnica agrícola romana, que era significativamente melhor naquela época. Cf. COLUMELLA, *De re rustica* II, 10.

em solo fértil. No entanto, ainda resta a questão: Um único grão ou uma determinada quantidade de grãos pode produzir cem grãos? Isso parece impossível.

Mas foi um agricultor que me passou uma preciosa informação sobre esse assunto. Depois de uma palestra que dei numa comunidade rural perto de Tübingen (é claro, em bom alemão suábio), ele me disse: "Essas grandes quantidades, das quais Jesus fala, são completamente normais. Pois uma parte dos grãos semeados 'perfilha', ou seja, ramifica-se em várias hastes".

Eu nunca tinha ouvido a palavra "perfilhar" antes e imediatamente fui investigar o assunto. Para minha surpresa, encontrei uma série de autores mais antigos que mencionaram o fenômeno do perfilhamento em nosso contexto, mas que já não eram mais levados em consideração[43]. Pesquisas adicionais me trouxeram os seguintes resultados[44]:

1. De fato, o grão de cereal em germinação produz inicialmente apenas um único broto. Mas já, em um estágio muito inicial, rebentos laterais crescem a partir do nó mais inferior, localizado bem abaixo da superfície do solo (o chamado nó de perfilhamento), levando à ramificação do caule principal ainda sob a terra. Assim, frequentemente, a partir de um único grão, surge um ninho inteiro lateral de perfilhos de várias hastes, ou até mesmo de inúmeras hastes.

2. Jesus permanece aparentemente dentro de uma faixa realista média quanto ao número de hastes do "perfilho".

---

43. G. Dalman, por exemplo, descreve o fenômeno do perfilhamento (ele contou em um campo, em média, "até 20 hastes a partir de uma raiz; perto de Nain, contei uma vez 44 hastes"). No entanto, ele não conhece o termo técnico "perfilhamento". Cf. DALMAN, G. *Arbeit und Sitte*, Vol. II, p. 243-244.
44. Para mais detalhes sobre o que se segue, cf. LOHFINK, G. *Das Gleichnis vom Sämann*.

Como precisa esquematizar na narrativa, ele trabalha, com o número máximo de 3 hastes. E para cada haste, ele calcula uma produção de 30 grãos.

Experimentos em campo aberto realizados na Faculdade de Ciências Agrárias da Universidade Alemã de Hohenheim produziram os seguintes resultados estatísticos médios[45]: O trigo no campo (ou seja, não em uma cultura de plantas individuais) produziu, nas condições de produção hoje habituais, um perfilhamento *médio* de 1,6 hastes. Este número aparentemente baixo de hastes é notável, porque em um campo normal de trigo podem-se contar muitas mais hastes nos colmos de trigo. Mas 1,6 hastes são apenas uma média. Muitos grãos que foram semeados acabaram se perdendo. – Outro resultado: O número médio de grãos por espiga foi de 31. Este é um resumo de dois valores marcantes desse instituto!

4. Disso se conclui: Jesus pressupõe claramente o fenômeno do perfilhamento em nossa parábola. Isso devia ser-lhe familiar. Especialmente o número 30 como média de grãos por haste é surpreendente. Ou isso era conhecido de todos naquela época, ou Jesus já fizera essa conta em algum momento. Sessenta grãos se referem então a duas hastes, cem grãos a três hastes no perfilho. O fato de Jesus mencionar apenas três hastes é ainda mais surpreendente, pois como já mencionado:

A maioria dos perfilhos de trigo tem muito mais hastes. Mas Jesus esquematiza e pretende – partindo do número realista de 30 – construir uma "série" compreensível para todos os ouvintes.

---

45. Para os seguintes dados botânicos, baseio-me principalmente nas informações fornecidas pelo Professor Dr. W. Aufhammer, antigo diretor do Instituto de Cultivo de Plantas na Universidade de Hohenheim. Quero agradecer aqui sua pronta disposição em ajudar.

5. Obviamente, devemos questionar se as pesquisas atuais podem ser simplesmente aplicadas ao cultivo de grãos daquela época. Podem. O autor romano Lúcio Júnio Moderato, conhecido como Columela, escreveu no século I d.C. uma obra em doze volumes sobre agricultura (*De re rustica*). Ele não apenas conhece o fenômeno do perfilhamento (*fruticatio, fruticare*), mas até mesmo recomenda amontoar as sementes num estágio inicial para que haja um perfilhamento ainda mais forte[46]. E quanto ao número de grãos na época, temos a sorte de terem sido preservadas, como oferendas funerárias, espigas lavradas em ouro encontradas em túmulos antigos. Ao contar os grãos nelas, chega-se também à média de 30.

Portanto, parece-me que o plano de fundo agrícola de Marcos 4,8 está claramente estabelecido: Uma parte da semeadura cai em solo bom. Dessa parte, uma quantidade produz 30 grãos por semente semeada (ou seja, não houve perfilhamento). Outra quantidade produz 60 grãos por semente semeada (aqui houve perfilhamento com duas hastes). Outra parte traz 90 ou 100 grãos por semente plantada (aqui houve perfilhamento com três hastes).

Dessa maneira, a estranha sequência 30, 60, 90 (100) torna-se imediatamente plausível. Não há, de forma alguma, ruptura com a realidade. Pelo contrário! Jesus era um observador altamente sóbrio, que não permitia fantasias, especialmente numa área com que seus ouvintes estavam familiarizados. Ele a descrevia amorosamente com detalhes e era capaz de fornecer quantidades médias.

Além disso, fica claro que aqui também se fala da obra de Deus. A parábola descreve como o reinado de Deus vem

---

46. COLUMELLA, *De re rustica* II 9.11.

ao mundo. Como acontece com outras parábolas sobre crescimento, perderíamos o estilo característico da narrativa se disséssemos: "Somente o abundante resultado final é o Reino de Deus". Não, a parábola descreve a vinda do Reino de Deus desde a primeira linha. Sua vinda inclui a semeadura, os oponentes que lhe causam danos severos e, finalmente, a colheita abundante, que fica na haste ao fim, apesar de todos os opositores.

E qual é o papel do próprio Jesus nessa parábola? A parábola fala apenas de Deus? Isso é difícil imaginar. Certamente, fala, em primeiro e último lugar, e em cada sentença, do que Deus mesmo está fazendo agora em Israel e além de Israel no mundo. Mas Jesus também fala indireta e discretamente de si mesmo. Ele é o semeador que semeia a palavra da pregação. Mas ele também é aquele que semeia pessoas (Mc 4,16.18.20; cf. Jr 31,27). Ele tem de suportar os ataques de seus oponentes. Ele experiencia como seus opositores afastam pessoas que realmente queriam segui-lo e querem destruir sua missão. E ele vê como, apesar disso, sua semente cresce. Mas Jesus não diz nada disso explicitamente. Sua maneira é justamente calar-se, em muitos casos, sobre o que lhe diz respeito ou apenas insinuá-lo com tato.

Vendo as coisas dessa perspectiva, a luta travada por Adolf Jülicher (1857-1938) em seus dois volumes *Die Gleichnisreden Jesus* ("Os discursos parabólicos de Jesus") passa ao largo da questão. Jülicher se impôs como meta erradicar das parábolas de Jesus o último resquício alegórico e focar tudo num único ponto de comparação. Essa luta foi necessária para acabar com as alegoreses, às vezes absurdas, dos séculos anteriores. Mas Jülicher não fez justiça às múltiplas camadas das parábolas e, ainda menos, à multidimensionalidade das parábolas de Jesus. Se ele tivesse lido mais atentamente seu Antigo Testamento, teria visto que as parábolas do Antigo Testamento também contêm elementos alegóricos: por exemplo, a famosa "parábola do vinhedo" em Isaías 5,1-7 ou a marcante "parábola da ovelhinha do pobre" em 2Samuel 12,1-4.

Voltemos o olhar para trás! Marcos 4,3-8 é como todas as parábolas de semeadura: o trigo (ou a cevada) foi semeado, o grão de mostarda foi depositado na terra, o fermento foi misturado na farinha. A causa de Deus já está amadurecendo, por maior que seja o poder destrutivo de seus oponentes. Isso certamente não é alheamento ingênuo perante o mundo ou fé cândida no progresso. Jesus é bastante ciente da "impossibilidade" da causa de Deus no mundo. Por isso, no grupo dessas últimas parábolas tratadas, ele não apenas descreve o crescimento irrefreável do reinado de Deus, mas também a assustadora pequenez de seu começo. Mais ainda: Ele descreve a terrível superioridade de seus oponentes, que ameaçam a obra de Deus do início ao fim.

Mas, aqui, ele não segue o caminho tomado pela apocalíptica judaica do século I d.C. Ela também foi profundamente tocada pela miserável situação do povo de Deus e pelo poder histórico dos inimigos de Deus. No entanto, os apocalípticos da época tiram uma conclusão diferente daquela de Jesus. Para eles, não é mais concebível que Deus possa se impor num mundo tão corrupto e mórbido.

Por isso, dizem eles, as promessas de Deus não podem mais se cumprir "neste mundo", neste "éon"[47]. Deus deve intervir na história com violência, destruir o mundo antigo pelo fogo e criar um novo mundo, o "novo éon". Somente neste as promessas de Deus podem então se cumprir.

---

47. Vemos isso de modo especialmente impressionante em: 4Esdras 4,26-32; 7,30-36.

Jesus não é um apocalíptico. Sim, ele pode usar imagens apocalípticas, mas não ensina um sistema apocalíptico. Acima de tudo, ele nunca caiu no dualismo da apocalíptica. Isso já fica evidente no material de suas parábolas de crescimento.

Pois vimos: é um material do cotidiano. Jesus não fala simplesmente da árvore do mundo, mas primeiramente de um simples arbusto de mostarda. Ele extrai suas imagens da horta. E ele fala sobre o que uma dona de casa em Israel fazia todos os dias naquela época: moer farinha, preparar massa, misturar fermento e assar pão. E ele fala sobre os miseráveis campos das pessoas comuns nas montanhas da Palestina, onde a camada de terra sobre as rochas de calcário é muitas vezes fina, onde não há caminhos bem delimitados, apenas trilhas, e onde é bastante difícil arrancar cardos e espinheiras.

Com auxílio de um mundo que está diariamente perante os olhos de seus ouvintes, ele descreve a vinda do Reino de Deus e deixa claro: o novo mundo de Deus não chega apenas quando o mundo anterior soçobrou, mas já está chegando agora, no meio da rotina das velhas coisas.

Jesus descreve em suas parábolas de semeadura uma revolução silenciosa, a revolução de Deus, e nos diz que essa transformação de todas as condições será bem-sucedida – agora, nesta criação, nesta história, e não apenas no além dos apocalípticos. É justamente por isso que ele, no grupo de parábolas de crescimento, argumenta usando temas de criação, especialmente o crescimento do cereal. Ele argumenta empregando o mundo conhecido por seus ouvintes.

E ele nos diz que Deus não é impotente, mas terá sucesso apesar de todos os seus oponentes – não usando violência, mas precisamente por meio da liberdade humana. Deus segue cada indivíduo e, respeitando sua liberdade, procura ganhá-lo para sua causa. Esse "seguir cada indivíduo" é marcado por compaixão profunda e bondade sem limites. É disso que fala o próximo grupo de parábolas.

9 Os dois devedores (Lc 7,41s.)

A parábola dos "dois devedores" é encontrada apenas em Lucas – inserida numa narrativa que já tinha uma história tradicional mais longa e variada antes de Lucas (cf. as versões divergentes em Mc 14,3-9; Lc 7,36-50; Jo 12,1-8). Em Lucas, Jesus é convidado por um fariseu chamado Simão. Durante a refeição, uma pecadora pública aproxima-se, lança-se aos pés de Jesus, beija-o e unge-o com um óleo aromático precioso, o perfume da época. Esse incidente provoca uma conversa entre Jesus e o fariseu. Este último ficou escandalizado com a cena. Durante essa conversa, Jesus conta a seguinte parábola:

> Um credor tinha dois devedores: um lhe devia quinhentas moedas de prata, o outro cinquenta. Como não tivessem com que pagar, perdoou os dois. Quem deles o amará mais?

Como se vê, a parábola consiste numa narrativa extremamente sucinta. O próprio material poderia ter oferecido mais elementos. Temos recibos em papiro da Antiguidade nos quais os nomes do credor e do devedor, o valor da dívida, a taxa de juros mensal, o prazo e a penalidade por inadimplência são listados com precisão. Detalhes desse tipo teriam tirado a monotonia da parábola. No entanto, todas as elaborações e enfeites são deixados de lado aqui – e com razão. A parábola é usada como argumento no interior de uma conversa. Portanto, ela deve ser tão breve quanto possível.

No entanto, sentimos falta de uma coisa e nos questionamos por que não é mencionada: por que exatamente tudo é perdoado aos dois devedores? Neste ponto, gostaríamos de saber mais, pois tal generosidade não é exatamente normal entre os credores profissionais. Pelo contrário! O perdão total a ambos exige uma explicação, que, de fato, é fornecida em outra parábola de Jesus (cf. Mt 18,27). Por que falta uma explicação aqui?

Neste ponto, como também numa série de outras parábolas de Jesus, deparamos com uma "extravagância" incomum, até mesmo ousada, como Jesus não raro permite em suas parábolas. Prestamistas não eram heróis nem figuras queridas no mundo daquela época, assim como não são hoje em dia. Eles sempre carregavam uma conotação suspeita. Portanto, o credor da parábola inicialmente deveria ter parecido aos ouvintes a personificação desse papel negativo.

Mas apenas por um momento. Os ouvintes logo teriam percebido que aqui se poderia estar falando de Deus. Pois, como a quinta petição do Pai-nosso na versão de Mateus mostra, a linguagem bíblica pode usar a mesma palavra para dívidas monetárias e dívidas de pecado: "Perdoa-nos nossas dívidas, assim como nós perdoamos aos nossos devedores!" (Mt 6,12).

Além disso, no Pai-nosso e em outros textos bíblicos que apelam à misericórdia de Deus, nada ganha um prazo extra, mas *toda a* dívida é perdoada incondicionalmente. Se considerarmos o contexto – o contexto da narrativa da pecadora ou o contexto histórico da maneira como Jesus lidava com os pecadores – os ouvintes devem ter intuído: aqui se está falando de Deus. Especialmente porque Jesus logo depois acrescenta a pergunta: "Quem deles o amará mais?"

Amamos um prestamista, mesmo que ele perdoe nossa dívida? Não! Ficamos surpresos, inseguros, envergonhados, comovidos ou gratos, mas não o amamos. A palavra-chave "amor" evoca outras associações: especialmente o amor a Deus. Pois os ouvintes de Jesus recitavam diariamente o "Ouve, Israel" de Deuteronômio 6: "Amarás o Senhor teu Deus com todo o coração e, com toda a alma, com todas as forças".

Com a palavra-chave "amar", a parábola definitivamente mudou de nível. Agora, a todos deveria estar claro que o desprezível credor era, na verdade, o próprio Deus, que – como mostra a maneira como Jesus tratava os pecadores – perdoa toda dívida. Tal como o credor, de repente, não é mais um credor, assim também as dívidas do ser humano perante Deus não são mais dívidas. Quem vai a Jesus e crê no evangelho tem o perdão de todas as dívidas.

Devemos supor, seguindo toda uma série de comentaristas, que esta parábola de Jesus não é autêntica? Que foi inventada apenas para fornecer um argumento forte, mas bastante construído, para o debate com o fariseu nesta história da pecadora? Eu gostaria de assumir o contrário. A parábola revela algo da audácia de Jesus, como narrador de parábolas, e se encaixa perfeitamente no reinado de Deus, que revoluciona tudo – o reinado que Jesus não apenas proclamou, mas viveu.

10 A ovelha perdida (Mt 18,12-14)

Esta parábola nos é transmitida em Lucas 15,4-7 e em Mateus 18,12-14, embora em contextos diferentes. Em Mateus, trata-se da convivência cuidadosa na comunidade cristã, que como um todo é uma comunidade de "pequenos"[48], ou seja, de pessoas fracas e corruptíveis (cf. Mt 18,6-10). Em Lucas, por outro lado, Jesus justifica diante dos fariseus e escribas seu comportamento em relação aos pecadores (cf. Lc 15,1s.).

---

48. Assim se pode interpretar o capítulo 18 do Evangelho de Mateus. No entanto, também é possível a interpretação: Dentro da comunidade, existem "pequenos", ou seja, membros suscetíveis, que, portanto, precisam ser protegidos da sedução.

Geralmente se assume que a parábola estava presente na Fonte dos ditos de Jesus. No entanto, não se pode dizer ao certo se é Mateus ou Lucas que oferece a versão mais original. Embora Mateus e Lucas compartilhem uma base comum, também há diferenças. Possivelmente, Lucas ajustou sua narrativa à parábola da "moeda perdida" (Lc 15,8-10), criando assim uma parábola dupla. Mas não há certeza sobre isso. Eu escolho a versão oferecida por Mateus:

> O que vos parece? Suponhamos que um homem possua cem ovelhas e uma se extravie. Não deixará ele as noventa e nove na montanha para ir buscar a ovelha que se extraviou? E eu vos garanto que, ao encontrá-la, sente mais alegria por ela do que pelas noventa e nove que não se extraviaram. Assim também, a vontade perante[49] vosso Pai celeste é que não se perca nem um só destes pequeninos.

Mais uma vez, temos diante de nós uma parábola com "narrativa" extremamente concisa. Por consequência, cada detalhe desnecessário é deixado de lado. Obviamente, isso também está relacionado ao fato de que a coisa inteira se inicia com uma pergunta. A estrutura de perguntas não é mantida ao longo de toda a parábola, mas poderia ter sido facilmente continuada, por exemplo, da seguinte forma: "E ao encontrá-la, não sente mais alegria por *ela* do que pelas noventa e nove que não se extraviaram?" Parábolas em tal estilo interrogativo, que buscam consentimento, simplesmente precisam ser curtas (cf., p. ex., Lc 14,28-30.31-32).

---

49. A tradução literal "vontade perante vosso Pai nos céus" nos é incompreensível hoje. Refere-se à cena vividamente imaginada no céu. Deus se encontra no salão celestial cercado por seus anjos como uma equipe de colaboradores e manifesta sua vontade soberana; no nosso caso, sua profunda alegria. Sua vontade está, por assim dizer, "no espaço". Não é por acaso que em Lucas, na parábola paralela da "dracma perdida", fala-se de "anjos de Deus" no ponto correspondente (15,10). Cf. tb. Mateus 18,10 ("Seus anjos nos céus sempre veem a face de meu Pai").

E quantas coisas são omitidas aqui! O "homem" de quem se fala é o dono das ovelhas ou é um pastor contratado? Ele retorna à noite com as ovelhas para um redil perto de casa, ou ele passa dias viajando com as ovelhas, sempre indo para onde há pastagens disponíveis? Mas, acima de tudo: o que acontece com o rebanho deixado para trás quando o homem sai em busca da ovelha perdida? Como ele está protegido? Está protegido de algum modo que seja? Ele deixa o rebanho sem vigilância e assume um grande risco pelo bem de uma única ovelha?

Nada disso é narrado. Se fosse, a parábola teria perdido sua incisividade. Os ouvintes o imaginam por si mesmos, mas sua imaginação deve trabalhar rápido, pois logo o narrador da parábola faz a constatação crucial, para a qual tudo converge e é o que realmente importa: a imensa alegria do pastor que finalmente encontra a ovelha perdida. Como e onde ele a encontra – em um pasto propício que a ovelha descobriu, ou presa num matagal espinhoso, ou caída num desfiladeiro de difícil acesso – isso também é omitido. O narrador se concentra completamente na alegria do homem que a encontra.

A aplicação ("Assim também, a vontade perante vosso Pai celeste é que não se perca nem um só destes pequeninos") provém do próprio Mateus. Com isso, ele encaixa a parábola no discurso sobre a vida na comunidade (Mt 18,1-35). Portanto, esse versículo final não pode nos ajudar a determinar onde *originalmente* se situava nossa parábola.

Assim, permanece a pergunta: Em que situação Jesus proferiu esta parábola? E o que Jesus quis dizer com ela? Aqui, Lucas provavelmente está mais próximo da origem. Ele introduz a parábola da "ovelha perdida" (e as duas parábolas que se seguem) da seguinte forma:

> Todos os publicanos e os pecadores se aproximavam de Jesus para ouvi-lo. Os fariseus e escribas resmungavam, dizendo: "Este homem acolhe os pecadores e

come com eles". Então Jesus lhes contou a seguinte parábola... (Lc 15,1-3).

Com essa introdução, é provável que Lucas tenha acertado com precisão a situação em que a parábola detinha seu lugar originário. Pois, aparentemente, ela era dirigida às pessoas em Israel que não estavam satisfeitas com a maneira como Jesus lidava com os publicanos e pecadores e consideravam esse comportamento condenável (ver Mc 2,13-17). Jesus justifica seu próprio comportamento com a parábola da ovelha perdida. Mas ele não apenas justifica. Ele procura ganhar seus oponentes.

E como ele tenta ganhá-los? Com que tipo de argumentação? Ele argumenta principalmente e antes de tudo com sua própria alegria? Isso não é realmente o caso. Ele argumenta valendo-se da alegria de Deus. Isso fica menos evidente em Mateus (18,14) do que em Lucas, que o enfatiza com muito mais força (15,7).

Mas mesmo que não fosse explicitado nem em Mateus nem em Lucas: qualquer ouvinte contemporâneo da parábola saberia com clareza que se trata aqui do próprio Deus. Pois o texto se move desde o início em um "campo imagético" de metáforas fixas que eram familiares a todo devoto em Israel tanto da Escritura Sagrada quanto da liturgia sinagogal: Deus é o pastor de Israel (Is 40,11; Sl 80,2); Deus é o pastor de cada indivíduo em Israel (Gn 48,15; Sl 23,1); Deus reúne as ovelhas dispersas de Israel e as leva de volta à terra (Jr 31,10; Ez 34,13.16; Mq 2,12); Deus salva suas ovelhas quando os pastores por ele designados fracassam (Jr 23,1; Ez 34,1-16); Deus pastoreia suas ovelhas "nos montes" de Israel (Ez 34,13).

Portanto, no Antigo Testamento, há uma rede densa, um campo imagético de asserções segundo o qual Deus mesmo é o verdadeiro pastor de seu povo e o reúne repetidamente como um rebanho. Em face dessa rede semântica, todo ouvinte teria de supor que, quando Jesus falava positivamente de um pastor numa parábola, era muito provável que ele estivesse falando de Deus mesmo. E, ainda assim, Jesus pronunciou a parábola numa situação em que estava se justificando. Ele justifica sua *própria* conduta ao falar da conduta *de Deus*.

Assim, deparamo-nos novamente com aquele fenômeno que poderia ser chamado de "inclusão cristológica". Jesus fala de Deus e, justamente ao fazê-lo, também fala de si mesmo. Encontraremos essa inclusão repetidamente. A parábola da "ovelha perdida" é "uma velada declaração de autoridade: Jesus reivindica para si que está agindo no lugar de Deus" (Joachim Jeremias[50]).

11 A dracma perdida (Lc 15,8-10)

Esta parábola da "dracma perdida" nos é transmitida apenas em Lucas. Ela forma com a parábola da "ovelha perdida" uma parábola dupla. Já vimos nas parábolas do "tesouro no campo" e da "pérola" que, mediante a duplicação, um contraste é estabelecido: primeiro o diarista pobre – depois o rico comerciante; primeiro a descoberta casual de um tesouro – em contraste, a busca prolongada por pérolas preciosas.

Um contraste semelhante ocorre agora aqui em Lucas 15,2-10: de um lado, o pastor, que em Israel só podia ser um homem porque estava caminhando fora o dia todo – de outro, uma mulher, que, exceto na época da colheita, estava mais estreitamente ligada ao lar. Portanto, temos uma composição em que um homem e uma mulher são "agentes" lado a lado e igualmente importantes. Para as circunstâncias daquela época, isso está longe de ser uma obviedade! E, tal como em outras

---

50. JEREMIAS, J. *Die Gleichnisse Jesu*, 132.

passagens de Jesus, essa justaposição de homem e mulher é mantida – basta comparar o dito duplo sobre a "rainha do Sul e os ninivitas" em Lucas 11,31s. – o que leva a pensar que, desde o início, poderia haver uma parábola dupla aqui: uma parábola sobre uma "ovelha perdida" e uma sobre a "dracma perdida". Mas deixemos a questão em aberto! A parábola da "dracma perdida" é a seguinte:

> Ou se uma mulher tiver dez dracmas e perder uma, não acende a luz, varre a casa e procura cuidadosamente até achá-la? Quando a encontra, chama as amigas e vizinhas, dizendo: "Alegrai-vos comigo, achei a dracma que tinha perdido". Assim, eu vos digo, impera[51] alegria entre os anjos de Deus por um pecador que se converte.

Assim como no caso da "ovelha perdida", a parábola começa com uma pergunta e, como lá, o ápice do texto é a alegria – a alegria pelo reencontrado após uma busca árdua. Isso é tão evidente no texto que não precisa de mais palavras. No entanto, uma referência ao plano de fundo social da parábola pode iluminar ainda mais o motivo da alegria da mulher.

Pois esta mulher é extremamente pobre. Sua casa não tem nem mesmo janelas. A luz entra apenas pela porta. Ela precisa acender uma pequena lâmpada a óleo para enxergar alguma coisa e, quando isso não é suficiente, varre o chão e os cantos para talvez ouvir o som da moeda tilintando no chão de pedra.

Mas principalmente: qual é o valor da moeda perdida? Até hoje, as mulheres no Oriente portam moedas de ouro ou prata como adorno para a cabeça ou o pescoço. Essas moedas são presentes de casamento ou foram adquiridas como capital para

---

51. No grego, há o tempo futuro aqui. No entanto, esse futuro não se refere ao juízo final, mas sim a cada pecador que agora (no momento da pregação de Jesus) se arrepender. Sempre que um pecador se arrepender, haverá alegria no céu.

tempos difíceis. O que a mulher na parábola perdeu e que, para ela, é uma posse valiosa foi uma dracma – ou seja, uma moeda de prata, equivalente a cerca de 1 denário. Isso não é pouco, mas também não é muito. Com 8 dracmas, podia-se comprar uma ovelha; com 4, um cordeiro[52]. Para a pobre mulher, no entanto, aquela única dracma era extremamente valiosa. As 10 dracmas eram claramente sua segurança para tempos difíceis. Somente assim se entende sua alegria pela moeda dolorosamente procurada e finalmente recuperada.

Depois que Jesus narra, ou melhor, esboça esse processo de busca e reencontro – ele novamente é bastante sucinto aqui, pois não precisa detalhar o processo –, ele orquestra algo mais completo. Conclui a parábola com uma cena verdadeiramente oriental: a mulher corre ao encontro de suas vizinhas. A história precisa ser contada para elas e pintada dramaticamente. Suas ouvintes se alegram com ela – embora essa alegria compartilhada não seja mais narrada, pois todo mundo pode imaginá-la.

Em vez disso, agora a orquestração é ainda mais intensa: a cena muda para a alegria no céu. Lá, os anjos se alegram da mesma forma que a mulher e, conforme uma frase formidável de Karl Barth, tocam em seus instrumentos nada menos que Johann Sebastian Bach (e, apenas quando estão sozinhos, tocam Mozart). A cena então se amplia para toda a corte celestial, no centro da qual Deus está sentado em seu trono. Ali, e isso também significa: naturalmente também no coração de Deus, impera grande alegria – exatamente como a alegria que impera na mulher. Pois a alegria desta e de suas amigas tornou-se imagem da alegria no céu por todo pecador que

---

52. Cf. REISER, M. *Numismatik und Neues Testament*, p. 457-488.

é encontrado – ou do ponto de vista do pecador: por todo pecador que se deixa encontrar.

12 O filho pródigo (Lc 15,11-32)

No céu, impera uma alegria indescritível por todo pecador individual que se deixa encontrar, isto é, que se arrepende. Essa foi a "aplicação" da parábola da "dracma perdida". Como tal arrependimento pode se parecer na prática é demonstrado pela parábola do "filho pródigo", que Lucas apresenta imediatamente em seguida:

> Um homem tinha dois filhos. O mais jovem disse ao pai: "Pai, dá-me a parte da herança que me cabe". E o pai dividiu os bens entre eles[53]. Depois de alguns dias, o filho mais jovem juntou tudo e partiu para uma terra distante. Lá dissipou os seus bens numa vida desregrada. Depois de gastar tudo, houve grande fome naquela terra e ele começou a passar necessidade. Ele foi pôr-se ao serviço de um dos cidadãos daquela terra, que o mandou para os seus campos cuidar dos porcos. Desejava encher a barriga com as vagens que os porcos comiam, mas ninguém lhe dava [as vagens][54]. Caindo em si, disse: "Quantos empregados do meu pai têm pão em abundância, e eu aqui morro de fome! Vou partir em busca de meu pai e lhe direi: Pai, pequei contra Deus e contra ti. Já não sou digno de ser chamado teu filho. Trata-me como um dos teus empregados". Então se levantou e voltou para a casa do pai. Ainda longe,

---

53. Sobre o plano de fundo jurídico desta frase: provavelmente, o filho mais jovem recebe uma alta indenização e, em troca, renuncia à sua herança, enquanto o filho mais velho continua com todos os direitos de herança. De qualquer forma, essa interpretação estaria de acordo com o versículo 31 ("Tudo o que é meu é teu").

54. Essa frase é traduzida hoje em quase todas as versões. No entanto, ela não faz sentido. Quem pode impedir um pastor de porcos de simplesmente pegar um pouco da comida dos porcos para si? Ele não está sob constante vigilância. Poderia talvez ser originalmente: "Pois ninguém lhe dava de comer"? Devemos deixar a questão em aberto. Em todo caso, a intenção da afirmação é clara: o homem está passando por extrema necessidade.

o pai o viu e ficou comovido[55]. Correu-lhe ao encontro e o abraçou, cobrindo-o de beijos. O filho, então, disse-lhe: "Pai, pequei contra Deus e contra ti. Já não sou digno de ser chamado teu filho". Mas o pai falou para os escravos: "Trazei depressa e vesti nele a túnica mais preciosa, ponde-lhe um anel no dedo e sandálias nos pés. Trazei um bezerro cevado e matai-o. Vamos comer e nos alegrar, porque este meu filho estava morto e voltou à vida, estava perdido e foi encontrado". E começaram a festa.

O filho mais velho estava no campo. Ao voltar, quando se aproximava da casa, ouviu a música e as danças. Chamando um dos criados, perguntou do que se tratava. O criado respondeu: "Teu irmão voltou, e teu pai mandou matar o bezerro gordo porque o recuperou são e salvo". Ele ficou indignado e não queria entrar. Então o pai saiu e insistiu que entrasse.

Mas ele respondeu ao pai: "Há tantos anos eu trabalho para ti, sem nunca desobedecer uma ordem tua, e nunca me deste sequer um cabrito para festejar com os meus amigos. E agora que voltou este teu filho, que devorou tua fortuna com prostitutas, matas para ele o bezerro cevado". O pai lhe explicou: "Filho, tu estás sempre comigo e tudo o que é meu é teu. Mas era preciso fazer festa e alegrar-se, porque este teu irmão estava morto e voltou à vida; tinha-se perdido e foi encontrado".

O modo como esta história é contada aqui já merece nossa admiração. Claro, nesta parábola não é apenas Jesus quem narra, mas também Lucas. E Lucas também era um narrador competente. Não é à toa que muitas imagens famosas nas grandes galerias de arte do mundo ocidental remontam às

---

[55]. A *Einheitsübersetzung* alemã traz neste ponto: "Er hatte Mitleid mit ihm" (Ele teve compaixão dele). Essa tradução é muito fraca. Partindo do grego, ela deveria ter sido ao menos: "Foi tomado por compaixão". Além disso, trata-se de mais do que apenas "compaixão". Trata-se de uma emoção que atinge a pessoa profundamente, até suas entranhas, e a agita por completo.

narrativas do evangelista Lucas. Quando o pai, no meio e no fim da parábola, diz "Este meu filho estava morto e voltou à vida, estava perdido e foi encontrado" (Lc 15,24.32), essa é uma formulação de Lucas. Pois com a palavra "encontrado", a parábola do "filho pródigo" é conectada às parábolas da "ovelha perdida" e da "dracma perdida" (cf. Lc 15,5-6.9). E essa conexão entre as três parábolas deve ser atribuída a Lucas. Ele certamente trabalhou no texto de nossa parábola. Mas, no todo, é um texto que vem de Jesus. Talvez se possa dizer: A genialidade do mestre também deixou vestígios em seus seguidores.

Mas agora, por fim, voltemo-nos para a parábola em si! Começo com o menos importante, mas que ainda assim não é totalmente desprovido de importância. Também nesta parábola, apesar de sua extensão, muitas coisas são deixadas de fora. Por exemplo, a mãe do filho pródigo é totalmente omitida. Ela não é mencionada de maneira alguma. Por quê? Sua inclusão teria complicado o enredo da história. É característico de boas parábolas terem uma linha narrativa demasiadamente simples. Por isso, o número de personagens é sempre limitado, e muitas coisas que deveriam ser explicadas são deixadas para a imaginação dos ouvintes – e, muitas vezes, também para o seu conhecimento! Esses elementos não precisavam ser explicados a eles, pois faziam parte de seu mundo.

Na época, todos entenderam o conteúdo simbólico dos gestos e ações do pai quando avista o filho que retornava. O primeiro gesto é que ele correu ao seu encontro. Isso deve ter causado profunda impressão nos ouvintes de Jesus. Porque nenhum oriental "corre" em semelhante situação, muito menos o chefe da família. Ele se põe na frente de sua casa, aguardando dignamente aquele que chega e, no máximo, dá alguns passos simbólicos em sua direção. Mas não é só isso: Este pai já abraçou e beijou seu filho antes mesmo que este pudesse pronunciar uma única palavra. E agora ele interrompe sua confissão de culpa, manda trazer uma roupa de festa, um anel e sapatos para ele, e ordena que o novilho cevado seja abatido.

O significado dessas ações era claro para os ouvintes da época: com o abraço, o pai impede que o filho se prostre diante dele e lhe beije os pés. Com o beijo, ele o honra e o readmite na família. O anel é um anel-selo, e a vestimenta é a melhor e mais bonita roupa de festa. O abate do novilho cevado, no entanto, indica: agora uma festa está sendo celebrada – uma verdadeira festa oriental com boa comida, música e dança, que se estenderá até tarde da noite.

Nós podemos imaginar o que é um "bezerro cevado", mas não sabemos exatamente. A situação era a seguinte: Na época bíblica, os bezerros apenas recebiam forragem. Somente os bezerros cevados, criados por pessoas ricas para uma festa, também recebiam grãos para comer. Ao que parece, na propriedade de nossa parábola, havia apenas um único bezerro cevado, e isso indica o que este pai está disposto a preparar para a festa.

Outro detalhe da narrativa nos é um tanto estranho: É relatado que o filho mais novo, quando passava grande necessidade no exterior, trabalhou numa fazenda cuidando dos porcos. Para os ouvintes de Jesus, isso era claro: o filho mais novo havia fracassado em todos os aspectos. Ele não apenas dilapidou a parte da herança que lhe foi concedida, mas também perdeu sua fé. Pois ele se voltou para um gentio (nenhum judeu criaria porcos). Mas uma vida de acordo com sua fé é impossível junto a um gentio. Com um gentio, não havia comida *kosher*, não havia sábado, não havia observância da lei. Portanto, para os ouvintes de Jesus, estava claro: o homem não se importava mais com a lei, nem com Deus. Ele estava completamente acabado em todos os sentidos. Toda a sua miséria é mostrada quando o versículo 15 diz: "Desejava encher a barriga com as vagens que os porcos comiam[56], mas ninguém lhe dava".

Aqui, também, cada ouvinte sabia do que se tratava. Trata-se das vagens da alfarrobeira, cujas cascas externas são semelhantes ao couro e difíceis de digerir. Os frutos da alfarrobeira eram principalmente dados como alimento para o gado. Mas até os pobres os comiam, especialmente em tempos de necessidade, quando não havia mais nada. O filho mais novo realmente chegara ao fim.

Estes foram alguns dados concretos do nosso texto! No entanto, observações mais importantes estão relacionadas à maneira como corre o fio da narrativa. Já mencionei o completo apagamento da mãe. Esse apagamento permite que apenas o pai corra ao encontro do filho. E aqui é crucial como o encontro entre pai e filho é encenado.

Esse encontro foi precedido por um "monólogo interno" em que o filho perdido visualizara sua situação miserável. Ele já havia falado consigo mesmo sobre o que diria ao pai quando retornasse para casa. Quando finalmente está diante do pai, ele diz detalhadamente o que havia planejado. Mas há uma diferença crucial: o pai não o deixa terminar de falar. Ele o interrompe, instruindo os servos a vesti-lo com roupas novas.

Justamente essa instrução aos servos é um detalhe narrativo importante. Não apenas porque ela evita um diálogo com o filho, que teria retardado a narrativa, em vez de fazê-la avançar. Os comandos do pai aos servos, interrompendo a confissão de culpa do filho, são uma melhor demonstração do que se passa no interior do pai do que qualquer diálogo poderia ter feito.

---

56. Parte dos manuscritos tem a variante mais rude "encher a barriga", enquanto outros manuscritos simplesmente dizem "se saciar". Como é muito mais provável que, ao longo da história do texto, ele tenha sido polido e não se tornado grosseiro, escolhi a leitura mais rude.

Ele age movido por alegria indescritível. O perdão da culpa do filho nem mesmo é discutido na narrativa. Não há mais lugar para isso na história.

No entanto, o fato de o narrador não permitir o início de um diálogo com o filho provoca algo mais, pois cria espaço para algo de extrema importância na narrativa: o pai é quem verdadeiramente age em toda a parábola. Ao interromper o discurso do filho, ele toma a iniciativa. Ele até mesmo já havia tomado a iniciativa anteriormente: ele havia corrido ao encontro do filho. De fato, a iniciativa do pai começara ainda mais cedo. Como diz o texto: "Ainda longe, o pai o viu".

Aqui a psicologia profunda pode nos auxiliar. Por que o pai vê o filho, mesmo estando ele ainda longe? Isso pode ter sido acidental, mas, ao mesmo tempo, mostra: este pai estava esperando seu filho, ansiava por sua chegada. De fato, esse próprio anseio o atraiu de volta. A necessidade e a fome não foram as únicas razões para o retorno do filho.

Além disso, é importante notar que o pai não vai ao encontro apenas do *filho mais novo*. Ele faz o mesmo com o *filho mais velho*: ele sai da festa e vai até ele lá fora. Ele não manda chamá-lo para que venha até a casa. Portanto, mesmo aqui, o pai mantém a iniciativa.

Também é digno de nota o fato de o narrador construir um diálogo relativamente longo entre o pai e o filho mais velho. Este é o único diálogo em toda a parábola. E isso, é claro, não ocorre por acaso. O narrador dedica tanto tempo a esse diálogo porque o filho mais velho, em sua atitude e fala, personifica exatamente os oponentes de Jesus entre os fariseus. – Tudo isso é tão bem afinado e tão engenhosamente narrado que podemos pensar somente em Jesus como o narrador aqui.

Mas há ainda mais ajustes finos nesta parábola. Por exemplo, o filho mais velho, desrespeitosamente, não se dirige ao pai chamando-o como tal e tampouco fala de "seu irmão", mas diz: "este teu filho". O pai corrige essa maneira desdenhosa de falar e diz: "teu irmão". Poderíamos reunir uma série de observações semelhantes – por exemplo, o que o servo diz ao filho mais velho e o que ele omite. Esta parábola é uma obra de arte literária e teológica. Também é importante notar como o pai tenta justificar seu comportamento perante o filho mais velho. Ele diz: "Mas era preciso fazer festa e alegrar-se, porque este teu irmão estava morto e voltou à vida; tinha-se perdido e foi encontrado".

Talvez estas palavras sejam as que mais profundamente caracterizam o pai. Pois não é realmente uma justificativa que ele está dando. É uma tentativa desamparada de tornar compreensível sua própria alegria ao filho mais velho, que está cheio de amargura e indignação. "Mas era preciso fazer festa e alegrar-se". Esse desamparo, quase tocante, mostra mais do que tudo: este pai é um pai que ama, alguém profundamente tocado até o âmago do seu coração. Pois o amor sempre inclui o desamparo, irmão da autoentrega. Ele, amiúde, faz que o verdadeiro amor pareça insensatez.

Dito tudo isso, não se deve, entretanto, ter a impressão de que nesta parábola se trata apenas da iniciativa do pai. Também há uma iniciativa do filho. Foi ele quem teve de encarar sua verdadeira situação. Foi ele quem teve de perceber que se tornara culpado com sua vida dissoluta. Foi ele quem teve de se arrepender. Foi ele quem teve de pôr-se a caminho até seu pai. E foi ele quem fez uma confissão de culpa. Nada disso deve ser minimizado ou ignorado. Tudo é teologicamente significativo. O filho mais novo realmente se arrepende, volta atrás. Ele se arrepende do que fez e pede perdão – e ele pede perdão a Deus ("pequei contra Deus"); e ao mesmo tempo pede perdão ao seu pai. Essas maiores narrativas parabólicas de Jesus nunca devem ser reduzidas a um único ponto, a um único *tertium comparationis*. São, justamente, narrativas – com toda a complexidade que faz parte de uma boa narrativa.

Apesar do que foi dito, continuo a afirmar: o pai toma a iniciativa, e sua ação domina a parábola. O pai é o protagonista mais importante, e, na verdade, a parábola deveria ser nomeada com base no pai e não com base no filho pródigo. Apenas o pai aparece em cada uma das cinco cenas dessa parábola.

Além disso, basta dar mais uma olhada nas duas parábolas que precedem a nossa: há um homem que tem cem ovelhas e uma delas se perde. Ele vai em busca da ovelha perdida até encontrá-la. Quem toma a iniciativa aí? A ovelha ou o pastor? O mesmo se passa com a mulher que tem dez dracmas e perde uma delas. Ela sai em busca da dracma perdida até encontrar a peça que lhe é preciosa.

De acordo com a conexão que Lucas estabeleceu, também na parábola do "filho perdido" se trata, antes de mais nada, da iniciativa do pai. Isso se confirma na própria parábola, pois o pai diz: "Meu filho estava morto e voltou à vida". As três parábolas estão estreitamente ligadas e, em última análise, pretendem transmitir a mesma mensagem.

Naturalmente, cabe perguntar: Isso é apenas teologia de Lucas, ou há uma conexão interna entre as três parábolas além da redação lucana – uma conexão que já estava presente em Jesus mesmo? Tal conexão teria de existir na prática real de Jesus.

E essa prática real de Jesus certamente existiu! As três parábolas refletem exatamente o que Jesus fez. Ele foi em busca dos perdidos e dos pecadores (Lc 19,1-10). Ele comeu com os pecadores e os desprezados (Mc 2,15). Ele os defendeu contra seus acusadores e desprezadores (Mc 2,17). Nas três parábolas de Lucas 15, há uma forte ligação com a prática real de Jesus. Isso também é um fator que as une.

Neste ponto, impõe-se outra pergunta: então quem é realmente o pai da parábola – Jesus ou Deus? Evidentemente, o pai em nosso texto aponta para Deus. A parábola do "filho pródigo" quer dizer: Assim é Deus. Ele olha com amor para os culpados e perdidos. Ele é tomado de alegria quando um perdido retorna. Ele não guarda rancor. Esquece o passado. Perdoa incondicionalmente e sem reparações prévias. Ele perdoa mesmo quando os seres humanos não podem mais perdoar. O pai da parábola reflete Deus.

No entanto, essa afirmação não é suficiente. Pois, ao mesmo tempo, esse pai representa Jesus. Jesus, nessas três parábolas, defende suas ações em relação aos pecadores contra as acusações de seus oponentes. Ele está justificando sua própria prática. Mais precisamente, ele justifica suas ações fazendo referência a Deus. O que *ele* faz é completamente transparente em sua referência a *Deus*. Não se podem separar as ações de Deus e as ações de Jesus.

Portanto, Jesus justifica suas próprias ações diante de seus oponentes ao narrar sobre as ações de Deus. E como exatamente são as acusações de seus oponentes? Como vimos antes, Lucas formulou essas acusações no início das três parábolas da seguinte maneira: "Este homem acolhe os pecadores e come com eles" (Lc 15,2).

Não devemos descartar tal objeção precipitadamente. Se os fariseus e escribas evitam os pecadores públicos, estão tentando viver de acordo com o Salmo 1, que precede como lema todo o Saltério:

> Feliz aquele que não anda em companhia dos ímpios, não se detém no caminho dos pecadores nem se assenta na reunião dos zombadores, mas na lei do Senhor se compraz e recita sua lei dia e noite! (Sl 1,1s.).

Aqui se fala de pecadores dos quais se deve manter distância, e esses pecadores são também os homens e mulheres com quem Jesus se senta para comer. Seria errado minimizar ou romantizar a vida deles. Jesus também não faz isso. E ainda assim: ele come com eles. Comer "com eles" não é apenas uma forma de estabelecer contato externo com propósitos pastorais. Exprime algo mais. Significa aceitação por parte de Deus. Significa: "Deus está se voltando especialmente para *vós*. Todo o amor dele é para *vós*".

É necessário ver onde exatamente se encontra o motivo da ofensa aos oponentes de Jesus. O escândalo para eles não é que Deus possa perdoar até mesmo pecados graves. Em Israel, as pessoas sempre creram nisso. Os fariseus e escribas estão amargurados porque aqui a salvação é concedida às pessoas que ainda não mudaram a vida. Aos olhos dos oponentes de Jesus, o arrependimento é algo diferente. Para eles, arrepender-se é um trabalho árduo em si mesmo, é um retorno incondicional à Torá e uma completa reparação. Somente então se pode esperar a misericórdia de Deus.

O filho mais velho reflete essa posição com exatidão. Ele pensa segundo categorias de uma ordem jurídica rígida e implacável. Quem está endividado deve pagar. Quem causou danos deve reparar. Não se devem facilitar as coisas para alguém que viveu como seu irmão. Ele teria de provar que realmente mudou. Alguns anos como trabalhador assalariado para só depois obter pleno perdão seria o correto para ele. Mas recebê-lo imediatamente de volta à família e ainda celebrar uma festa com ele parece inaudito. Isso não seria declarar como sem sentido a própria confiabilidade e correção do filho mais velho?

Então, no fim, levanta-se a questão: o filho mais velho (e aqueles que ele representa) permanecerá do lado de fora, em sua amargura, ou reconhecerá que o pai está agindo em um nível que ultrapassa em muito os reflexos usuais e a moral corrente (ou seja, o pecador deve primeiro demonstrar verdadeiro arrependimento)? Será que ele chegará a notar que o saltério não contém apenas o Salmo 1, mas também o Salmo 103? Lá se diz a respeito de Deus:

> Não nos trata segundo os nossos pecados nem nos paga segundo as nossas culpas. Pois quanto se elevam os céus sobre a terra, assim se eleva seu amor sobre os que o temem. Quanto dista o Oriente do Ocidente, tanto ele afasta de nós nossas transgressões (Sl 103,10-12).

Como, então, o filho mais velho se comportará? Ele continuará sendo duro em relação ao pai – ou no fim acabará participando da festa que já começou? Alguns intérpretes dizem: o filho mais velho expressou seu "não" definitivo com as acusações severas contra o pai. Ele se recusou a participar da alegria da festa – e ele insistirá em sua recusa.

Mas essa posição corresponde à narrativa? O pai luta pelo filho mais velho. Ele não o despreza. Ele não o exclui. Ele busca entender. Acima de tudo: ele não pune seu distanciamento. Apenas isso já indica um final aberto para a parábola. Mas ainda mais: se aqui tudo fosse já definitivo, por que Jesus não o narrou assim? Ele poderia ter encerrado a parábola com a frase: "Mas ele se recusou e não participou da festa".

Tal como o texto se desenrola, o desfecho permanece conscientemente aberto. Isso transforma a parábola num apelo de Jesus aos seus opositores, em busca de sua adesão. É quase como um pedido expresso em forma de narrativa, para que eles compreendam sua ação em relação aos pecadores e, portanto, a ação de Deus.

No fim desta que é a mais longa parábola de Jesus, tenho mais uma observação: na categoria das parábolas do crescimento, eu havia salientado que Jesus permanece no âmbito da realidade e não permite fantasias. Caso contrário, ele não teria convencido seus ouvintes.

No entanto, a questão tratada lá surge novamente na parábola do "filho pródigo". Esta parábola também permanece fiel à realidade ou rompe com ela?

Não procuremos uma resposta fácil a essa pergunta. O estado miserável em que cai o filho mais novo no exterior é dramático, mas não parece de modo algum uma construção. Isso poderia acontecer quando um jovem deixava sua família e partia para o exterior. Sair da própria terra era comum em Israel naquela época. O país era pobre, e as melhores oportunidades de vida na diáspora eram atrativas. A reação do filho mais velho também permanece totalmente na esfera da realidade. Ele representa um mundo onde o desempenho e o bom comportamento são fundamentais, assim como a inexorável relação entre "ação e consequência".

Esse mundo agora é subvertido pela conduta do pai. Não irrompe aqui, na pessoa do pai, o novo mundo do Reino de Deus em meio ao mundo narrado? E isso não está menosprezando a camada de imagens e sua realidade? Será que a parábola, nesse ponto, não impõe ao ouvinte uma irrealidade?

Por outro lado, se Jesus argumentasse aqui com algo extravagante, até mesmo irreal, poderia ele convencer seus ouvintes, especialmente seus opositores? É verdade, a conduta do pai é extraordinária, empolgante, quase assustadora em sua desconsideração do habitual. Mas isso não acontece, pelo menos em estágio embrionário, em qualquer lugar onde o amor verdadeiro ocorra – o amor que se doa e se esquece de si mesmo? Não existe esse tipo de amor? Será que os ouvintes da parábola teriam de considerar o amor do pai como irreal e inadequado?

Com certeza, devemos contar com o fato de que as parábolas não permanecem no interior de sua esfera de imagens com precisão matemática. Devemos contar com o fato de que elas não seguem necessariamente as regras formais que os estudiosos da Bíblia constroem. Na parábola da "ovelhinha do pobre" (2Sm 12), o profeta certamente não se esforça em formular uma parábola que seja irrepreensível em termos do gênero literário. Como vimos: nela, a categoria "pura" da parábola é subitamente rompida. A ovelhinha bebe do copo do homem pobre à mesa e repousa em seu colo (2Sm 12,3). Isso significa: aqui fica nítido que a camada da imagem é transparente quanto ao tópico, ou seja, o casamento de Urias e Betsabeia.

Algo similar ocorre no "cântico da vinha" (Is 5,1-7). Portanto, devemos estar preparados para a possibilidade da intrusão do mundo de Deus na camada de imagens em certas parábolas de Jesus também. No entanto, isso então teria de ser mostrado em cada caso particular.

Por ora, eu gostaria de deixar aberta toda essa questão, muito difícil, mas ao mesmo tempo extremamente reveladora. Portanto, estou contando com parábolas de Jesus em que a realidade não é rompida de maneira alguma. Talvez, no entanto, haja parábolas de Jesus onde exatamente isso acontece. Na próxima parábola que vamos analisar, essa questão toda já será levantada novamente. Ali também se trata da profunda perturbação, até mesmo distúrbio, que ocorre quando o novo mundo de Deus irrompe em nosso mundo e põe em questão nossos rituais e modelos penosamente construídos.

13 Os trabalhadores na vinha (Mt 20,1-16)

A grande parábola dos "trabalhadores na vinha" nos foi transmitida apenas por Mateus. Não sabemos de onde ele a obteve. Certamente não da fonte Q. Isso mostra que, mesmo fora das linhas de tradição do Evangelho de Marcos e da fonte Q, havia textos de Jesus que circulavam e eram cuidadosamente transmitido. A última frase da parábola dos "primeiros" que se tornam os "últimos" foi, muito provavelmente, adicionada ao texto da parábola como "comentário", já numa fase inicial da tradição. Tratava-se de uma palavra de Jesus que circulava livremente (cf. Mc 10,31; Lc 13,30), que não se encaixa realmente na parábola. A introdução ("O reino dos céus é semelhante...") procede provavelmente de Mateus.

> O reino dos céus é semelhante a um pai de família que, ao romper da manhã, saiu para contratar trabalhadores para sua vinha. Acertado com eles um denário como preço da diária, mandou-os para sua vinha. Saiu pelas nove horas da manhã e viu outros na praça sem fazer nada. E lhes disse: "Ide também vós para a vinha e eu vos darei o que for justo". E eles foram. Saiu de novo, por volta do meio-dia e das três horas da tarde, e fez o mesmo. E, ao sair por volta das cinco horas da tarde, encontrou outros que estavam desocupados e lhes disse: "Como é que estais aqui sem fazer nada o dia todo?" Eles lhe responderam: "Porque ninguém nos contratou". Ele lhes disse: "Ide também vós para a vinha". Pelo fim do dia, o dono da vinha disse ao seu feitor: "Chama os trabalhadores e paga os salários, a começar dos últimos até os primeiros contratados". Chegando os das cinco horas da tarde, cada um recebeu uma diária. E quando chegaram os primeiros, pensaram que iam receber mais. No entanto, receberam também uma diária. Ao receberem, reclamavam contra o dono, dizendo: "Os últimos trabalharam somente uma hora e lhes deste tanto quanto a nós, que suportamos o peso do dia e o calor". E ele respondeu a um deles: "Amigo, não te faço injustiça. Não foi esta a diária que acertaste comigo? Toma, pois, o que é teu e vai embora. Quero dar também ao último o mesmo que a ti. Não posso fazer com os meus bens o que eu quero? Ou é mau o teu olho porque eu sou bom?" Assim, os últimos serão os primeiros, e os primeiros serão os últimos.

A parábola provavelmente se desenrola durante a época da colheita das uvas. As uvas estão maduras e precisam ser colhidas o mais rápido possível. Cada hora conta. Sem dúvida, parece estranho e até mesmo irrealista que o empregador vá repetidas vezes à praça do mercado. Mas não é totalmente distante da realidade. Pois, num vinhedo muito grande, muitas vezes só se percebe ao longo do trabalho quantos trabalhadores ainda são necessários ou por que os já contratados ainda não são suficientes[57].

Mas talvez não devamos nos preocupar com perguntas desse tipo. Pois o narrador da parábola claramente não teve essa preocupação. Portanto, devemos nos abster de tentar preencher quaisquer lacunas na progressão da parábola. O enredo da narrativa é conduzido com extrema concisão e não tolera adições fantasiosas.

Por exemplo, a parábola deixa completamente em aberto como, ao fim, chega-se à conversa entre os trabalhadores individuais e o proprietário. Afinal, este havia encarregado seu administrador de pagar os salários. Como, então, o proprietário, de repente, reaparece na ação? Uma delegação de trabalhadores o procurou? Ou ele estava presente desde o início do pagamento? É inútil especular sobre isso. A parábola não está interessada nesses detalhes. Eles só serviriam para distrair. Portanto, também devemos deixá-los de lado.

A atmosfera que permeia toda a parábola é outra coisa. Ela precisa ser discutida. Pois nessa parábola não se percebe mais nada da alegria que reinava no antigo Israel nos dias da colheita da uva. Não há nenhum indício do júbilo que ecoava pelos vinhedos, nem das bênçãos que os passantes dirigiam aos trabalhadores da colheita (Sl 129,7s.). A parábola pressupõe um mundo de trabalho cinzento e sóbrio, onde o trabalho é apenas sinônimo de fadiga.

---

[57]. Essa é uma importante observação de HARNISCH, W. *Die Gleichniserzählungen Jesu*, p. 179.

O motivo é claro: as parábolas de Jesus oferecem uma imagem surpreendentemente precisa das condições sociais na Palestina do século I d.C. Os tempos em que os camponeses livres em Israel colhiam alegremente em seus próprios vinhedos haviam acabado. Desde muito, a maioria já perdera suas terras para latifundiários. Os romanos e os pequenos príncipes dependentes dos romanos exigem tributos tão pesados que cada propriedade precisa gerar um alto valor agregado – e, portanto, são obrigados a racionalizar. Isso significa que os empreendimentos agrícolas precisam ser grandes e necessitam de mão de obra barata: ou escravos ou trabalhadores diários mal pagos. Os negócios agrícolas familiares mal conseguem sobreviver. Assim, muitos dos antigos fazendeiros trabalham como diaristas. Eles são recrutados na praça pela manhã e pagos à noite. Trabalha-se do nascer ao pôr do sol, da aurora ao crepúsculo.

Um trabalhador diarista ganha em tal dia aproximadamente o suficiente para alimentar sua família no dia seguinte. Se ele não for contratado de manhã, seus filhos passarão fome no dia seguinte. Essas condições são refletidas na parábola: um mundo de trabalho sem alegria. E, nesse sentido, Jesus relata aqui também de maneira completamente realista.

Portanto, não há motivo para olhar com desdém para os trabalhadores da primeira hora, que exigem um sistema de remuneração justo. Eles estão totalmente corretos do seu ponto de vista. Um denário não era uma má remuneração para um dia de trabalho. Provavelmente, até excedia o habitual. No entanto, se aos últimos, que trabalharam apenas uma hora no frescor da noite anterior, é pago o mesmo que aos que se esforçaram por muitas horas sob o calor escaldante, isso não é apenas injusto, mas também desumano. Seu trabalho é desvalorizado com isso. É assim que pensam os "trabalhadores da primeira hora". Eles não estão certos?

Toda sociedade, até mesmo a pior sociedade escravagista, depende da preservação de certo grau de justiça. Caso contrário, a sociedade se desintegra. Nesse sentido, pode-se entender o protesto indignado do trabalhador, que claramente se torna o porta-voz dos outros. E, nesse sentido, o desfecho da parábola é inicialmente "impossível".

Nesta parábola, realmente se pode questionar: isso não está quebrando o plano realista de imagens e construindo o irreal? Pode-se também formular isso da seguinte maneira: a parábola, que começou de forma tão extraordinariamente realista, de repente revela sua sutileza: no meio do cinza do cotidiano, algo novo, absolutamente incomum, e perturbador para os envolvidos, irrompe na história, que sobressalta não apenas as pessoas na parábola, mas também seus ouvintes.

Claro, poderíamos argumentar: até mesmo um "bom homem" como o proprietário da vinha não é totalmente impossível. Ele poderia existir. Mas, ao que parece, Jesus aqui se permite uma narrativa que conscientemente adentra o surreal. E não é por acaso que ele o faz exatamente *aqui*. Em suas parábolas do crescimento, ele não o permitiu. Ali, ele descreve processos naturais – e eles devem ser reproduzidos com precisão e exatidão. No entanto, nesta parábola (e o mesmo vale para a do "filho pródigo"), trata-se de pessoas – pessoas com suas profundezas, limitações, "olhos maus", mas também com sua insondável bondade. E é exatamente nessa área que Jesus pode permitir uma história que salta para o incomum, até mesmo para o perturbador. Somente assim ele pode expressar a enormidade do que está em jogo aqui.

Somente quando temos clareza sobre isso é que ganhamos acesso ao verdadeiro significado da história. Pois nela, duas realidades colidem. Poderíamos até dizer: duas formas diferentes de sociedade.

Por um lado, a parábola descreve de forma sóbria e realista a sociedade antiga, que continua a prevalecer até mesmo onde Jesus busca reunir o povo de Deus. Nela, cada um está por si próprio; cada um luta pela própria existência. Nela, há inveja quando alguém tem mais. Nela, há um conflito incessante entre aqueles que estão "acima" e aqueles que estão "abaixo". Mas a rivalidade também predomina – talvez até mais – entre aqueles que pertencem à mesma camada social. A comparação uns com outros resulta em desconfiança constante e lutas de poder contínuas.

Para manter essas lutas dentro de limites razoáveis, existe o direito, uma das conquistas mais valiosas da humanidade. É completamente correto que os trabalhadores lutem por seus direitos nesse tipo de sociedade. Num mundo construído sobre rivalidade, não lhes resta outra opção.

A maestria da parábola reside precisamente no fato de que ela, com os meios mais econômicos, revela como repentinamente a nova realidade de Deus irrompe nesta velha sociedade. Pois a história tem um desfecho completamente diferente do que os ouvintes esperavam. Eles esperavam que os últimos, que passaram quase o dia todo ociosos, recebessem apenas algumas moedas de cobre.

O fato de que eles recebam o mesmo que os primeiros deve ter sido um choque para os ouvintes de Jesus. O chão parece ter sido arrancado de sob seus pés. Todos os padrões anteriores são retirados deles. Mas, quando se abrem para a parábola, não caem num abismo; ao contrário, seus pés encontram o solo do Reino de Deus, a nova sociedade de Deus.

No reinado de Deus, outras leis se aplicam. É verdade, o trabalho ainda é realizado do amanhecer ao anoitecer, e o mundo de Deus não é uma Cocanha. Mas o trabalho agora tem sua dignidade, e ninguém precisa mais voltar de noite para casa preocupado e com medo. Ninguém mais está sozinho. Acima de tudo, é possível viver sem rivalidades. E isso acontece porque agora há algo maior e mais abrangente do que todos os próprios desejos: o trabalho pela causa de Deus. Precisamente a causa comum, que todos desejam, cria uma solidariedade que torna possível sofrer com a dor dos outros e se alegrar com a alegria dos outros.

Na parábola, essa nova sociedade ainda não se impôs. Ela só é visível provisoriamente no proprietário da vinha, que – contra todas as experiências da sociedade antiga – é "bom" (Mt 20,15). No texto grego, a palavra para "bom" é "*agathos*". Normalmente, a palavra é traduzida como "bondoso" neste contexto. "Estás com inveja porque sou bondoso?" É assim que a *Einheitsübersetzung* [tradução alemã] faz o proprietário da vinha falar com um dos trabalhadores irritados.

Mas, se traduzido literalmente, o texto grego diz: "Ou é mau o teu olho porque eu sou bom?" Isso não é exatamente a mesma coisa. Pois "*agathos*" significa, em sua acepção original, "bom" no sentido de "útil", "apto", "excelente", "apropriado". Ao dar aos últimos o mesmo que aos primeiros, o senhor da vinha age de forma apropriada, racional e, portanto, boa. "De forma racional", é verdade, não pelos padrões de uma sociedade determinada por conflitos de distribuição, mas racional pelos padrões do Reino de Deus. Jesus foi o primeiro a entender completamente a razão do Reino de Deus. Isso se reflete nele, por exemplo, nas exigências do Sermão da Montanha, como no tema da "renúncia à violência" (Mt 5,38-42). Essa é a única possibilidade de estabelecer a paz verdadeira. Jesus, por princípio, rejeitou toda violência no povo de Deus e desencadeou, com isso, uma história de efeito incomensurável. Por isso, ele é o homem apto, excelente.

Mais uma vez: no momento em que Jesus narra a parábola, o novo ainda não se espalhou. Está, por ora, visível apenas nele mesmo, o mais apto para o reinado de Deus. Mas também já está visível em seus discípulos e simpatizantes: isto é, nos raros momentos em que eles abandonam suas próprias rivalidades e ajudam uns aos outros solidariamente.

Com tudo isso, tornou-se claro: não compreendemos corretamente a parábola se consideramos que seu tema é tão somente a bondade abundante de Deus. Claro, ela fala, em última análise, sobre a bondade ilimitada e incondicional de Deus. Mas se a parábola falasse apenas sobre isso, ela permaneceria completamente sem força vinculativa. Todo crente em Deus hoje fala sobre a bondade de Deus. Esse discurso não custa nada e não muda nada. Se Jesus apenas falasse sobre o Deus bondoso, ele não teria sido crucificado.

O resmungo dos trabalhadores da primeira hora reflete o resmungo daqueles contemporâneos de Jesus que estão indignados com a coisa nova que ele está começando com seus discípulos: uma vida em comum que cresce a partir do perdão e da solidariedade constantes e na qual, por isso, também têm lugar os retardatários e pecadores, que não podem apresentar mérito algum.

Portanto, em Mateus 20,1-16, não se trata de uma característica abstrata de Deus. Jesus fala da bondade ilimitada de Deus apenas sob o aspecto de que essa bondade agora, desde a própria aparição de Jesus, torna-se realidade, na forma de uma nova sociedade que começa a crescer em torno dele e por meio dele.

A parábola fala sobre como essa nova realidade irrompe no cansaço e desespero do povo de Deus. É um processo tremendo. Ele vira tudo de cabeça para baixo, desperta medos ocultos, provoca indignação. Mas também faz brotar esperança e proporciona alegria profunda.

Jesus descreve na parábola dos "trabalhadores na vinha" o que está acontecendo agora, neste momento: a chegada do Reino de Deus. Ele interpreta, explica o que já está acontecendo diante dos olhos de seus ouvintes – ainda oculto em sua plena força, mas já visível. Por isso, a parábola não oferece uma doutrina atemporal. Ela revela coisas que já acontecem. E ao revelá-las, ela as liberta. Uma nova maneira de viver se torna visível.

Os ouvintes podem se envolver com o assunto da parábola. Eles podem entrar na história narrada pela parábola e permitir que a palavra de Jesus ponha um novo chão sob seus pés. Eles podem pedir a Jesus que sejam incluídos em seu círculo de discípulos, onde o novo já está começando a crescer. Ou eles podem se tornar simpatizantes do movimento de Jesus e, assim, apoiar o novo mundo que está começando.

A palavra de Jesus é, portanto, uma palavra eficaz. Ela cria realidade. Mas não apenas na palavra. Jesus cura os doentes, expulsa os demônios da sociedade. Ele começa a viver uma nova sociedade junto com seus discípulos.

Ao falar da parábola dos "trabalhadores na vinha", que descreve com precisão as sombrias condições sociais de sua época, Jesus certamente estava também pensando que o tempo da colheita em Israel finalmente deveria se tornar o que sempre deveria ter sido, segundo Deus: um tempo de júbilo e gritos de alegria. E ele pensava que agora, com o Evangelho do Reino de Deus, finalmente se deveria cumprir o que a Torá de Israel sempre almejara: fraternidade, igualdade e liberdade[58].

---

58. LOHFINK, G. *Im Ringen um die Vernunft*, 15-22

14 O juiz e a viúva (Lc 18,1-8)

A parábola "o juiz e a viúva" nos foi transmitida apenas por Lucas. É significativamente mais curta do que a dos "trabalhadores na vinha". Ali nós tínhamos visto que o narrador pode trabalhar com "lacunas" e não precisa desenvolver e justificar tudo em detalhes. Na parábola "o juiz e a viúva", essa economia de narração é ainda mais evidente.

> Havia numa cidade um juiz que não temia a Deus e não respeitava ninguém. Havia lá também uma viúva que o procurava, dizendo: "Faze-me justiça contra o meu adversário". Durante muito tempo o juiz se recusou. Por fim disse consigo mesmo: "Embora eu não tema a Deus e não respeite ninguém, todavia, porque esta viúva está me aborrecendo, vou lhe fazer justiça, para que enfim não volte e me esbofeteie" (Lc 18,2-5).

A narrativa já estava completa neste ponto? Se sim, então muitos ouvintes provavelmente se perguntaram com surpresa: Isso é realmente tudo? Embora já esteja claro que a viúva obteve justiça, ainda assim gostaríamos de saber como foi. Gostaríamos também de conhecer os pormenores do caso em disputa.

No entanto, a expectativa dos ouvintes é decepcionada. A narrativa não avança, e não há necessidade de que avance. Pois tudo já foi dito. O todo só precisa ser interpretado. Aqui, não se trata de uma narrativa simples e direta. Após a "introdução", que apresenta os dois "atores", apenas um "monólogo interno" do juiz é oferecido – e dentro desse monólogo está a parte crucial da história. Em termos narrativos, Jesus faz isso de maneira extremamente refinada.

Fiquemos inicialmente na primeira parte da parábola. Aparecem duas pessoas: um juiz e uma viúva. O juiz não teme a Deus, e o julgamento negativo das pessoas sobre ele não o preocupa. Provavelmente, isso significa que ele é subornável e, portanto, é alvo de rumores. Mas esses rumores não lhe causam o menor incômodo.

Então, entra em cena uma viúva. O *status* social das viúvas não precisava ser explicado na época: demograficamente, havia muito mais viúvas do que hoje em dia, pois, ao se casarem, as mulheres eram significativamente mais jovens do que os homens. Como resultado, do ponto de vista puramente estatístico, elas sobreviviam mais tempo que seus maridos. Mulheres abandonadas pelo marido também eram contadas como "viúvas". E como era difícil para as mulheres construir uma existência independente na Antiguidade, as viúvas muitas vezes ficavam impotentes, à mercê de outros. Elas eram rapidamente prejudicadas sobretudo nos tribunais, onde não tinham sequer permissão de comparecer pessoalmente.

Portanto, não é por acaso que Jesus tenha escolhido uma mulher, e não um homem, como contraste à figura poderosa do juiz, e não apenas qualquer mulher, mas uma viúva. Isso deixava claro para seus ouvintes: esta mulher é indefesa diante do juiz.

Com base na apresentação do juiz e da viúva no início da parábola, o desfecho do caso parece ser bastante nítido. A viúva não deverá, como tantas viúvas na época, sucumbir em sua impotência? Nós, contemporâneos, só precisamos abrir a Bíblia (Jó 24,3; Sl 94,6; Ecl 35,15-26; Is 1,23; 10,1s.; Ez 22,7, entre outros). Os ouvintes da época também sabiam disso sem estudar a Bíblia.

Então, como será o desfecho da história? Negativo para a viúva? Ou poderia ser que, porventura, Deus interviesse? O juiz poderia sofrer algum infortúnio? Ou ele se converterá e finalmente voltará à justiça no sentido de Êxodo 22,21-23? Bem no começo da parábola, muitas coisas ainda estão indefinidas. Os ouvintes estão ansiosos e esperam uma narrativa emocionante.

Mas não lhes é fornecida uma narrativa. Ou melhor, algo lhes é contado – mas está embutido no monólogo interno do juiz. Isso constitui a sofisticação dessa parábola. O monólogo do juiz mostra: a mulher lhe dá nos nervos. Ela é apenas um aborrecimento para ele, porque continua voltando e causando problemas. Por isso, ele agora lhe concederá justiça, para evitar que ocorra uma cena pública. O monólogo do juiz torna claro – e é apenas isso o que importa na parábola: *este juiz permanece ímpio e sem consciência*. Ele ajudará a viúva, mas só o fará porque não suporta mais suas súplicas incessantes. Ele está simplesmente farto.

A narrativa é, portanto, habilmente construída, principalmente pelo que deixa de fora. E também é linguisticamente interessante. Apenas um pequeno detalhe: a palavra grega para "esbofetear" (literalmente: "bater embaixo dos olhos") vem da linguagem do boxe. O juiz realmente teme que ocorra uma cena pública muito feia, que poderia resultar num olho roxo para ele e ter consequências devastadoras para sua reputação. Isso traz um toque de comédia à parábola. Os ouvintes certamente teriam soltado uma sonora gargalhada com essa figura do juiz.

E o que Jesus quer dizer com a parábola? Mais precisamente: o que a narrativa tem a ver com o Reino de Deus? Vou retomar a observação de que, estritamente falando, nada acontece na narrativa. O foco está no monólogo interno do juiz. Nele, o juiz é caracterizado como um homem que não muda. Ele é e permanece desprovido de consciência. O fato de ele finalmente ceder ocorre apenas porque a mulher o enerva. Com isso, um contraste claro com Deus nos é oferecido. O texto bíblico de Eclesiástico 35,15-19, por exemplo, descreve Deus de forma completamente diferente:

> Pois o Senhor é juiz e não faz distinção de pessoas. Não tem preferência por ninguém em detrimento do pobre, mas escuta, sim, o apelo do injustiçado. Não despreza a súplica do órfão, nem da viúva que extravasa suas queixas. Não correm as lágrimas da viúva por suas faces e seu clamor não acusa quem a faz derramá-las?

Este texto do Livro do Eclesiástico, que pode ser lido como um pano de fundo contrastante para a nossa parábola, mostra com extrema clareza: Deus é absolutamente diferente do juiz da parábola. Ele valoriza e respeita o ser humano. E quando os oprimidos clamam por ajuda, ele lhes proporciona justiça.

O ponto crucial da parábola segue um procedimento de inferência bastante popular em parábolas judaicas – a "inferência do menor para o maior": Se até mesmo um juiz que pisoteia a justiça ajuda por fim a viúva, simplesmente porque está cansado de seus pedidos – tanto mais Deus ajudará os seus, quando eles pedirem ajuda. Ele imediatamente lhes fará justiça. Um "comentário" é acrescentado à parábola, expressando com exatidão esse ponto crucial da narrativa.

> Ouvi o que diz este juiz perverso. E Deus não fará justiça aos seus eleitos, que clamam por ele dia e noite, mesmo quando os fizer esperar? Eu vos digo que em breve lhes fará justiça (Lc 18,6-8).

Obviamente, a questão aqui é *quem* está dizendo isso. No texto do evangelho, Jesus diz isso como aplicação e conclusão da parábola. No entanto, tais palavras de comentário muitas vezes foram adicionadas posteriormente às parábolas de Jesus, como já tínhamos visto no caso da parábola dos "trabalhadores na vinha". Esses comentários têm o objetivo de interpretar e atualizar a parábola em questão. Também podemos contar com isso aqui. Em nosso caso, contudo, a interpretação acerta tão em cheio que poderia muito bem ter vindo de Jesus (compare--se o retardamento do processo pelo juiz e o "em breve" de

Deus). Além disso, a parábola ainda precisava de uma conclusão. É difícil conceber que Jesus não tenha interpretado essa narrativa. Portanto, será que na aplicação de Lucas 18,6-8 não se esconde uma peça[59] da fala original da parábola? Mas deixemos aberta a questão!

E agora voltemos a perguntar o que tudo isso significa para o Reino de Deus. O Reino de Deus é uma força que muda o mundo. Ao estabelecer sua soberania, Deus põe o mundo em ordem. Ele revela qual foi seu propósito da criação. Ele faz valer a sua justiça e, com isso, finalmente traz justiça aos injustiçados, aos excluídos e aos violentados. E eles não precisam mais esperar. O Deus que faz justiça já está agindo. O reinado de Deus está irrompendo; sim, já está aqui. O ser humano só precisa se abrir a ele. Só precisa pedir. No Pai-nosso, Jesus até mesmo instrui seus discípulos a pedir explicitamente pela vinda do reino (Lc 11,2). Estamos, portanto, no cerne da proclamação do Reino de Deus feita por Jesus.

O contexto (Lc 18,1) mostra que foi o evangelista Lucas que, depois, transformou essa parábola do reinado de Deus numa parábola sobre a oração incessante. Com isso, ele enfatizou e desenvolveu ainda mais um aspecto que já estava presente na parábola de Jesus. Ele pôde fazer isso. Originalmente, porém, a parábola do "juiz e a viúva" falava diretamente sobre o Reino de Deus.

15 O amigo insistente (Lc 11,5-8)

A parábola do "juiz e a viúva" está estreitamente relacionada à parábola do "amigo insistente", que só nos é transmitida por Lucas (e no Evangelho de Tomé). Elas são estreitamente

---

59. Aqui certamente não devemos levar em consideração o v. 8c (Mas, quando vier o Filho do homem, encontrará fé sobre a terra?). Essa parte do versículo 8 foi certamente adicionada por Lucas.

relacionadas principalmente pelo tema comum do "pedir", mas não em sua forma. De fato, suas formas são completamente diferentes. Como vimos, na parábola do "juiz e a viúva", o ponto central é ocupado pelo "monólogo interior" do juiz. Por outro lado, a primeira, e maior, parte da parábola do "amigo insistente" consiste numa única pergunta:

> Se algum de vós tiver um amigo e for procurá-lo à meia-noite e lhe disser: "Amigo, empresta-me três pães, pois um amigo meu chegou de viagem e não tenho nada para oferecer", e ele responder lá de dentro: "Não me incomodes, a porta já está fechada e eu e meus filhos já estamos deitados; não posso me levantar para te dar os pães"! Eu vos digo: Se ele não se levantar e não lhe der os pães por ser seu amigo, ao menos se levantará por causa do incômodo e lhe dará quantos necessitar.

A frase exclamativa da primeira parte da primeira parábola é tão longa que pelo menos os *leitores* poderiam esquecer que ainda está sendo feita uma pergunta. E então o texto continua em sua segunda parte com uma escalada do inimaginável! Tudo isso vai tão contra nosso atual senso de estilo que é preciso recorrer a uma paráfrase para que a argumentação fique clara:

> Suponhamos que um de vós tivesse um amigo e fosse até ele à meia-noite e dissesse: "Amigo, empresta-me três pães, pois um amigo meu chegou de viagem e não tenho nada para lhe oferecer". Seria concebível que ele respondesse lá de dentro: "Não me incomodes! Há muito, a porta já está trancada, as crianças já foram para a cama comigo, eu não posso levantar e te dar [algo]" – seria isso concebível? Não, isso seria completamente impossível!
> Mas mesmo que, por uma vez, assumíssemos o inconcebível, ou seja, que o homem não se levanta e ajuda porque se trata de seu amigo – por causa de sua persistência ele certamente se levantaria e lhe daria tudo o que ele necessita.

A parábola pressupõe circunstâncias de um ambiente estreito de aldeia. Não há mercado onde se possa comprar algo tarde da noite. O caso construído, portanto, acontece no campo, onde a dona de casa assa pães todas as manhãs para o dia em questão e onde se sabe quem ainda tem algo em casa; as pessoas conhecem seus vizinhos. A casa onde mora o amigo a quem se pediu ajuda é – como quase todas as casas da aldeia – pequena e pobre. Há apenas um único espaço interior, que nem sequer tem janelas. Ele serve também como quarto. A porta é trancada com uma barra de madeira e duas grandes argolas de ferro. São pessoas extremamente pobres que vivem ali. O outro homem, que recebeu uma visita inesperada em casa, não tem nenhum estoque de comida. Vive-se realmente com a provisão do dia.

Mas para entender a parábola, também é necessário entender um pouco do significado social da hospitalidade oriental. Um hóspede não recebe apenas um lugar para dormir. Hospedá-lo, dar-lhe o melhor que se tem e ajudá-lo em tudo era e ainda é uma obviedade indiscutível. E não apenas para o anfitrião, mas para todos os que estão ligados ao anfitrião. Aquele que não ajuda um hóspede ou não apoia alguém que precisa de ajuda por causa de um hóspede perde sua honra. Seu nome está manchado para sempre.

Portanto, é inconcebível que o homem, que desde muito já fora dormir com sua família, não ajude seu amigo. No entanto, Jesus amplifica ainda mais essa impossibilidade ao dizer: mesmo que o homem não se levantasse por causa da lei férrea da hospitalidade, ele, em todo caso, iria se levantar por causa da cena que surgiria com as batidas e os gritos durante a noite. Tudo isso seria assunto de conversa na aldeia no dia seguinte.

Esse plano de fundo já mostra: o narrador poderia ter pintado a cena de forma mais ampla e colorida. Por exemplo, a chegada tardia do hóspede que está de viagem. Sua chegada não é, de modo algum, contada no ponto onde naturalmente deveria estar no fluxo da história; ela é incorporada ao pedido do amigo hospitaleiro. A esposa do homem que tem o sono interrompido também não é mencionada, apenas as crianças. Portanto, toda a narrativa é extremamente condensada. É comprimida para que tudo caiba em uma única pergunta – uma pergunta cuja resposta é clara: ninguém agiria assim. Todos ajudariam.

Portanto, aqui se argumenta com base numa obviedade inquestionável. E por trás desse argumento – exatamente como na parábola do "juiz iníquo e da viúva" – está a inferência do menor para o maior: se as pessoas podem confiar na ajuda umas das outras por motivos de hospitalidade, então Israel e cada indivíduo em Israel podem confiar ainda mais em Deus. Ele ajudará os seus quando estiverem em dificuldade.

Naturalmente, a confiança na ajuda de Deus era uma obviedade desde o Antigo Testamento, algo que Jesus não precisava enfatizar. Quantas vezes nos Salmos se pede ajuda divina – e quantas vezes se fala na confiança de ser ouvido! E não raramente na confiança de ser ouvido *imediatamente*! O Salmo 66,17 diz: "Invoquei-o com minha boca, e ele foi enaltecido com minha língua" [por ter ouvido meu pedido].

Para reiterar: A confiança na ajuda de Deus era uma obviedade absoluta desde o Antigo Testamento. Portanto, não era necessário que Jesus contasse uma parábola sobre isso. Por conseguinte, devemos ler nossa parábola à luz da soberania de Deus que Jesus proclama. A soberania de Deus que está agora irrompendo intensifica de maneira radical o que já era válido em Israel: a intimidade da confiança entre os seres humanos e Deus. Todos estão agora habilitados a confiar com infinita confiança, até com uma imediatez persistente, na ação de Deus.

Lucas mais uma vez focou o todo na oração: ele põe nossa parábola imediatamente após a oração do Pai-nosso (Lc 11,2-4) e adiciona palavras metafóricas que falam da confiança infantil na oração (Lc 11,9-13).

16 O banquete (Lc 14,16-24)

Com a parábola do "banquete", dou início a uma nova série de parábolas[60]. Elas sempre têm em comum uma "confrontação" – seja entre duas pessoas, como na parábola do "fariseu e do publicano" (Lc 18,9-14), seja entre um grupo inteiro de pessoas, como na parábola das "dez virgens" (Mt 25,1-13) – ou ainda uma oposição que não envolva pessoas, como na parábola da "rede de pesca", que trata de peixes bons e inúteis (Mt 13,47s.). Sempre há um contraste, e quase sempre surge uma separação[61].

O que se entende por contraste fica especialmente claro na parábola do "banquete". Aqui, o contraste se dá entre os convidados ricos que, ocupados com seus próprios assuntos, não comparecem, e os pobres e socialmente marginalizados, que acabam enchendo o salão do banquete:

> Um homem deu um grande banquete e convidou muita gente. Na hora do banquete, enviou o seu escravo para dizer aos convidados: "Vinde! Já está tudo preparado". Todos sem exceção começaram a dar desculpas. O primeiro disse: "Comprei um sítio

---

60. A parábola do "filho pródigo" (Lc 15,11-32) e a do "juiz e a viúva" (Lc 18,1-8) poderiam ser adicionadas a esse grupo. No entanto, por causa de sua teologia, elas estão em outro lugar neste livro.

61. Os estudos literários, mais especificamente a teoria das parábolas, falam aqui de um "triângulo dramático", que consiste no "soberano da ação" que domina toda a parábola, e nas figuras de oposição, formadas por um par de gêmeos antitéticos. Na parábola do banquete, o senhor da casa é o soberano da ação, e as pessoas da rua constituem, com os primeiros convidados, o par de gêmeos antitéticos.

e preciso ir vê-lo. Peço-te que me desculpes". Outro disse: "Comprei cinco juntas de bois e tenho de experimentá-las. Peço que me desculpes". Outro disse: "Acabo de me casar e, por isso, não posso ir". O escravo voltou e comunicou tudo ao seu senhor. Furioso, o dono da casa disse ao escravo: "Sai depressa pelas praças e ruas da cidade e traze aqui os pobres, aleijados, cegos e coxos". O escravo lhe disse: "Senhor, foi feito o que mandaste e ainda há lugar". O senhor falou para o escravo: "Sai pelos caminhos e atalhos e força as pessoas a entrar, para que minha casa fique cheia". Pois eu vos digo: "Nenhum daqueles homens, que tinham sido convidados, provará do meu banquete" (Lc 14,16-24).

Esta parábola se tornou uma das mais importantes parábolas de Jesus para a Igreja primitiva. No entanto, ao longo dos séculos, a história de sua recepção foi, em parte, terrível. Juntamente com outros textos dos evangelhos, essa parábola foi mal usada para provar que Deus havia rejeitado Israel para sempre. Especialmente a última frase foi interpretada nesse sentido, da seguinte maneira: "Nenhum dos que foram *primeiramente* convidados provará do meu banquete".

A parábola também é encontrada em Mateus 22,1-10, mas numa versão bastante ampliada e modificada. O banquete noturno se transformou num banquete de casamento, organizado por um rei para seu filho. E o não comparecimento dos convidados é descrito de maneira diferente: eles não se desculpam; o convite é totalmente irrelevante para eles. Mesmo quando novamente convidados, eles não vão. Um vai para seu sítio, outro, para seus negócios, e outros, paradoxalmente, atacam os servos que levavam os convites e os matam. Isso enfurece o rei, que envia seu exército para incendiar a cidade dos assassinos. Somente após esse interlúdio sangrento é que o banquete de casamento ocorre, os servos vão às ruas e trazem para o salão de festas todos os que encontram: "bons e maus".

Depois disso, acontece algo que sempre causa indignação nos fiéis que ouvem a parábola na versão de Mateus: um dos trazidos para a festa não está usando traje de casamento. Sob ordem do rei, ele é amarrado e jogado "lá fora, na escuridão", que os ouvintes ou leitores geralmente só podem associar com a condenação eterna. Daí a pergunta indignada dos fiéis de hoje: "Como alguém trazido da rua (ainda por cima de uma cidade em chamas) poderia possuir traje de casamento"?

É completamente claro que essa versão expandida da parábola não provém de Jesus. Na versão que temos em Mateus 22, provavelmente trabalharam narradores pré-mateanos, mas depois o próprio Mateus. Ele lança um olhar retrospectivo sobre a história das últimas décadas – desde o aparecimento de Jesus, passando por sua morte e a perseguição dos primeiros mensageiros da fé, até a destruição de Jerusalém. E mais ainda: ele olha para os problemas da Igreja gentílica, onde agora muitos, que imerecidamente ganharam acesso ao povo de Deus, vivem sem as vestes nupciais, ou seja, sem arrependimento e santificação. Por isso, a ampla descrição da expulsão do convidado indigno[62]. A parábola, em sua versão mateana, condena os sumos sacerdotes e os anciãos, os saduceus e os fariseus (cf. Mt 21,23.45s.) – mas condena igualmente, ou até mesmo mais fortemente, a permissividade moral nas comunidades cristãs gentílicas. Naturalmente, dentro do contexto deste livro, eu me atenho mais à versão original de Lucas. O que Lucas nos narra?

A parábola começa no mundo das "pessoas finas", que são tão ricas que podem se dar ao luxo de realizar um banquete dispendioso com uma quantidade relativamente alta de convidados. Embora apenas três convidados sejam mencionados,

---

62. Mateus usa uma parábola que originalmente pertencia a outro contexto – cf. II,28 neste livro.

eles representam todos os outros. Já conhecemos essa "regra do trio" da narração popular e presente na parábola do espinheiro (Jz 9,8-15) e da colheita abundante (Mc 4,3-9).

Os três convidados que são destacados são pessoas ricas que se encaixam no meio social do anfitrião: o primeiro comprou um campo, que certamente não é pequeno. O segundo comprou cinco juntas de bois, ou seja, dez bois, dois para cada junta – um dispêndio bastante alto. O terceiro, finalmente, casou-se. É definitivamente com esse terceiro que fica claro que há uma progressão: primeiro o campo, depois os dez bois, depois a esposa, que, se for bonita e competente, exigirá o pagamento de um alto dote e muitas outras despesas. Portanto: os convidados para esse banquete são pessoas bem situadas.

E agora o narrador se permite mais uma vez aquela "extravagância" da qual já falei anteriormente: os convidados não vêm – nenhum deles. Todos eles apresentam uma desculpa. A parábola havia começado tão realisticamente. Pois naquela época era algo bastante comum em círculos urbanos que os convidados, após o convite prévio, fossem convidados novamente – agora imediatamente antes do banquete –, ou melhor, que fossem "buscados" (cf. Ester 6,14). Mas depois desse início realista, a parábola parece de repente cair no irreal. Pode acontecer que todos os convidados para um banquete declinem o convite? O narrador da parábola intensifica as coisas neste ponto.

Evidentemente, hoje em dia qualquer pessoa que tente entender a parábola se pergunta: por que os convidados não informaram já após o convite preliminar que estariam ocupados na data anunciada? Eu tento dar uma resposta:

Possivelmente fazia parte da compra do campo que, embora estivesse pago, o comprador ainda não estava em posse legal dele, até que percorresse os limites do campo. Se isso acontecesse na presença de testemunhas, a data para esse ato não seria conhecida no momento do convite. Poderíamos especular algo semelhante na compra das cinco juntas de bois. Fazia parte da conclusão do negócio que os animais ainda devessem ser verificados quanto à sua boa marcha no jugo? Nesse caso, também poderia haver uma coincidência de horários. O romano Columella, pelo menos, descreve detalhadamente em seu manual sobre agricultura o trabalho e a paciência necessários para fazer dois animais andarem de forma uniforme e tranquila sob o jugo. Portanto, uma demonstração da "marcha no jugo" era absolutamente necessária por ocasião da compra dessas juntas de bois (*De re rustica* VI 2). A seriedade da desculpa no caso do casamento é completamente clara. Ela nem sequer precisa envolver a noite de núpcias. No contexto de um casamento oriental, havia uma diversidade de preparativos e negociações que não era previsível.

Todas essas são considerações que, no máximo, mostram que as recusas não eram necessariamente arbitrárias. Se essas considerações forem válidas, então aqueles que recusaram não estavam apenas apresentando desculpas esfarrapadas. Suas recusas, em primeiro lugar, exigem nossa compreensão. Os convidados agem com a mesma rotina que todos nós conhecemos e sob a pressão de necessidades com as quais todos nós lidamos.

No entanto, suas ações são, com razão, retratadas como erradas e repreensíveis. Eles desconsideram uma festa que deveria ter dominado completamente seus pensamentos e sentimentos. Sua recusa é descrita como uma catástrofe que desencadeia a profunda ira do dono da casa. Essa fúria produz o evento contrastante do qual falei no início: agora, o homem convida exatamente o oposto daquelas "pessoas finas" para quem o convite originalmente foi feito: os pobres e socialmente estigmatizados da cidade.

Depois, há um incremento que falta em Mateus: como ainda há espaço, os miseráveis das estradas e cercas *nos arredores da cidade* também são trazidos para dentro do salão de festas. Podemos deixar em aberto se esse incremento já pertencia à parábola original de Jesus ou não. Inclino-me a pensar que aqui a parábola original foi expandida com vista à subsequente missão aos gentios. Contudo, independentemente desse aspecto adicional da narrativa, a parábola já apresenta problemas suficientes.

Como resolver o enigma dessa estranha narrativa? A resposta só pode ser encontrada na pergunta: como aqueles ouvintes originais da parábola (a qual certamente é de Jesus devido à sua extravagância e ousadia) reagiram a essa narrativa?

Será que, diante do tema "banquete festivo", eles já intuíram que se tratava do banquete escatológico de Deus, do qual já se falava na Escritura Sagrada (Is 25,6-8)? A ideia do banquete escatológico também devia ser conhecida e difundida no judaísmo contemporâneo. Em todo caso, Lucas, na "introdução à leitura" de nossa parábola, fala sobre "comer pão no Reino de Deus" como se fosse uma obviedade (Lc 14,15). Certamente, é muito provável que essa introdução seja dele mesmo. No entanto, será que, pelo menos para parte dos ouvintes, a palavra "banquete" forneceu um ensejo para pensar que se tratava do banquete final dos tempos organizado pelo próprio Deus?

Ou ficaram chocados com o fato ultrajante da recusa por parte de *todos* os convidados? Nesse momento, perceberam eles que não podia se tratar de um banquete normal?

Ou só com a menção dos pobres e desprezados levados à festa é que eles perceberam que Jesus estava falando de sua própria prática, de sua aproximação dos excluídos e marginalizados?

Se eles ainda não tinham percebido nada até este ponto, então as palavras finais completamente irreais do dono da casa (de que nenhum dos convidados provaria da festa) deveria finalmente fazê-los entender que ali se tratava de Deus e do terrível perigo de Israel rejeitar o convite de Deus, que agora estava sendo feito por Jesus. Este, em todo caso, é o tema de nossa parábola, e a compreensão dos ouvintes deve ter ocorrido em momentos diferentes e em diferentes partes da parábola.

Seja como for, uma coisa me parece certa: uma teoria sobre parábolas que não conta aqui com vários pontos de ignição metafóricos, está, como acontece com quase todas as parábolas de Jesus, equivocada. A parábola contém uma série de passagens em que o nível figurativo transborda, ou pelo menos poderia transbordar, para o "caso" do Reino de Deus, – em que os ouvintes, mesmo sem interpretação, poderiam perceber que ali se tratava de algo mais do que apenas a louca história de um homem que insistia em ter um salão de festas cheio.

Havia muito mais em jogo. Daí a recusa tão notável e unânime das pessoas respeitáveis; daí a ira do dono da casa; e daí o convite aos descaídos e, finalmente, a ameaça, que, de repente, não se dirige mais ao servo, mas aos ouvintes da parábola: "Nenhum daqueles homens, que tinham sido convidados, provará do meu banquete!"

Se lançamos um olhar retrospectivo sobre a história europeia com suas inimagináveis perseguições aos judeus por cristãos batizados, justamente esta parábola ainda precisa de um comentário final. A narrativa do banquete absolutamente não exclui Israel da salvação – nem mesmo na versão de Mateus, que, além de seu apelo aos cristãos gentios, dirige-se apenas aos *oponentes* de Jesus em Israel. O contexto mais amplo criado por Mateus, de 21,23 a 23,39, mostra de forma totalmente clara: trata-se dos oponentes de Jesus, não de todo o povo.

Além disso, é importante observar: a parábola original é uma tentativa tocante e urgente de Jesus de convencer aqueles em Israel que rejeitam sua mensagem a se converterem e aceitarem o evangelho. A parábola quer chocar e assustar, quer advertir, quer revelar a cegueira, quer levar ao arrependimento. No entanto, ela não pronuncia um julgamento escatológico. Mas, acima de tudo, hoje a parábola se aplica a *nós*, cristãos, que temos mil razões para ignorar o banquete que nos é oferecido.

17 A rede de pesca (Mt 13,47-50)

A parábola da "rede de pesca" é transmitida, nos evangelhos, apenas por Mateus[63]. Ela encerra, para ele, a primeira grande composição de parábolas de seu evangelho após a parábola do "tesouro escondido e da pérola" (13,1-53):

> O reino dos céus é também semelhante a uma rede de arrastão, que é lançada ao mar e recolhe peixe de toda espécie. Quando fica cheia, os pescadores arrastam-na para a praia, sentam-se, recolhem os peixes bons nos cestos e jogam fora os que não prestam. Assim será no fim do mundo: os anjos sairão para separar os maus do meio dos justos e os lançarão na fornalha de fogo. Ali haverá choro e ranger de dentes (Mt 13,47-50).

Inicialmente vamos nos abster da interpretação que Mateus dá a esta parábola (versículos 49-50). Pois Mateus introduz aqui um tema central para ele: o julgamento do mundo. Basta comparar com Mateus 8,12; 13,41s.; 22,13; 25,30.41. Teremos de examinar se o tema do "juízo do mundo" é simplesmente coincidente com o tema desta parábola de Jesus. Mas primeiramente vejamos o plano das imagens!

O "mar" é obviamente o mar da Galileia (cf. Mateus 4,18). Os pequenos negócios pesqueiros ao redor do lago usavam,

---

[63]. Fora dos evangelhos canônicos, a parábola da "rede de peixes" também é encontrada em *EvThom* 8. Ali, como a parábola do grande peixe, que é preferido em relação aos peixes menores. Essa mudança no tema pode ser atribuída a uma remodelação gnosticizante da parábola da "rede de peixes".

além das redes de arremesso, principalmente redes de arrastão, que eram bem maiores. No caso de rede de arrastão, sua borda superior era mantida na superfície da água por meio de um material flutuante, enquanto a borda inferior era carregada de pedras ou chumbo para ser levada até o fundo. A rede inteira era então puxada por dois barcos num círculo cada vez mais estreito em direção à costa. Nem todos os diversos animais marinhos do mar da Galileia eram considerados comestíveis. Animais pequenos e criaturas pisciformes que não tinham barbatanas ou escamas eram considerados abomináveis e impuros, segundo Levítico 11,9-12, e, portanto, não podiam ser comidos nem vendidos.

O nível de imagens não apresenta dificuldades. O que Jesus descreve de maneira muito sucinta, mais do que narra, era conhecido por todos na Galileia. Se Jesus estivesse à beira do mar, talvez fosse possível que as pessoas vissem pescadores trabalhando enquanto o ouviam.

Mas o que Jesus queria dizer com esta parábola? Se tentarmos resumir o plano imagético numa fórmula curta, ela só pode ser: reunião e separação. E exatamente essa temática desempenhou um papel central na aparição de Jesus em Israel.

Jesus falou decididamente sobre a "reunião" de Israel. Ele disse: "Quem não está comigo, está contra mim; e quem não recolhe comigo, espalha" (Mt 12,30 / Lc 11,23). E quando a situação se agravou para ele, ele disse: "Jerusalém, Jerusalém! ... Quantas vezes eu quis reunir teus filhos, como a galinha reúne os pintinhos debaixo das asas, e tu não quiseste!" (Mt 23,37 / Lc 13,34). Além disso, na oração que ensinou aos seus discípulos, ele imediatamente os fez pedir em primeiro lugar pela reunião e santificação do povo de Deus, pois o primeiro pedido do Pai-nosso alude a Ezequiel 36,22-28.

Essas palavras correspondiam à prática de Jesus: ele aceitou convites de fariseus (Lc 14,1); debateu com os saduceus (Mc 12,18); ele comeu com os publicanos e pecadores (Mc 2,15); apresentou um samaritano como exemplo (Lc 10,30-35); incluiu um zelote em seu círculo mais íntimo de discípulos (Lc 6,15) – e, acima de tudo: ele constituiu os Doze como sinal de sua vontade de reunir escatologicamente Israel, o povo das doze tribos (Mc 3,13-19). Tudo o que Jesus fez deve ser entendido como um sinal de sua vontade inabalável de reconduzir o povo de Deus de sua fragmentação para a unidade e reuni-lo para o reinado de Deus.

Mas, na verdade, não houve apenas uma reunião de Israel, mas também uma separação. O que aconteceu não encontra formulação mais apropriada do que nas palavras de Simeão em Lucas 2,34: "Este menino está destinado a ser ocasião de queda e elevação de muitos em Israel e sinal de contradição". Especialmente nos círculos dirigentes de Jerusalém, mas não apenas aí, Jesus deparou com uma oposição exasperada, que foi tomando forma cada vez mais evidente.

Jesus não queria dividir, mas reunir. Mas onde encontrou incredulidade, ele causou divisão, de modo que ele próprio precisou dizer: "Eu vim pôr fogo à terra, e como gostaria que já estivesse aceso" (Lc 12,49). Essa palavra incendiária de Jesus é, então, comentada da seguinte forma: "Pensais que vim trazer paz à terra? Digo-vos que não, e sim a separação" (Lc 12,51). Jesus teve de experimentar essa divisão até mesmo em sua própria família (Mc 3,20s.).

Era um paradoxo peculiar: aquele que queria reunir Israel, e de fato o reuniu, ao mesmo tempo o dividiu. Muita coisa fala a favor da ideia de que Jesus, na parábola da "rede de pesca", está descrevendo precisamente esse paradoxo de reunião e separação e tentando torná-lo compreensível para seus ouvintes. Pois também nesta parábola ambos ocorrem: primeiro a reunião dos muitos peixes numa única rede e, então, imediatamente a seleção e, com isto, a divisão.

Recomenda-se não interpretar de forma precipitada e exclusivamente moral a eliminação dos peixes imprestáveis. Antes de mais nada, aqui está sendo simplesmente descrito o processo de separação. Inicialmente veio a reunião e, então, quase inevitavelmente, a separação. Aparentemente, Jesus aclarou para si mesmo e para seus ouvintes, neste processo de pesca cotidiano, um dos aspectos assustadores do Reino de Deus. A presença do reinado de Deus que ele proclama é algo que reúne e estabelece comunidade, mas também inevitavelmente leva a separações drásticas.

Mateus, em sua interpretação, transpõe total e exclusivamente para o nível moral essa separação que ocorre em Israel por meio de Jesus, pois ele fala dos "maus", que são lançados na fornalha de fogo. Obviamente, a separação que Jesus causa em Israel se deve, em última análise, ao mal, ou seja, à inimizade do homem contra Deus. Nisso, Mateus está absolutamente certo. Mas o que Jesus tem em mente vai muito além. Não apenas os inimigos de Deus lutam contra a soberania de Deus. Também está em jogo a ampla frente da apatia, da imobilidade, da incompreensão, do desvio do olhar ou da total indiferença. Os atores *dessa* categoria também são "imprestáveis" para o Reino de Deus e contribuem para a funesta separação. Além disso, Mateus desloca a separação totalmente para o juízo final. Isso também era apenas uma parte da verdade. Para Jesus, a reunião e a separação de Israel estão acontecendo agora, na hora do aparecimento público de Jesus. O acontecimento do fim dos tempos já está ocorrendo no presente.

Mais uma observação final: no Antigo Testamento, aquele que dispersa e reúne, que junta e separa é o próprio Deus (Dt 20,3; Jr 31,10; Ez 20,34-38, entre outros). Com Jesus, não é diferente. A primeira petição do Pai-nosso mostra isso. E ainda assim, Jesus mesmo reúne e separa em sua própria pessoa – como se estivesse no lugar de Deus. Este contexto também deve ser considerado em nossa parábola. Jesus aqui, assim como em outros lugares, não apenas fala sobre a ação de Deus, mas a entrelaça com sua própria atividade.

18 O joio no trigo (Mt 13,24-30)

Assim como bons e maus peixes são contrastados na parábola anterior, neste próximo caso faz-se um contraste entre trigo e joio. A parábola do "joio no trigo" é exclusiva de Mateus. No Evangelho de Tomé, há um paralelo (*EvThom* 57), que, entretanto, é apenas um breve resumo da parábola de Mateus 13,24-30. O texto de Mateus é:

> O reino dos céus é semelhante a um homem que semeou boa semente em seu campo. Mas, enquanto todos dormiam, veio seu inimigo, semeou uma erva daninha, chamada joio, entre o trigo e foi embora. Quando o trigo germinou e fez a espiga[64], apareceu também o joio. Então os escravos do proprietário foram dizer-lhe: "Senhor, não semeaste semente boa em teu campo? Donde vem, pois, o joio?" Ele respondeu: "Foi um inimigo que fez isso". Os escravos lhe perguntaram: "Queres que vamos arrancá-lo?" Ele respondeu: "Não, para que não aconteça que, ao arrancar o joio, arranqueis também o trigo. Deixai que os dois cresçam juntos até à colheita. No tempo da colheita direi aos que cortam o trigo: colhei primeiro o joio e atai-o em feixes para queimar; depois, recolhei o trigo no meu celeiro" (Mt 13,24-30).

---

64. Literalmente: "começou a dar frutos" (aoristo ingressivo).

Muitos estudiosos do Novo Testamento têm dificuldade com esta parábola. Alguns dos livros relevantes sobre parábolas nem sequer tratam dela. Uma série de intérpretes a considera irrealista. Quem, afinal, teria a ideia de semear joio, dizem eles. Um intérprete até questiona de onde o oponente teria obtido a quantidade necessária de sementes de joio para tal ataque[65]. Com base em considerações desse tipo, houve tentativas de encurtar a parábola para torná-la mais compreensível. Nesses casos, geralmente o inimigo que semeia o joio é eliminado, juntamente com as frases correspondentes no texto. Toda uma série de intérpretes é ainda mais radical e nega que Jesus tenha narrado a parábola.

No entanto, a principal razão para esse tratamento da parábola do joio está no fato de que Mateus, pouco depois, em 13,36-43, fornece uma extensa interpretação da nossa parábola, que é uma alegorese clássica. Aos leitores é apresentada uma longa lista de decodificações a serem aplicadas durante a leitura. Eis a lista:

o dono da casa → o Filho do Homem

o campo → o mundo

---

[65]. Assim LUZ, U. *Das Evangelium nach Matthäus*, p. 2º Vol., p. 324. – Permito-me, em relação a essa objeção, uma recordação pessoal. Na 2ª Guerra Mundial, quando adolescente, devido aos bombardeios em Frankfurt am Main, vivi em algum lugar no campo, na região de Rhön, e ajudava diariamente um fazendeiro em sua pequena propriedade agrícola. O grão ainda era ceifado pelos homens, amarrado em feixes pelas mulheres e, mais tarde, debulhado com o mangual na eira. Minha tarefa era peneirar a camada de grãos que ficava no chão da eira. Isso era feito com uma grande peneira que era sacudida para frente e para trás. Os grandes grãos de cereal ficavam na peneira, enquanto as sementes de ervas daninhas, muito menores, passavam pela peneira. No final, havia um monte considerável de sementes de ervas daninhas, que obviamente eram destruídas ou usadas como alimento para galinhas e pombos. Nos campos, não crescia apenas cereal (como hoje na era dos herbicidas), mas uma grande quantidade de ervas daninhas. Como Ulrich Luz sabe que a agricultura na época em Israel não era semelhante – que não apenas se debulhava e se joeirava, mas também se peneirava? Para o tema "peneira" e "peneirar", cf. DALMAN, G. *Arbeit und Sitte in Palästina*. Vol. III, 139-148.

a boa semente → os filhos do Reino

o joio → os filhos do maligno

o inimigo → o diabo

a colheita → o fim do mundo

os ceifeiros → os anjos

Não é de surpreender que tal alegorização tenha encontrado cada vez menos aceitação na esteira do Iluminismo europeu. Como já mencionado, o passo decisivo foi dado, em seguida, por Adolf Jülicher. Com seu livro de dois volumes sobre parábolas, publicado em 1886/1899, ele semeou uma profunda aversão a tudo o que fosse alegórico no campo da exegese. Na época, isso era necessário. No entanto, Jülicher tentou, com seu tratamento radical, arrancar, até as últimas raízes, o elemento alegórico das parábolas de Jesus. Nisso, ele estava errado. Pois dessa maneira, as parábolas de Jesus tornaram-se inacessíveis. Elas resistiram ao entendimento e resvalaram para o nível de trivialidades morais. Ainda assim: a alegorese excessiva de Mateus, especialmente na parábola do joio, contribuiu para as simplificações feitas por Jülicher.

Mas voltando ao nosso texto! Na alegorização da parábola em Mateus 13,36-43, a colheita ganha um peso enorme, sendo amplamente pintada como o fim do mundo e o juízo universal. É esse ponto em especial que provavelmente tenha contribuído para a reserva acima descrita em relação à parábola do joio. No entanto, a parábola em si não contém essa forte ênfase no fim do mundo. O foco aqui está menos na colheita e mais no crescimento conjunto de trigo e joio *até a colheita*. Mas justamente esse período intermediário não é mencionado de modo algum na interpretação alegórica de Mateus. Isso nos leva a interpretar a parábola em completa independência de sua alegorização.

Como mencionei anteriormente: muitos intérpretes têm problemas com o inimigo que semeia o joio durante a noite. Essa ação noturna não parece um tanto bizarra? No entanto, Jesus também contou outras parábolas sobre ações noturnas – por exemplo, na parábola do "roubo com arrombamento bem-sucedido" (Mt 24,43) ou na parábola do "amigo insistente" (Lc 11,5-8).

E é realmente tão absurdo, como afirmado por alguns comentaristas, que alguém que odeia seu vizinho arruíne seu campo de trigo com joio? Neste ponto, finalmente, devemos falar sobre o joio (*Lolium temulentum*). Ele era amplamente difundido nos países ao redor do Mediterrâneo (e antes até mesmo na Europa) – e era temido porque se assemelhava ao trigo e frequentemente era afetado por um fungo que atuava como veneno neurotóxico. Semear joio poderia causar sérios danos ao oponente. Era uma espécie de ataque com veneno. Certamente, semear sementes de joio não era mais bizarro do que quando os oponentes de Jesus afirmavam que ele expulsava os demônios "pelo poder do chefe dos demônios" (Mc 3,22). Isso envenenava o que Jesus fazia para os doentes e deficientes.

Permanece incompreensível para mim a observação de um comentador[66] sobre o discurso supostamente estranho do dono da casa no fim da parábola. Como vimos, lá está escrito: "No tempo da colheita direi aos que cortam o trigo: colhei primeiro o joio e atai-o em feixes para queimar; depois, recolhei o trigo no meu celeiro". Aqui, segundo ele, é muito peculiar que o próprio processo de colheita não seja mais narrado, mas antecipado no discurso do dono da casa. E é confuso também que essa antecipação seja um "discurso dentro do discurso". – Mas isso realmente é estranho? Isso não mostra, pelo contrário, a

---

66. Cf. LUZ, U. *Evangelium nach Matthäus*, vol. 2, p. 321.

habilidade do narrador da parábola? Ele se priva de continuar a narrativa linearmente e coloca o que ainda precisa ser dito no discurso direto do proprietário. Com esse artifício narrativo, o peso da colheita é removido; e o período intermediário, em que o trigo e o joio crescem juntos, é enfatizado. Como já vimos, Jesus trabalha de maneira semelhante na parábola do "juiz e a viúva" (Lc 18,1-8). Lá também, o desfecho da história não é mais narrado. O monólogo interno do juiz deixa claro como a história vai terminar.

Portanto, vamos partir da ideia de que temos aqui – pelo menos em sua configuração básica – uma parábola autêntica de Jesus, que, a seu modo, encaixa-se de maneira excelente em sua arte narrativa. Nesta parábola, o joio desempenhava um papel importante. Era um meio eficaz de chamar a atenção dos ouvintes da época. Mas, afinal, do que trata essa parábola tão controversa?

Seu ponto crucial é a espera, a inatividade. O joio deve crescer junto com o trigo. Não pode ser removido agora, neste período intermediário, sem destruir a boa semente. Na exegese da parábola, há muito se aponta para o fato de que isso aborda o tema da "Igreja pura". Isso também é correto. As descobertas de Qumran nos permitiram conhecer, na "Regra da Comunidade" (1QS) e outros textos, uma comunidade judaica da época que se segregava, que se via como a comunidade santa do fim dos tempos, que excluía todos os pecadores ou os punia com severidade. Entre as "sociedades" dos fariseus (*chaburot*), pode-se observar algo semelhante, embora não com a mesma rigorosidade.

Jesus, com sua pregação e prática, não se encaixa nesse modelo de comunidade santa e segregada. Certamente: ele também quer reunir e santificar o povo escatológico de Deus.

Para isso, ele institui os Doze como sinal e centro de crescimento do Israel a ser reunido. Em torno desse centro, há um número maior de discípulos e discípulas. Então, num círculo mais amplo, há todos aqueles que não seguem Jesus, mas ficam em suas casas e recebem os discípulos que passam. Há amigos[67], há apoiadores[68], há ajudantes ocasionais[69], há curiosos[70] e até mesmo beneficiários[71]. Acima de tudo, há na comunidade de Jesus os desprezados, os socialmente excluídos e os pecadores. Portanto, com Jesus, há uma reunião, mas não há justamente segregação.

É fácil imaginar, como também se pode atestar, que Jesus foi atacado por sua abertura em relação às pessoas com uma existência marginal e que haviam incorrido em culpa (cf. Mc 2,16). Ele teria se defendido contra ataques externos com a nossa parábola: somente Deus pode distinguir entre o verdadeiramente mau e o bom. Por óbvio, Jesus não teria simplesmente comparado os pecadores, para quem voltava sua atenção, com erva daninha venenosa. O ponto de comparação seria a *coexistência* de santos e não santos, de bons e maus. Agora, *nesta hora*, ainda não é possível separar de forma limpa e clara. Em outra parte, Jesus até mesmo diz que é preciso contar com o fato de que o verdadeiramente mau pode não estar entre os pecadores, mas em casa, entre aqueles que se elevam sobre os excluídos e os pecadores. No próximo capítulo, tratarei da parábola do "fariseu e do publicano". Ali, o publicano, apesar de seu pecado, volta para casa justificado, enquanto o fariseu não (Lc 18,14).

---

67. Jo 11,1-3.
68. Lc 8,1-3.
69. Mc 9,41.
70. Jo 3,1-13.
71. Mc 9,38s.

Se o que foi dito está correto, surge imediatamente a questão de saber se a parábola do "joio e do trigo", ao defender a espera e a paciência, não está em contradição com a parábola da "rede de pesca". Pois lá é dito explicitamente que *agora* já está ocorrendo a separação, que *agora* já está sendo feita a escolha. No entanto, não vejo problema nisso. O que Jesus prega não pode ser reduzido a "verdades" unilineares e muito menos ser transformado num sistema aplainado. Há pronunciados arcos de tensão nele[72]. Há arcos de tensão entre o "já" e o "ainda não", entre julgamento e misericórdia, entre Israel e as nações, entre o Reino de Deus, que "vem por si só"[73] e ainda assim deve ser buscado com todas as forças[74]. E Jesus não disse apenas: "Quem não está comigo, está contra mim"[75]; mas também: "Quem não está contra nós está a nosso favor"[76].

Sempre se deve levar em conta a situação em que uma palavra incisiva ou uma parábola impactante foi proferida. Muitas vezes, é necessário muito esforço para reconstruir essa situação. Ou essa reconstrução também é simplesmente impossível. Justamente por isso, é apropriado considerar também a parábola do "joio e do trigo" uma autêntica parábola de Jesus. E mesmo nesta parábola, não haveria apenas um único ponto em que a camada de imagens e a realidade se tocariam, ou seja, a *espera*; em vez disso, já na figura do dono da casa, Deus ou Jesus teria se tornado transparente.

---

72. Sobre os arcos de tensão na pregação de Jesus, cf. LOHFINK, G. *Das Geheimnis des Galiläers*, 123-212.
73. Mc 4,26-29.
74. Mt 25,14-30; Lc 16,1-8; *EvThom* 98.
75. Lc 11,23.
76. Mc 9,40.

19 O fariseu e o publicano (Lc 18,10-14)

Esta parábola também vive do contraste – especificamente do contraste entre duas pessoas. Ela nos foi transmitida apenas no Evangelho de Lucas, logo após a parábola do "juiz e da viúva".

> Dois homens subiram ao Templo para orar; um era fariseu, o outro, um cobrador de impostos. O fariseu rezava, de pé, desta maneira: "Ó meu Deus, eu te agradeço por não ser como os outros homens, que são ladrões, injustos, adúlteros, nem mesmo como este cobrador de impostos. Jejuo duas vezes por semana, pago o dízimo de tudo que possuo". Mas o cobrador de impostos, parado à distância, nem se atrevia a levantar os olhos para o céu. Batia no peito, dizendo: "Ó meu Deus, tem piedade de mim, pecador!" Eu vos digo: Este voltou justificado para casa e não aquele (Lc 18,10-14).

Ao contrário da parábola do "joio no trigo", esta parábola é bastante popular. É interpretada e celebrada com grande frequência. Parece que exerce um apelo sobre nós. E parece tão clara quanto as coisas são nos contos de fadas, em que existem apenas bons e maus. Chapeuzinho Vermelho é boa, e o lobo é mau. Joãozinho e Maria são bons, e a bruxa é má. Cinderela é boa, suas duas meias-irmãs são figuras da pior espécie. Não é semelhante aqui? O publicano é bom, e o fariseu é mau. Cristãos têm se identificado com o publicano há séculos, desprezando o fariseu e, com ele, "todos esses fariseus hipócritas". E exatamente assim, sem perceber, como desprezadores dos outros, eles se colocam do lado daquele que desprezam.

Obviamente, essas observações introdutórias não pretendem questionar a mensagem da parábola, que está em desacordo com tudo o que pensamos e fazemos. Apenas se pretende advertir contra a tentação de não dispensar a essa parábola a devida seriedade.

Por isso, vamos examiná-la um pouco mais de perto! Lembremos: Na parábola do "juiz e a viúva", o desfecho da história não é narrado, mas é antecipado no "monólogo interno" do juiz. Também nesta parábola do "fariseu e o publicano" não há uma narrativa contínua. Ela consiste quase que inteiramente na introdução e caracterização dos dois protagonistas. O evento crucial só é mencionado fora da parábola e mesmo assim em apenas uma frase – e é Jesus quem o faz: "Este voltou justificado para casa e não aquele".

Portanto, não há aqui uma narrativa unilinear no sentido estrito. No entanto, o ouvinte é levado a uma questão teologicamente instigante. Ao observarmos as formas inteiramente diversas em que Jesus estrutura suas parábolas, só podemos avaliar: ele deve ter sido um narrador genial. No nosso caso, ele narra simplesmente apresentando duas pessoas – mais especificamente mediante suas orações.

Se olharmos mais de perto, notamos que as orações dos dois atores têm extensões diferentes. A do publicano consiste numa única frase – a do fariseu é mais longa. Os ouvintes da parábola devem ter acompanhado a oração do fariseu com grande interesse e muito provavelmente com reverência. Pois ele fazia parte de uma comunidade respeitada e estimada em Israel. Quando ele diz que jejua duas vezes por semana, os ouvintes sabem o que isso significa: não comer nem beber até o pôr do sol – uma coisa difícil no clima quente e implacável da Palestina.

E eles ouvem que ele dá o dízimo de tudo o que recebe. Obviamente, eles também entendem o significado disso. Em Israel, dez por cento do que se ganhava deveriam ser entregues aos levitas, ou ao Templo. Isso estava estabelecido na Torá (Nm 18,21; Dt 14,22-27). Todos em Israel estavam vinculados a essa obrigação. Os fariseus, porém, pensavam: Se eu comprar algo de alguém, pode ser que ele não tenha dado o dízimo dos seus rendimentos. Por isso, eu dou o dízimo até mesmo do que compro dele, para não tomar parte em seu pecado. Isso é, portanto, uma obra de super-rogação, para cumprir a Torá o mais completamente possível. Esta é, pelo menos, a explicação mais provável para "Eu dou o dízimo de tudo o que possuo". Este agir de "super-rogação" era característico da profunda piedade dos fariseus em relação à Torá. Os ouvintes sabem de tudo isso.

Quando ouvem a oração do fariseu, outros textos da Sagrada Escritura ecoam em sua memória. Por exemplo, o Salmo 119, que louva aquele que deixa toda a sua vida ser determinada pela Torá, que vive pelos mandamentos da Torá, ama-os e neles se refugia. O orante do Salmo 119 diz e ora tudo isso na primeira pessoa – exatamente como o fariseu aqui. Não se devia sentir grande respeito por este homem?

E então Jesus faz aparecer um cobrador de impostos e com isso uma odiosa figura negativa para os ouvintes da época. Os coletores de impostos – pensava-se na época – estão entre aqueles que se enriquecem à custa das pessoas financeiramente sobrecarregadas em Israel. Eles se colocaram a serviço dos senhores locais e das forças de ocupação e, por isso, são suspeitos desde o início. Eles são considerados fraudadores e exploradores. Ora, a parábola não deveria terminar com Jesus condenando o cobrador de impostos?

No entanto, aqueles que ouvem atentamente ou que já conhecem Jesus melhor suspeitam há muito que as coisas tomarão um rumo diferente. Pois o fariseu, embora tenha agradecido a Deus, agradeceu-lhe por não ser como os outros, os ímpios. Isso ainda seria aceitável. Mas sua oração de agradecimento se tornou uma sublime recomendação de si mesmo e mostrou que ele se coloca diante de Deus como um parceiro correto.

Deus deu os mandamentos – *ele* os cumpre meticulosamente; sim, ele até mesmo os ultrapassa. Ele não sabe nada sobre a perdição e os enredamentos do ser humano. Acima de tudo, ele não sabe nada sobre sua própria miséria. Ele vê a situação desesperada do povo de Deus apenas na pessoa do cobrador de impostos. Ele o despreza. Pois o coletor de impostos, aos olhos dele, não cumpre os mandamentos, faz-se constantemente impuro, explora os outros – e, acima de tudo, ele não mudará sua vida. Como publicano, ele está completamente integrado ao sistema de exploração estabelecido pelos pequenos monarcas e pelo poder de ocupação romano.

Assim, se a parte pensante dos ouvintes de Jesus já havia suspeitado durante a oração do fariseu que esta parábola se desenrolaria de maneira diferente do esperado, então sua suspeita teria aumentado com a apresentação do cobrador de impostos, pois ele tem exatamente o que falta ao fariseu: ele fica de pé à distância, pois sabe como está longe de Deus. Ele reconhece sua perdição. Oferece a Deus sua incapacidade e desespero. Ele não pede simplesmente perdão pelos pecados. Seu clamor por ajuda vai muito mais fundo: ele pede a salvação de sua vida. E é precisamente por isso que ele não está longe do Reino de Deus, pois este reino entra na perdição do homem e traz libertação.

Portanto, esta parábola também trata sobre o Reino de Deus. Para o fariseu, o Reino de Deus não pode chegar. Para o cobrador de impostos, ele chega. Mas Jesus não formula isso dessa maneira. Suas palavras finais são muito mais concretas e provocativas. Ele diz: "Este voltou justificado para casa e não aquele". O que isso significa?

"Justificado" é o mesmo que "declarado justo". No grego, há aqui uma forma passiva. E formas passivas como essa eram usadas com frequência na Bíblia para expressar uma ação de

Deus. A palavra "Deus" é evitada por reverência, daí a construção passiva, que oculta o sujeito. "O publicano é justificado" significa, portanto, "O publicano foi justificado por Deus, foi absolvido perante o tribunal divino". E isso significa: Deus perdoou-lhe toda a culpa. O fariseu, por outro lado, não foi justificado.

Quem dá a Jesus o direito de falar assim? Ele não está falando também nesta parábola como se estivesse no lugar de Deus? Ele julga e absolve. Ele mesmo pronuncia o juízo divino. Isso é tão insondável quanto o fato de o cobrador de impostos, com sua construção de vida totalmente errada, ser absolvido por Deus.

Essa parábola também precisa de uma observação final: Jesus queria caricaturar os fariseus? Não, absolutamente não! Pois ele não está falando sobre "os" fariseus. Ele está contando sobre um fariseu muito específico. Ele representa todos? Não devemos, de modo algum, cair na armadilha dessa generalização. Não podemos dizer "Todos os fariseus eram assim naquele tempo", assim como não podemos dizer "Todos os publicanos eram honestos e humildes perante Deus naquele tempo".

Jesus não quer expor todos os fariseus, mas pretende mostrar, com um fariseu específico, o perigo ao qual uma estrita observância da lei pode levar: sentimento de superioridade moral! Todos nós temos um pouco disso em nós. A referência é a todos nós. Quem de nós nunca disse em silêncio: "Estou tão feliz por não ser como aquele outro ali!" Ou talvez ainda pior e mais perigosamente: "Nós: os bons – Os outros: os depravados!" É assim que sempre começou toda agitação nacionalista – e é assim que ela começa hoje de novo. A armadilha da interpretação errônea fecharia sua tampa com estrondo se o fariseu da parábola fosse visto não apenas como uma caricatura de todos os fariseus, mas de todos os judeus em geral. Então teríamos perdido por completo não só o sentido desta parábola, mas teríamos esbofeteado o próprio Jesus.

20 O bom samaritano (Lc 10,30-35)

Assim como a parábola do "fariseu e do publicano", a do "bom samaritano" também pertence ao material especial de Lucas. Ela está inserida num diálogo entre Jesus e um mestre da Lei (10,25-30.36-37). Vou deixar de lado o diálogo, pois não é necessário para entender a parábola original. Provavelmente, foi adicionado posteriormente em torno do texto da parábola e, aparentemente, com a função de uma "interpretação secundária da parábola".

> Um homem descia de Jerusalém a Jericó. Pelo caminho, caiu nas mãos de assaltantes. Estes, depois de lhe tirarem tudo e de o espancarem, foram embora, deixando-o quase morto. Por acaso, desceu pelo mesmo caminho um sacerdote. Ele o viu e passou adiante. Do mesmo modo um levita, passando por aquele lugar, também o viu e passou adiante. Mas um samaritano, que estava de viagem, chegou até ele. Quando o viu, ficou com pena dele. Aproximou-se, tratou das feridas, derramando nelas azeite e vinho. Depois colocou-o em cima da própria montaria, conduziu-o à pensão e cuidou dele. Pela manhã, tirando duas moedas de prata, deu-as ao dono da pensão e disse-lhe: "Cuida dele e o que gastares a mais, na volta te pagarei" (Lc 10,30-35).

Mais uma vez, Jesus contrapõe pessoas: na parábola anterior, o fariseu em relação a um publicano; aqui, o sacerdote e o levita em relação a um samaritano. É um contraste que não poderia ser mais agudo. O sacerdote e o levita vêm de Jerusalém. Pois eles estão descendo em direção a Jericó. Possivelmente pelo Wadi Qelt, por onde ainda hoje se pode descer de Jerusalém para Jericó. Quem percorre tal trajeto pode ter uma ideia de como esse caminho era estreito, de difícil visibilidade e propenso a assaltos.

Mais importante ainda: o sacerdote e o levita estão retornando para casa após seu serviço no Templo. Muitos sacerdotes moravam em Jericó naquela época. Isso era imediatamente claro para os ouvintes da parábola e eles também conheciam as condições da estrada.

Portanto, o samaritano é colocado em contraste com o sacerdote e o levita. Os samaritanos eram desprezados pelos judeus. Eram vistos como um povo misto que não vivia mais na verdadeira fé de Israel. Depois que os assírios conquistaram o Reino do Norte no século VIII a.C., eles deportaram parte da população e, no lugar dos deportados, assentaram pessoas da Babilônia e da Síria (2Rs 17,5-6.24; Esd 4,10). Por isso, os samaritanos tinham má fama entre os judeus.

Por outro lado, os samaritanos também respondiam com hostilidade e ódio. Um grupo de samaritanos conseguiu, ainda durante a vida de Jesus, espalhar ossos humanos no pórtico e em todo o Templo durante a festa de Pessach à noite, a fim de tornar "impuro" o local sagrado[77]. É necessário compreender esse contexto para ter uma ideia de como os ouvintes da época reagiram ao auxílio prestado pelo samaritano. Surpresos? Perplexos? Incrédulos? Irritados? Chocados?

Analisemos também a forma desta parábola! Como muitas parábolas de Jesus, seu início é bastante conciso. Quantas coisas o narrador poderia ter elaborado a respeito do assalto! Que pintura emocionante poderia ter dado a essa cena! No entanto, Jesus sabe onde pôr mais ênfase e onde não. Ele apenas diz:

---

77. JOSEFO. *Antiguidades* XVIII 2,2 (§ 30).

Um homem descia de Jerusalém a Jericó. Pelo caminho, caiu nas mãos de assaltantes. Estes, depois de lhe tirarem tudo e de o espancarem, foram embora, deixando-o quase morto.

A narração de um assalto não poderia ser mais curta e concisa. Em seguida, o sacerdote e o levita passam por ali. Agora, a narrativa se torna ainda mais enxuta. Apenas o essencial é mencionado. Por duas vezes somente a pequena frase: "Ele o viu e passou adiante." Este "ele viu" aparece então uma terceira vez: no caso do samaritano. Ele também "vê" – e então tudo muda. *Ele* não passa adiante. Mas não é apenas a narrativa que muda seu rumo. Até mesmo o estilo narrativo muda. Pois agora o narrador, de repente, estende-se, a narrativa se torna mais minuciosa. Ela entra em pormenores: O samaritano é tomado por profunda compaixão. Ele vai até o meio-morto. Limpa suas feridas com azeite e vinho. Trata de suas feridas. Ele o coloca em seu próprio animal... Comprimir uma sequência de ações no início e então, de repente, passar para uma "câmera lenta" – isso é arte narrativa elevada num espaço mínimo.

Provavelmente Jesus aprendeu muito com o Antigo Testamento. Na narrativa da "amarração de Isaac" em Gênesis 22, pode-se observar a mesma técnica narrativa: primeiramente, há uma concisa narração. Tudo o que é irrelevante é omitido. Mas quando Abraão e seu filho Isaac chegam ao local do sacrifício, a narrativa desacelera e quase para (cf. Gn 22,9-10)[78].

O que Jesus quer dizer com esta parábola? Não pode ser por acaso que aqui aconteça algo que Jesus normalmente não fornece nas parábolas[79]: um lugar específico para a ação. Ela

---

78. Assim é a interpretação magistral de Gênesis 22 por Gerhard von Rad em seu comentário sobre o Gênesis (cf. VON RAD, G. *Das erste Buch Mose*, p. 206).

79. Em outra parte, isso ocorre somente na "parábola do fariseu e do publicano" (Lc 18,9-14), que acontece no Templo, e na "parábola da rede de pesca" (Mt 13,47s.), que se situa no Mar da Galileia.

se passa exatamente entre Jerusalém e Jericó. Jesus poderia perfeitamente ter situado a narrativa em outro lugar. E ele não precisaria necessariamente escolher o pessoal do Templo como aqueles que omitem ajuda.

O fato de Jericó como cidade sacerdotal, Jerusalém com seu Templo e um sacerdote e um levita estarem envolvidos não pode ser coincidência. Qualquer pessoa que conheça a Escritura Sagrada deve pensar nos textos dos profetas, nos quais os sacrifícios no Templo são julgados como abominação a Deus se não forem acompanhados de amor ao próximo e misericórdia. "Porque eu quero amor e não sacrifícios, conhecimento de Deus mais que holocaustos", como é dito no Livro de Oseias (6,6). O sacerdote e o levita acabam de sair do serviço de sacrifício no Templo, mas passam longe do homem caído no chão. Será que estão preocupados em não se tornarem impuros devido às suas obrigações cultuais?[80] Isso não pode ser o que nossa parábola quer dizer. Dessa maneira, ela nivelaria o contraste entre, de um lado, o sacerdote e o levita e, de outro, o samaritano, e assim se neutralizaria a si mesma, pois, nesse caso, cada um dos lados estaria igualmente seguindo uma parte da Lei.

Devemos tomar como ponto de partida a pregação de Jesus. Jesus aparentemente quer dizer: "Agora que o Reino de Deus está começando, finalmente em Israel deve-se cumprir o que os profetas nunca cessaram de exigir. No mais tardar agora, a unidade entre o culto a Deus e o amor ao próximo deve se tornar realidade".

Não se vê nada dessa unidade no sacerdote e no levita, mas sim no samaritano, embora ele celebre seu culto a Deus no

---

80. Lv 5,3; 21,1-6; Ez 44,25ss.

Monte Gerizim. E aqui me parece estar o verdadeiro ponto da parábola: Jesus quer preparar e reunir todo Israel – e quer fazê-lo para o que agora está se aproximando: o reinado de Deus. E para ele, aparentemente, os samaritanos desprezados fazem parte do povo de Deus[81]. Jesus não aceita a separação e o ódio vigentes entre os dois grupos (cf. Lc 9,54s.). Ele quer superar as divisões em Israel. E ele não faz isso com apelos retumbantes, mas contando uma história. Uma história em que um samaritano mostra misericórdia a um judeu; misericórdia que um sacerdote judeu e um levita judeu não mostraram.

Como seus ouvintes reagiram a essa história? Como eles se sentiram ao ver Jesus fazer que o ato de amor ao próximo partisse de um dos odiados samaritanos, e não de um piedoso judeu? Não sabemos.

Não é raro encontrar em comentários sobre a parábola palavras-chave como "hora da humanidade", "solidariedade humana geral", "amor universal ao próximo", "ética de ajuda universal"; ou é dito que aqui todos os "limites particulares" do amor ao próximo são rompidos. No entanto, essa interpretação não faz justiça à parábola de forma alguma[82]. Aqui – e na Bíblia como um todo – trata-se, em primeiro lugar, de fazer que finalmente seja realizada no povo de Deus *aquela* solidariedade como exigida em Levítico 19,18.34 ou Êxodo 23,4s., e como é

---

[81]. Vendo por esse ângulo, E. Linnemann não corresponde à intenção de Jesus quando escreve (*Gleichnisse Jesu*, p. 60): "Por que Jesus menciona aqui um samaritano e não – como o ouvinte certamente teria esperado, depois do sacerdote e do levita – um judeu laico? Aos olhos do ouvinte, a única coisa que o samaritano tem em comum com os judeus é o fato de que também é um ser humano. Se é ele quem exerce a misericórdia, então esta é algo que o ser humano faz ao outro ser humano".

[82]. Essa interpretação é contestada, com razão, por SCHOTTROFF, L. *Die Gleichnisse Jesu*, 171s.

descrita exemplarmente em 2Crônicas 28,15[83]. Se fosse vivida em Israel, poderia ser vivida também no mundo.

21 Os dois filhos desiguais (Mt 21,28-31)

A próxima parábola[84] também trabalha com o recurso estilístico do contraste: dois irmãos são colocados um diante do outro; eles reagem à instrução de seu pai de maneiras diferentes. A parábola provém do material especial de Mateus. Também aqui eu deixo de lado o contexto em que a parábola está inserida, em que diferentes elementos da tradição foram secundariamente combinados. Consideremos a parábola independentemente de seu contexto:

> Um homem tinha dois filhos. Foi até o mais velho e disse: "Filho, vai hoje trabalhar na vinha". Ele, porém, respondeu: "Não quero ir". Mas depois se arrependeu e foi. Foi, então, até o outro filho e falou a mesma coisa, e ele respondeu: "Vou, senhor". Mas não foi. Qual dos dois fez a vontade do pai? (Mt 21,28-31).

Esta parábola se destaca ainda mais do que outras pela sua extrema concisão e incisividade. Ela é construída com um paralelismo cuidadosamente executado. O conjunto pode ser representado da seguinte forma:

---

83. Em 2Cr 28,15, encontramos as palavras-chave "vestir", "dar de comer e beber", "ungir", "pôr sobre animais de montaria" e "Jericó". – Sobre o tema frequentemente mal interpretado do amor ao próximo na Bíblia, cf. mais detalhadamente: LOHFINK, G. *Was meint das Liebesgebot?*

84. No caso da parábola de Mateus 21,28-32, há um problema de crítica textual. Desconsiderando uma terceira variante, completamente improvável, existem duas versões concorrentes, que atestam ter um peso mais ou menos igual em termos de história textual: na versão A, que eu prefiro, o primeiro filho inicialmente recusa, mas depois acaba indo. O segundo filho assente, mas não vai. Na versão B, é exatamente o contrário: o que diz "sim", mas não vai, aparece primeiro, enquanto o que diz "não", mas depois vai, aparece no final. Como, posteriormente, aquele que diz "sim", mas não vai, foi interpretado como uma referência aos judeus, e aquele que inicialmente refuta, mas depois vai, como uma referência aos gentios, pode ser que a ordem tenha sido invertida: primeiro vêm os judeus, depois os gentios. Por isso, prefiro aqui a versão A.

A 1 Introdução
  B 1 Instrução do pai para o 1º filho
  B 2 Resposta do 1º filho
  B 3 Ação do 1º filho
  C 1 Instrução do pai para o 2º filho
  C 2 Resposta do 2º filho
  C 3 Ação do 2º filho
A 2 Pergunta do narrador

Obviamente, outras das parábolas de Jesus discutidas até agora também tinham uma estrutura tão bem definida com esta. Mas é bom esclarecer a rigorosa estrutura das parábolas de Jesus num único exemplo de forma mais detalhada, pois isso ajuda a perceber por que textos desse tipo puderam ser facilmente transmitidos.

Algo semelhante ocorre com piadas. Por que muitas pessoas (embora nem todas) podem recontar piadas sem dificuldade? Simplesmente porque as piadas são claramente estruturadas, consistem em frases curtas e rumam para uma conclusão engraçada. Um exemplo:

> O padrinho do pequeno Jona liga. Jona atende.
> "Ei, Jona, chama o papai para mim!"
> Jona sussurra baixo e um pouco nervoso:
> "Não dá." "Por que não dá?" "Ele está ocupado."
> "Então chama a mamãe!"
> Jona, novamente em sussurros:
> "Também não dá." "Por que também não dá?"
> Jona bem baixinho: "Ela também está ocupada. A polícia está aqui em casa agora."
> O padrinho, cada vez mais inquieto: "O que está acontecendo aí? Então chama alguém da polícia!" "Isso também não dá." "Por quê?" "Eles também estão ocupados, e os bombeiros também estão aqui."

O padrinho, agora claramente agitado: "Meu Deus, com o que estão todos ocupados?"
Jona: "Psiu, não fale tão alto. Eu me escondi com o telefone embaixo do sofá, e todos estão me procurando".

O motivo pelo qual me recordo dessa piada e já a contei várias vezes está relacionado com sua construção estereotipada das frases e com as repetições frequentes, como, por exemplo, os termos "ocupado", "ocupada", "ocupados". O esquema 3 + 1 também contribui para uma memorização rápida e uma repetição exata, um esquema que leva ao ápice no quarto elemento. Já conhecemos esse esquema da fábula de Jotão (Jz 9,8-15) e da parábola de Jesus sobre a "colheita abundante" (Mc 4,3-9). E nós o reencontraremos na parábola dos "camponeses violentos" (Mc 12,1-12). – Também é importante para nossa piada o papel do "discurso direto" e do "diálogo". Ambos são encontrados frequentemente nas parábolas de Jesus e em formas narrativas populares em geral. – Contudo, na narração popular também é característica a seguinte observação: uma boa piada não pode ter uma longa exposição; ela deve ir direto ao assunto. Tudo o que pode ser deixado de lado é eliminado para que a "estrutura narrativa" fique mais concisa. Como vimos repetidas vezes, Jesus utiliza essa técnica de omissão de maneira magistral.

Por fim, mais uma observação: no caso da piada do "pequeno Jona", a tensão sinistra vai aumentando: o pai está ocupado. Em seguida, descobre-se que a mãe também está ocupada. Isso ainda pode ser aceitável. Mas a coisa continua: A polícia está presente, e ela também está ocupada, e finalmente até mesmo os bombeiros entram em cena. Com o que eles poderiam estar ocupados? Todo ouvinte naturalmente pensa agora: a casa está em chamas. Mas a situação é completamente diferente.

Jesus também usa o recurso da "escalada" com a maior naturalidade: na parábola da "colheita abundante" (Mc 4,3-9), a destruição da semente pelos opositores se torna cada vez mais eficaz; da mesma forma, os camponeses na parábola de Marcos

12,1-12 se tornam cada vez mais violentos. E no caso da parábola do "banquete" (Lc 14,16-24), não apenas o primeiro convidado recusa, mas também o segundo e, finalmente, até mesmo o terceiro, mostrando como o recurso da "escalada" é usado aqui.

Nossa parábola dos "filhos desiguais" apresenta, portanto, uma estrutura rígida. É minuciosamente bem pensada e até mesmo tem sua piada. Além de sua forma concisa, ela contém uma reviravolta que nos deixa atônitos: o primeiro filho dá uma resposta negativa, mas age de forma positiva – o segundo dá uma resposta positiva, mas age de forma negativa. Isso resulta num quiasma, ou seja, numa estrutura cruciforme:

	Resposta	Ação
1º filho:	negativa	positiva
2º filho:	positiva	negativa

O conto possui ainda outro refinamento: é a diferença nas três formas de tratamento. O pai se dirige a seus dois filhos com amor, quase ternura. O primeiro filho responde ao pai de forma grosseira, até mesmo insolente. O segundo filho, por outro lado, fala com o pai de maneira cortês, respeitosa, quase devota. Desta forma, a história atinge seu ápice: o filho rude faz a vontade do pai – o filho que fala de modo submisso não a faz. Com esses pequenos recursos linguísticos, o contraste entre os dois filhos é nitidamente delineado. Tudo isso, somado, mostra que essa parábola não poderia ser narrada de forma mais detalhada, e provavelmente nunca o foi.

Mas agora falemos sobre o conteúdo! Até agora, pudemos constatar repetidamente que as parábolas de Jesus falam sobre o Reino de Deus. Mas será que este é também o caso aqui? Ao estudar os comentários sobre nossa parábola, encontramos nos exegetas certa perplexidade. O que Jesus quer dizer com esta parábola afinal? Será que se trata simplesmente da obediência a Deus, talvez até mesmo da observância dos mandamentos? Essa parábola tem alguma relação com a atividade de Jesus? Tem algo a ver com sua proclamação do Reino de Deus, ou trata-se de padrões de comportamento atemporais em relação a Deus?

Em minha opinião, essa perplexidade é desnecessária. Se olharmos mais de perto, o tema da vinha já dá uma pista. A vinha, no Antigo Testamento, muitas vezes é uma imagem de Israel, ou seja, do que está no coração de Deus, do que ele está fazendo no mundo[85]. E a "vontade de Deus" na Bíblia pode ser mais do que apenas a Torá a ser seguida. A "vontade de Deus" muitas vezes é o que Deus está pondo em movimento agora: seus propósitos, sua causa, seu plano[86].

Nesse sentido, essa parábola trata da colaboração na causa de Deus, do comprometimento com o Reino de Deus. Existem aqueles que dizem não, que inicialmente não querem de jeito nenhum, que têm outras coisas em mente, mas depois reconhecem o que o momento exige que se faça. E existem aqueles que dizem sim, que proferem belas palavras diante de Deus, mas absolutamente não se comprometem com a vontade real de Deus.

Como a ênfase de uma parábola geralmente reside no final, a parábola dos "filhos desiguais" é um aviso urgente para não ignorar os sinais dos tempos, mas se engajar no iminente reinado de Deus e responder ao chamado do momento. Temos,

---

85. Cf. esp. Salmo 80,9-17 e Isaías 5,1-7.
86. Sabedoria 9,13-18; Mateus 18,14; Atos 22,14s.; Efésios 1,3-14.

assim, uma parábola assustadora e ao mesmo tempo reconfortante. Assustadora para aqueles que fazem grandes discursos diante de Deus – reconfortante para todos aqueles que, diante do chamado de Deus, ficam inicialmente perturbados, protelam sua resposta e depois seguem a vontade divina.

"Um homem tinha dois filhos": essa é a história de todos nós. Talvez tenha sido também a história daqueles em Israel que levavam uma vida distante de Deus, mas então seguiram Jesus – e a história daqueles que, diante de Deus, oravam diariamente, mas se recusavam a aceitar Jesus.

22 O rico e o pobre (Lc 16,19-31)

A parábola do "rico e o pobre" nos é transmitida apenas por Lucas. Está inserida numa composição mais ampla de discursos (Lc 16,1-31), que trata do uso correto da riqueza (cf. 16,1.9.13.14.19).

> Havia um homem rico que se vestia com roupas de púrpura e linho finíssimo. Todos os dias dava esplêndidos banquetes. Um pobre, de nome Lázaro, coberto de feridas, ficava deitado junto ao portão do rico. Desejava tanto matar a fome com o que caía da mesa do rico. Em vez disso eram os cães que vinham lamber-lhe as feridas! Aconteceu que o pobre morreu e foi levado pelos anjos para o seio de Abraão. Também o rico morreu e foi sepultado. E na morada dos mortos, em meio aos tormentos, levantou os olhos e viu de longe Abraão e Lázaro ao seu lado.
> Ele então gritou: "Pai Abraão, tem piedade de mim. Manda que Lázaro molhe a ponta do dedo e venha refrescar-me a língua, porque sofro nestas chamas". Respondeu Abraão: "Filho, lembra-te de que em vida recebeste teus bens e Lázaro seus males. Agora ele aqui é consolado e tu, atormentado. Ademais, entre nós e vós há um grande abismo. Os que quiserem passar daqui para aí não podem, nem tampouco daí para cá".

O rico disse: "Peço-te, então, pai, que ao menos o mandes à casa de meu pai, pois tenho cinco irmãos. Que Lázaro os advirta, a fim de que não venham também eles para este lugar de sofrimento". Mas Abraão respondeu: "Eles têm Moisés e os Profetas. Que os escutem". Disse ele: "Não é isso, pai, é que se algum dos mortos fosse até lá, eles se converteriam". Ele respondeu-lhe: "Se não ouvem Moisés e os Profetas, tampouco acreditarão se um morto ressuscitar" (Lc 16,19-31).

Essa parábola começa com um contraste acentuado. Novamente, dois indivíduos são contrapostos – desta vez um rico e um pobre. A oposição entre ambos é pintada com as cores mais vibrantes: O rico veste-se de púrpura, ou seja, com túnicas tingidas de púrpura. A cor púrpura era tão cara que apenas os abastados podiam se dar ao luxo de usar vestimentas desse tipo. O mesmo se aplica às roupas de baixo do rico. Eram feitas de bisso, o mais fino linho, branqueado com um branco resplandecente. – O pobre não tem roupas; seu corpo é coberto por feridas.

Dentro de seu palácio, o rico realiza banquetes luxuosos – o pobre, por outro lado, passa fome. Ele está deitado diante do portão (a residência do rico tem seu próprio portal) e comeria de bom grado os restos que estão debaixo das mesas lá dentro. Mas ninguém lhe dá nem mesmo isso. Em vez disso, cães lambem suas úlceras. Com isso, o narrador não está se referindo de modo algum ao comportamento bondoso de cães domésticos fiéis. Os cães eram desprezados em Israel. Ele está se referindo aos cães sem dono e selvagens que caçavam em matilhas pelas cidades do Oriente, devorando o que conseguissem alcançar. Eles incomodam o pobre. Ele não tem mais forças para se defender deles.

Com essas indicações, Jesus destacou claramente a insensibilidade do rico. Ele não precisava dizer mais nada. O rico vive em total indiferença para com a miséria do pobre. O pobre do lado de fora do portão nem é considerado por ele. Ele é responsável pela morte do pobre.

Nesta introdução da parábola, nada é exagerado. Na Antiguidade, nos banquetes dos ricos, os restos de comida eram realmente jogados no chão. Muitas vezes eram ossos meio roídos, sobras de carne ou até mesmo fatias de pão usadas para limpar as mãos gordurosas. Em grandes mansões, nas salas de jantar, havia até mosaicos no chão que retratavam esses detritos de forma estética altamente decorativa[87].

É o que tínhamos a dizer sobre a organização da parábola! Então o pobre morre, como também o rico. E agora é necessário observar o contraste: O rico "morre e é sepultado" (não se pode ser mais direto), enquanto o pobre é arrebatado pelos anjos para o "seio de Abraão". Embora a expressão "tão seguro como no seio de Abraão" tenha se tornado um ditado comum, o que ela representa como imagem é frequentemente mal compreendido. O pobre não se aconchega no seio de Abraão, mas a imagem pressupõe um banquete antigo, onde sempre dois participantes se reclinavam um de frente para o outro – especialmente o convidado de honra em frente ao anfitrião[88]. Jesus quer que seus ouvintes imaginem o banquete escatológico, no qual, como ele mesmo formulou em outro lugar, "Muitos virão do Oriente e do Ocidente sentar-se à mesa com Abraão, Isaac e Jacó no reino dos céus" (cf. Mt 8,11; Lc 13,28-29). Lázaro, portanto, é participante do banquete interminável do Reino de Deus e tem o lugar de honra em frente a Abraão. Ele não pôde participar dos banquetes do rico – agora ele tem o lugar de honra junto a Abraão.

---

87. Cf. as ilustrações em SCHOTTROFF, L. *Die Gleichnisse Jesu*, p. 221.224b.
88. Cf. o artigo fundamental de SOMOV, A.; VOINOV, V. "Abraham's Bosom".

Até este ponto, tudo seguiu pelas trilhas habituais das parábolas. No entanto, há uma mudança no que os ouvintes acostumados com parábolas esperam. Pois agora ocorre um longo diálogo entre o rico, que está sofrendo no mundo dos mortos, e o patriarca Abraão. O diálogo abrange nada menos que três interações, excedendo, de longe, todos os outros diálogos nas parábolas de Jesus.

Tão incomum quanto a forma é o que é discutido neste diálogo. Primeiramente, o rico pede que Lázaro seja enviado até ele para trazer um mínimo de refrigério para seu tormento ardente. Mas isso é impossível, pois ele havia recebido todos os "bens" em vida e Lázaro apenas os "males" – agora ocorre uma compensação. Portanto, as circunstâncias se inverteram: o rico agora está em situação de miséria, e o pobre é rico. Mais uma vez, o que o *Magnificat* formula acontece: os poderosos são derrubados de seus tronos, e os humildes são exaltados; os famintos são saciados com bens, e os ricos são despedidos de mãos vazias (cf. Lc 1,52-53). A parábola fornece uma imagem do que está constantemente acontecendo no Reino de Deus.

No segundo passo do diálogo, o rico pede por sua família de origem. "Casa do pai" neste caso é a família da qual ele provém. Ele tem cinco irmãos que vivem do mesmo modo que ele vivera. Se Lázaro não pode mais chegar até ele mesmo, então pelo menos deveria correr até seus irmãos, que precisam ser advertidos com urgência (os ouvintes provavelmente imaginam que ele deve aparecer para os cinco irmãos em sonhos). Mas isso também é impossível. Os cinco irmãos devem apenas seguir Moisés e os profetas. Lá, na Torá e nos livros dos profetas, tudo já foi dito sobre o "como lidar com a riqueza". Claramente, a referência é ao equilíbrio social em Israel: a constante solidariedade no povo de Deus – a ajuda aos oprimidos, empobrecidos, aos sem direitos, diaristas, viúvas, aos órfãos, famintos, doentes, moribundos.

A terceira troca dialógica aprofunda a segunda: o rico insiste que eles certamente ouviriam alguém que voltasse dos mortos. Não, diz Abraão. Se eles não ouvem a ordem social dada por Deus em Israel, então também não darão ouvidos a um mensageiro que ressuscite dos mortos.

Essa parábola, com seu longo diálogo, pode provir de Jesus? Até agora não encontramos nada comparável. Em nenhum lugar há menção ao mundo dos mortos. E agora, de repente, deparamos com um diálogo entre o além e o submundo. Além disso, uma referência a Moisés e aos profetas não é encontrada em nenhuma outra parábola. Será que o conjunto é uma construção posterior posta na boca de Jesus?

Não vejo razão convincente para isso. Apenas a terceira interação dialógica (Lc 16,30s.), que na verdade não traz nada de novo, poderia ser uma adição redacional de Lucas. Então, a parábola teria terminado com o segundo diálogo, sendo concluída de forma bastante eficaz, com a seguinte frase: "Mas Abraão respondeu: 'Eles têm Moisés e os Profetas. Que os escutem'".

O que fala a favor da autenticidade da parábola? Simplesmente o seu tema! Pois o tema da "riqueza" desempenha um papel extraordinário em Jesus. Como já vimos, no início do 1º século depois de Cristo, as diferenças entre ricos e pobres estavam exacerbadas na Palestina. Muitos agricultores na época só conseguiam superar más colheitas com empréstimos e, se não pudessem pagar de volta, perdiam suas propriedades. Além disso, havia a pressão tributária. A disparidade entre os ricos senhores feudais e os trabalhadores assalariados e diaristas extremamente pobres só aumentava. Jesus vivenciou cotidianamente essas condições, que já não tinham mais nada a ver com a ordem social bíblica. Por isso, ele declara bem-aventurados os pobres! Eles podem se alegrar. Pois o Reino de Deus, que agora está começando, porá fim ao seu sofrimento (Lc 6,20).

Mas, acima de tudo, Jesus deve ter testemunhado repetidamente como a ganância pela riqueza e a compulsão de se apegar a posses impediam as pessoas de se abrirem completamente à sua proclamação do Reino de Deus com toda sua vida. A um homem que o questionou sobre a "vida eterna", Jesus disse: "Cumpre os mandamentos". Isso foi uma simples referência à Torá e aos Profetas. Mas o jovem queria fazer mais. Então lhe disse Jesus: "Só te falta uma coisa: vai, vende tudo o que tens, dá o dinheiro aos pobres, depois vem e segue-me" (Mc 10,17-22). Aqui, portanto, a riqueza impedia o seguimento. Jesus certamente teve experiências desse tipo com frequência. Daí o seu "ou-ou":

> Ninguém pode servir a dois senhores. Pois ou odiará um e amará o outro, ou será fiel a um e abandonará o outro. Não podeis servir a Deus e a Mamom (Mt 6,24).

"Mamom" aqui não é nada mais que a riqueza – e especificamente a riqueza e o desejo por ela numa forma quase demoníaca e que escraviza as pessoas. Há outra palavra de Jesus que é ainda mais dura:

> É mais fácil um camelo passar pelo buraco de uma agulha do que um rico entrar no Reino de Deus (Mc 10,25).

O importante neste *logion* é que a riqueza é colocada em oposição radical ao Reino de Deus. Com isso, já estamos próximos de nossa parábola, em que o pobre recebe parte do banquete eterno do Reino de Deus, mas o rico não, e na qual há um abismo intransponível entre o banquete no Reino de Deus e o mundo dos mortos – tão intransitável quanto o buraco de uma agulha para um camelo.

Mas pode se esperar de Jesus que ele aponte tão enfaticamente para a Torá e os Profetas? Afinal, seu tema principal não era o Reino de Deus? Não vejo nenhuma dificuldade neste ponto. O Reino de Deus não está em oposição à Torá, pois no Reino de Deus finalmente se realiza aquilo para o que a Torá e os Profetas já estavam a caminho: uma sociedade que vive inteiramente para Deus e, portanto, inteiramente para o ser humano.

Evidentemente, a parábola é severa. O judeu rico ainda invoca sua descendência de Abraão, mesmo no mundo dos mortos, pois ele se refere a Abraão como seu "pai". Mas João Batista já havia rejeitado esse apelo: "E não vos façais ilusões, dizendo a vós mesmos: Temos Abraão por pai..." (Mt 3,9). Para o Batista, nesta situação escatológica do povo de Deus, trata-se apenas de reconhecer o que a hora presente exige. Jesus pensa da mesma forma. Agora, neste momento, é crucial abandonar tudo o que se opõe ao Reino de Deus – e isso inclui, entre outras coisas, a riqueza e, com ela, a falta de misericórdia para com os pobres.

Por fim, o fato de que nesta parábola apareça um longo diálogo com duas (ou talvez até três) trocas não deve nos surpreender: Jesus não se limita a uma forma específica em suas parábolas. Ele trabalha com muitas variações e sempre com novas surpresas. Em breve conheceremos outra parábola, a do "rico insensato" (Lc 12,16-20), onde no monólogo interno do agricultor rico se insere outro: "Então poderei dizer à minha alma..." (Lc 12,19).

Toda a nossa parábola é um aviso urgente e incisivo para não nos ampararmos numa riqueza que não só nos torna completamente indiferentes à pobreza nua dos nossos irmãos e irmãs no povo de Deus, mas que também torna impossível o acesso ao Reino de Deus.

Não precisamos nos chocar com a estrutura de dois níveis – aqui o submundo, ali o banquete no Reino de Deus. Jesus usa imagens familiares aos seus ouvintes para ilustrar a seriedade da situação. Perguntar se o rico está apenas num estado intermediário, como um tipo de "purgatório", ou já está no "inferno", é completamente irrelevante para esta parábola. O texto não está interessado nisso.

23 As dez virgens (Mt 25,1-13)

Há muito já deve estar claro que Jesus, em suas parábolas, frequentemente contrasta indivíduos ou grupos de pessoas:

um diarista e um comerciante (Mt 13,44-46),
um filho mais novo e um mais velho (Lc 15,11-32),
um juiz e uma viúva (Lc 18,1-8),
um fariseu e um publicano (Lc 18,10-14),
dois funcionários do Templo e um samaritano (Lc 10,30-35),
um filho obediente e um desobediente (Mt 21,28-31),
um rico e um pobre (Lc 16,19-31)

e agora, cinco virgens prudentes com cinco virgens tolas (Mt 25,1-13):

> O reino dos céus será semelhante a dez virgens que saíram com suas lâmpadas ao encontro do noivo. Cinco eram tolas e cinco prudentes. Pegando as lâmpadas, as tolas não levaram óleo consigo. Mas as prudentes levaram reservas de óleo junto com as lâmpadas. Como o noivo demorasse, todas cochilaram e adormeceram. À meia-noite, ouviu-se um grito: "Lá vem o noivo! Saí-lhe ao encontro". Todas as virgens acordaram e se puseram a preparar as lâmpadas. As tolas disseram às prudentes: "Dai-nos um pouco de vosso óleo, porque nossas lâmpadas estão se apagando". Mas as prudentes responderam: "Não temos o suficiente para nós e para vós; é melhor irdes aos vendedores comprar". Enquanto elas foram comprar, chegou o noivo. As que estavam prontas entraram com ele para a festa do casamento, e a porta foi fechada. Mais tarde, chegaram as outras virgens e gritaram: "Senhor, senhor, abre-nos a porta".

Mas ele respondeu: "Na verdade, não vos conheço".
Vigiai, pois, porque não sabeis nem o dia nem a hora
(Mt 25,1-13).

Essa parábola foi mal compreendida nas últimas décadas, não só por pregadores que avançaram sobre texto com *slogans* humanistas, mas também por alguns estudiosos do Novo Testamento. O "Não vos conheço" do noivo não é ofensivo? Por que fechar a porta na cara das jovens que tiveram um contratempo? Onde estão o humor e a generosidade nisso? Esse gesto irritado do noivo não é simplesmente absurdo e repulsivo? Além disso, esse noivo não age como aqueles dos quais Jesus diz: "Hipócritas, que fechais o reino dos céus aos outros!" (Mt 23,13)? Estas e semelhantes questões agora são ouvidas ou lidas com frequência cada vez maior.

De fato, a ação do noivo realmente necessita explicação. Será que há aqui, no final, um caso semelhante ao da parábola do "banquete" (Mt 22,1-14; Lc 14,16-24)? Lá, Mateus havia acrescentado à versão original da parábola, conforme ainda é perceptível em Lucas, o episódio do homem sem vestimenta de festa nupcial. No caso de Mateus 22, podemos entender as objeções dos ouvintes de hoje. Se uma pessoa é repentinamente levada da rua para um banquete nupcial da realeza, está certamente *mal vestida*. E por isso é, então, amarrada pelos pés e pelas mãos e lançada nas trevas exteriores?

No entanto, tínhamos visto que Mateus, no caso do "banquete", expandira a parábola original de Jesus para uma visão geral da história da salvação – com vistas à destruição de Jerusalém e às desordens nas comunidades cristãs. Portanto, é necessário escutar exatamente o que Mateus quer, de fato, dizer.

Agora, no caso da história das dez virgens, poderia estar ocorrendo algo semelhante. Mateus inseriu essa parábola num contexto que fala inicialmente sobre a parusia de Cristo

(Mt 24,30.37.39.44.50) e depois sobre o juízo universal (Mt 25,31-46). O noivo, que só vem tarde da noite, que deve ser esperado com tochas acesas e tem o poder de dizer "Eu não vos conheço", é o Cristo que retorna.

Nós até sabemos com certa segurança de onde Mateus obteve o material da porta fechada, do pedido "Senhor, abre-nos a porta!" e do "Eu não vos conheço". Muito provavelmente ele o extraiu da Fonte Q. Pois Lucas nos apresenta esse material num contexto completamente diferente (cf. Lc 13,24-27) – e em Mateus há outros ecos desse material, especificamente no Sermão da Montanha (7,13-14.22-23). O texto em questão na Fonte Q deve ter sido algo parecido com isto, com pequenas variações:

> Esforçai-vos por entrar pela porta estreita, porque eu vos digo que muitos tentarão entrar e não conseguirão. Depois que o dono da casa se levantar *e fechar a porta*, começareis a bater do lado de fora, dizendo: "Senhor, abre-nos a porta". Mas ele responderá: "Eu não vos conheço [e não sei] de onde sois". Então começareis a dizer: "Nós comemos e bebemos contigo e ensinaste em nossas praças". E ele vos responderá: "Não vos conheço [e não sei] de onde sois" (Lc 13,24-27).

Portanto, há indícios que apoiam a ideia de que Mateus conhecia o material da parábola citada. No entanto, ele não o incorporou integralmente ao seu evangelho. Em vez disso, ele usou os elementos que coloquei em destaque para fornecer um final marcante para a parábola das "dez virgens"[89].

Não devemos menosprezar esse novo final, nem a redação mateana como um todo. Para Mateus importa o *kairos* perdido, a hora não aproveitada. A história da Igreja mostrou a frequência com que os cristãos não reconheceram a hora em que

---

89. O v. 13 ("Vigiai, pois...") também é um acréscimo de Mateus.

deveriam ter agido. Então se fechava uma porta que não se abria novamente com rapidez. Jesus já devia ter experimentado essa mesma situação: naquela época, a maior parte do povo de Deus corria o risco de não reconhecer a hora decisiva de sua história.

Evidentemente, podemos nos perguntar como originalmente se parecia o fim da parábola das "dez virgens". Resposta: talvez o cortejo nupcial com o noivo, a noiva e as cinco virgens com tochas acesas tenha simplesmente alcançado seu destino, e o banquete nupcial tenha começado, enquanto as virgens tolas ainda estavam a caminho em busca de óleo. Elas não estavam presentes no evento crucial. Elas se excluíram a si mesmas.

Naturalmente, aqui surge, de imediato, a questão adicional do que essa parábola assim reconstruída realmente queria dizer. Mas, antes disso, enfrentamos a ameaça de uma segunda objeção, novamente nascida da tolerância moderna – uma objeção frequente que hoje é levantada com muito mais intensidade do que a objeção contra a intolerância do noivo: que tipo de pessoas são essas "virgens prudentes" mesquinhas, que não querem compartilhar seu óleo com as outras? Não são elas frias e pouco solidárias, calculistas e desapiedadas? E assim, as virgens prudentes se tornam, de uma vez, personagens negativas, enquanto as tolas se tornam encarnações dos marginalizados, dos pobres e humilhados. Agora toda a simpatia é dirigida a elas, e nós nos identificamos com elas.

No entanto: tais posições passam completamente ao largo da matéria de nossa parábola, pois ignoram os costumes de casamento na época de Jesus. Tais posições simplesmente julgam um texto de dois mil anos segundo suas próprias concepções e nem procuram entender uma narrativa proveniente de uma época e uma cultura diferentes. Para fazer justiça a nossa parábola, precisamos ter clareza sobre o significado de um casamento naquela época.

1. O casamento era um evento decisivo, até mesmo *o* evento decisivo, na vida das pessoas em Israel. Além disso, era uma imagem da aliança entre Deus e seu povo (Is 62,4s.; Jr 2,2; Ez 16,8; Os 2,21s.). E era um acontecimento que ocupava um amplo espaço no coração e na realidade. Uma festa de casamento muitas vezes durava vários dias (Gn 29,27; Jz 14,12; Tb 8,19), e, em áreas rurais, toda a aldeia e muitos convidados participavam. Um casamento era um assunto público. Mas cada casamento era elaborado e custoso não apenas por isso. Além de tudo, havia o *mohar*, o dote dos pais do noivo, muitas vezes de alto valor.

2. Para a noiva, o casamento significava uma mudança na vida, algo que hoje mal podemos imaginar, porque não vivemos mais em famílias extensas sólidas. Significava a separação de sua própria família e a entrada na família estranha do marido (Sl 45,11.17). Daí também a solene maneira como o noivo traz a noiva para casa. Esse ato marca a transição da noiva para a família do noivo. E desempenha um papel importante em nossa parábola.

3. Que o noivo se atrase durante essa acolhida da noiva para a casa não é de maneira alguma um acaso. Embora saibamos muito pouco sobre os costumes matrimoniais em Israel na época de Jesus, há inferências válidas extraídas dos rituais de casamento ainda observados na Palestina até os dias de hoje. Poderia fazer parte dos costumes de casamento que a procissão do noivo até a casa da noiva fosse repetidamente interrompida – e isso pela família da noiva. Não se tratava mais da negociação do dote. Este já fora entregue havia muito, e assim o casamento estava legalmente concluído. Em vez disso, durante essas paradas, eram regateados pequenos presentes adicionais seguindo o princípio: quanto mais bela e valorosa a noiva, mais numerosos os presentes para o clã da noiva. Caso possamos contar com

atrasos comparáveis na procissão do noivo até a casa da noiva já na época de Jesus, a demora do noivo não é um acaso e muito menos é atribuível à sua estultice. Havia um sistema nisso, e as damas de honra sabiam exatamente o que se devia esperar.

4. No entanto, deixando de lado costumes nupciais, nossa parábola pressupõe como obviedade no seu enredo narrativo que as dez jovens sabiam o que tinham de fazer. Elas deviam ter contado com o fato de que a chegada do noivo demoraria muito. Se quisessem fazer justiça a seu ofício honroso, tinham de ter óleo suficiente para embeber suas tochas (feixes de galhos envoltos em trapos) várias vezes. É até mesmo de supor que as tochas que elas traziam do cortejo para a casa do noivo continuassem queimando lá dentro, em suportes, para iluminar a festa.

5. Em todo caso, não devemos subestimar o papel das amigas da noiva que carregavam tochas. Elas eram de grande importância para a festa. Se todas chegassem com tochas apagadas, seria uma vergonha profunda para a noiva e motivo de falatório no vilarejo por anos. Então, de fato, "as luzes se apagariam". Hoje em dia, não podemos mais imaginar quão rapidamente a honra da noiva era ferida no Oriente. Sua honra era um bem precioso que precisava ser protegido a todo custo. E também, obviamente, a honra do noivo! Um cortejo de casamento sem tochas acesas – como nossa parábola simplesmente assume – teria sido uma catástrofe. As jovens sábias, que não queriam compartilhar, salvaram a festa. Não querer ver essas coisas e discriminar a mentalidade da época com ideias atuais é nada mais do que uma forma de imperialismo cultural barato.

Mas afinal, o que Jesus quer dizer com essa parábola? O que é exigido das dez moças é circunspecção e prontidão. Pois está em jogo algo muito importante: a festa. Podemos concluir com certeza: trata-se da festa nupcial entre Deus e Israel, trata-se da festa do reinado de Deus. Este evento, que os profetas haviam aguardado, está aqui agora (Mc 2,19). O momento chegou. Agora tudo dependerá de o povo de Deus reconhecer a hora e suas luzes estarem acesas. Essa situação só acontece uma vez. Não pode ser repetida. Na parábola das dez virgens, o que está em jogo é se o povo de Deus reconhece os sinais dos tempos e age de acordo. É semelhante à parábola do grande banquete em Lucas 14,16-24: a festa deve acontecer.

24 A figueira estéril (Lc 13,6-9)

Na parábola das "dez virgens", o âmbito das imagens nos causou dificuldades. Sabemos muito pouco sobre os costumes nupciais que existiam na época de Jesus em Israel. Esse não é o caso da próxima parábola do material exclusivo de Lucas. Aqui tudo é claro e simples no âmbito das imagens.

> Um homem tinha uma figueira plantada em sua vinha. Veio procurar figos dessa figueira, e não achou. Disse então ao viticultor: "Já faz três anos que venho procurando figos desta figueira, e não acho; corta-a! Para que ocupa ainda inutilmente a terra?" Ele, porém, respondeu: "Senhor, deixa-a ainda por este ano, para que eu cave ao redor e ponha adubo. Talvez ela dê fruto; se não der, mandarás cortá-la depois" (Lc 13,6-9).

Perguntemos simplesmente: o que é normal e o que é incomum no que diz respeito às imagens dessa parábola? É perfeitamente normal que uma figueira esteja no meio da vinha. Na Antiguidade, árvores frutíferas, e até mesmo fileiras de grãos, eram cultivadas no interior das vinhas.

Também é normal que haja adubação. Em sua obra sobre agricultura Columela fala de maneira detalhada acerca da produção, armazenamento e aplicação adequada do esterco[90].

---

90. Por exemplo, *De re rustica* II 5.9.15. De resto, cf. DALMAN, G. *Arbeit und Sitte in Palästina*, vol. II, p. 142-146 e BEN-DAVID, A. *Talmudische Ökonomie*, vol. I, p. 93-97.

Além disso, é normal que o proprietário da vinha vá repetidamente até a figueira e procure por frutos sob suas grandes folhas, pois a figueira produz frutos duas vezes por ano – primeiro os figos precoces e depois os figos de verão, que, entretanto, não amadurecem todos de uma vez, mas gradualmente. Por fim, é completamente normal que o proprietário da vinha não queira tolerar uma figueira em sua vinha que nunca dá frutos. Pois as figueiras realmente esgotam o solo.

No entanto, é totalmente incomum – e é aqui que certa "extravagância" entra na narrativa – que ao lado do proprietário apareça um viticultor defendendo a figueira. A parábola deixa em aberto qual é seu *status*. Ele é simplesmente chamado de "viticultor". O crucial é que ele faz uma espécie de "intercessão" pela figueira. Ele pleiteia que seja concedido à figueira mais um ano de prazo. Antes disso, ele não só quer revolver a terra ao redor da árvore, mas também quer adubá-la. Isso era incomum, porque as figueiras normalmente não eram adubadas; simplesmente não era necessário. O proprietário da vinha concorda com a proposta extravagante.

E aqui também a pergunta decisiva é evidentemente: o que os ouvintes da época pensaram sobre essa parábola? Eles já viam na figueira mais do que apenas um elemento de seu ambiente cotidiano? Não há na Bíblia textos em que a figueira seja equiparada ao povo de Israel com a mesma ênfase e obviedade que a videira. Não há um amplo "campo de imagens" incluindo Israel como a figueira de Deus. No entanto, em alguns poucos casos, a figueira pode participar da marcante metáfora da videira, como em Joel 1,7 ou, de maneira mais clara, no seguinte texto do Livro de Jeremias:

> Se quero fazer neles uma colheita – oráculo do Senhor – não há uvas na videira, não há figos na figueira, a folhagem está seca: providenciei quem os devaste! (Jr 8,13).

Nesta palavra de Deus, trata-se de Judá, que foi chamado ao arrependimento, mas se recusou. Por isso, agora está ameaçado de grande desgraça. E a razão? "Não há uvas na videira, não há figos na figueira". Aqui, a figueira, assim como a videira, é usada como metáfora para Israel – e a ausência de frutos é a imagem de sua inutilidade.

Assim, os primeiros ouvintes dessa parábola poderiam pressentir que ela concernia ao povo de Deus, ou seja, a eles mesmos. E esse pressentimento poderia ser reforçado ao ouvirem que a figueira deveria ser cortada. Especialmente aqueles que tinham ouvido a pregação de João Batista certamente se recordariam de sua palavra radical: "O machado já está posto sobre a raiz das árvores; toda árvore, que não der bons frutos, será cortada e lançada ao fogo" (Mt 3,10).

No entanto, agora – para surpresa dos ouvintes e em completo contraste com a pregação de João Batista – surge um defensor que pede uma prorrogação para a figueira. Quem é este defensor? O que significa o prazo? Quanto tempo pode durar? A esta altura, no mais tardar, a questão do destino do povo de Deus e, ao mesmo tempo, a questão do próprio destino dos ouvintes provavelmente surgiram para eles. Portanto, a parábola não apenas clama por interpretação. A interpretação já está implicitamente presente em sua metáfora. E mais uma vez nos deparamos com o fenômeno segundo o qual Jesus, indiretamente e de forma velada, fala de si mesmo numa parábola. Não é ele mesmo o viticultor que intercede pela figueira? Não é ele mesmo quem faz tudo o que é possível por ela e ainda espera frutos? De qualquer forma, aqui há uma clara e nova ênfase do sermão de João Batista.

No entanto, permanece a ameaça do julgamento. É uma ameaça amarga. Se o povo de Deus não produzir frutos, ou seja, não reconhecer os sinais dos tempos e não se arrepender, sofrerá a catástrofe.

Foi observado, com razão, que a figueira é a personagem principal silenciosa desta parábola[91]. A figueira aparece no início da parábola, e tudo gira em torno dela. E ela também ainda domina a última sentença. Não se trata aqui apenas de indivíduos em Israel. Trata-se de Israel como um todo, que está à beira da catástrofe. Tudo depende de seu arrependimento. A parábola é um chamado insistente de Jesus para não perder a hora decisiva, o prazo ainda concedido.

25 As crianças briguentas (Mt 11,16-19)

Já observamos várias vezes que "transições" para uma parábola, bem como "interpretações" e "palavras de comentário" adicionadas posteriormente, não precisam fazer parte da parábola original. Na maioria das vezes, trata-se de adições redacionais. No entanto, há exceções. Um exemplo é Mateus 11,16-19. Aqui, a parábola e a interpretação subsequente parecem ter sido conectadas desde o início[92].

> Com quem hei de comparar esta geração? Parecem crianças que ficam sentadas nas praças gritando umas para as outras: "Tocamos para vós a flauta e não dançastes, cantamos lamentações e não batestes no peito". Pois veio João, que não comia nem bebia, e dizem: "Está possuído do demônio". Veio o Filho do homem, que come e bebe, e dizem: "Olhem! Um comilão e um beberrão de vinho, amigo de cobradores de impostos e pecadores" (Mt 11,16-19)[93].

---

91. Cf. HEININGER, B. *Metaphorik*, 123.
92. Isso, no entanto, não se refere ao versículo 19e ("E, no entanto, a Sabedoria é reconhecida como justa por suas obras").
93. Mateus 11,16-19 provém da fonte Q – cf. Lucas 7,31-35. Com exceção de pequenas variantes, Mateus e Lucas são idênticos. Nessas pequenas variantes, Mateus é, com mais frequência, preferível.

Jesus extrai suas parábolas de todas as esferas: da proximidade e da distância, dos cantos dos humildes e do mundo dos poderosos, da vida dos piedosos e do ambiente dos criminosos, do mundo financeiro e da horta – e agora do mundo das crianças.

Ele observa crianças brincando. Algumas delas queriam brincar de casamento e, por isso, tocaram flauta para dançar. Mas as outras não estavam interessadas. Elas não participaram.

Imediatamente, uma segunda cena se desdobra: uma simulação de funeral. Os lamentos das mulheres são imitados. Mas novamente, os outros não participam. Agora há uma disputa. Acusações são trocadas. No fim, não há nenhuma brincadeira.

Tudo isso, no entanto, é formulado de maneira muito mais sucinta. São apenas dois instantâneos que são encadeados. O narrador não diz se a primeira cena envolve meninos (num casamento, são os homens que dançam) e a segunda, meninas (os gritos de lamento num funeral vêm das mulheres). Acima de tudo, o narrador não especifica quem exatamente corresponde a "esta geração", o conceito com o qual a parábola se inicia.

Isso levou os intérpretes a uma verdadeira dança de atribuições: "esta geração" refere-se às crianças que não querem brincar; ou a parábola compara "esta geração" com as crianças que querem brincar; ou "esta geração" é comparada com todas as crianças participantes? Todas essas três possibilidades são continuamente debatidas.

No entanto, esse confuso jogo exegético seria desnecessário se compreendêssemos como funcionam os começos dativos nas parábolas. "Com o reino dos céus sucede como com um tesouro escondido em um campo…" não significa que Jesus esteja comparando o Reino de Deus com um tesouro, mas sim com todo o processo em que um jornaleiro encontra um tesouro e faz fortuna. Da mesma forma, "esta geração" aqui é comparada com todo o processo em que as crianças querem brincar e nunca chegam a brincar, porque não conseguem chegar a um acordo e, no fim, os desmancha-prazeres prevalecem.

O que Jesus quer dizer com essa parábola deveria estar claro: "Esta geração" de Israel – que agora, diante de uma questão de sobrevivência, deve decidir o que realmente quer – não consegue tomar uma decisão. Aqueles que deveriam decidir são como crianças que não conseguem chegar a um acordo e não sabem o que querem afinal. E, nisto, o destino do povo de Deus está em jogo!

Mas tudo isso foi comunicado no plano das imagens. Agora, o narrador deixa de lado a esfera da parábola e, com dois exemplos contundentes, esclarece o que foi dito: esta geração considerava João Batista um possesso, pois ele era um asceta extremamente rigoroso – já Jesus, o Filho do homem, é considerado o oposto, ou seja, um glutão e beberrão de vinho. Jesus cita chavões que giravam em torno dele e de João. Assim como na brincadeira das crianças, aqui também não se consegue chegar a um acordo. Não se gosta do lamento (ou seja, a pregação de penitência de João e seu estilo de vida ascético), e também não se gosta do casamento (ou seja, a proclamação do Reino de Deus e a prática do Reino de Deus por Jesus).

Esta comparação se ajusta tão bem à parábola das "crianças briguentas" que não se deve duvidar da conexão original entre "parábola" e "comentário". O fato de Jesus falar de si mesmo como o "Filho do homem" não é um argumento contra isso. Assim como Jesus em suas parábolas sempre fala de si mesmo apenas de forma indireta, ele também usou a figura do Filho do homem de Daniel 7,13s. para falar de si mesmo e de sua missão indiretamente, na terceira pessoa. Até mesmo o verbo "veio" não necessariamente exige uma retrospectiva do tempo após a Páscoa. E muito menos convincente é a afirmação de que as referências a João e Jesus alegorizaram a parábola. Vimos repetidamente que as parábolas de Jesus podem conter pontos de ancoragem metafóricos já em seu nível das imagens. Jesus não se apega às definições de gêneros literários que os exegetas inventaram para classificar melhor seus textos.

No geral, pode-se dizer: a parábola da "figueira estéril" já nos mostrou a situação tensa e crítica em que o povo de Deus se encontra aos olhos de Jesus, a parábola das "crianças briguentas" ilumina essa situação mais uma vez. O povo de Deus se encontra na crise mais profunda de sua história. E não sabe o que quer.

26 A caminho do tribunal (Mt 5,25-26)

Pode-se debater se o seguinte texto é uma "metáfora" ou uma "parábola". Como contém não menos que cinco "sequências de eventos", optei pelo gênero "parábola". No entanto, seja qual for o parecer aqui, este texto também mostra quantas possibilidades Jesus dominava ao usar a linguagem figurada. A parábola vem da fonte Q (cf. Lc 12,58s.). Tanto Mateus quanto Lucas reelaboraram seu modelo tomado dali. Por isso, excepcionalmente (e apenas a contragosto), não ofereço o texto bíblico, mas uma reconstrução do texto, conforme ele poderia ter sido na fonte Q[94].

> Enquanto estiveres a caminho com o teu oponente, procura livrar-te dele enquanto ainda estás a caminho, para que ele não te entregue ao juiz, e o juiz te entregue ao oficial de justiça, e o oficial de justiça te jogue na prisão. Eu te asseguro que não sairás de lá até que pagues o último *quadrans*.

---

94. Sigo aqui a reconstrução de HOFFMANN, P.; HEIL, C. *Die Spruchquelle Q*, p. 88s.

Tentemos inicialmente obter uma visão clara do processo que nos é apresentado aqui de forma sucinta e compacta: Duas pessoas estão a caminho do juiz – um demandante e um acusado. A parábola deixa em aberto o que exatamente está em jogo. Pode tratar-se de um roubo, mas é mais provável que se trate da cobrança judicial de dívidas. Em todo caso, presume-se que o réu seja culpado.

O elemento especial da parábola é que, do começo ao fim, ela é formulada na segunda pessoa do singular. Justamente desse modo, tudo o que é dito adquire a mais alta urgência.

Além do uso da segunda pessoa do singular, há outro elemento estrutural que sinaliza a urgência de toda a situação: o oponente entregaria o acusado ao juiz, o juiz o entregaria ao oficial de justiça, e o oficial de justiça o jogaria na prisão – isso funciona linguisticamente como um mecanismo bem lubrificado e pretende mostrar: há extremo perigo aqui. Paul Ricœur[95] fala de um "crescendo implacável desde o juiz até o guarda da prisão", "que dramatiza a decisão". O acusado é instado, agora, imediatamente, ainda a caminho, a chegar a um acordo extrajudicial com o demandante. Caso contrário, ele acabará na prisão e não sairá de lá até que a dívida seja paga até o último *quadrans*, ou seja, até o último centavo. O *quadrans* era a menor moeda do sistema monetário romano.

A propósito, em Israel não havia detenção coercitiva, mas ela existia no direito romano. Aparentemente, Jesus, como em outros lugares, está conscientemente fazendo referência às crueldades das relações jurídicas extrajudaicas para agudizar sua descrição[96].

---

95. RICŒUR, P. *Biblische Hermeneutik*, p. 327.
96. JEREMIAS, J. *Die Gleichnisse Jesu*, 179, aponta para a execução por afogamento (Mc 9,42), a venda da esposa (Mt 18,25) e a tortura (Mt 18,34).

Qual sentido Mateus e Lucas deram a essa parábola? O que eles queriam dizer com ela? Mateus coloca a parábola no Sermão da Montanha – especificamente, no fim da primeira antítese, que trata de matar e de reconciliação (Mt 5,21-26). A parábola torna-se, para ele, uma exortação à disposição incondicional para a reconciliação. Se os discípulos de Jesus e os membros do povo de Deus permanecerem irreconciliados entre si, o julgamento os ameaça.

Lucas, de maneira totalmente diferente, coloca a parábola imediatamente após uma pequena unidade de discurso que, no início, trata apenas do clima. "Quando vedes uma nuvem levantar-se no poente, logo dizeis que vai chover", diz Jesus. "Quando sentis soprar o vento sul, dizeis que vai fazer calor... e como não sabeis interpretar o 'kairos'", ele continua – o que significa que "não podeis ou não quereis conceber o que está acontecendo nestas semanas e meses, o que é providenciado por Deus neste momento" (Lc 12,54-57).

Assim, Lucas capturou com muito mais precisão do que Mateus o sentido original de nosso texto. A parábola "A caminho do tribunal" quer dizer: Não há mais tempo. Agora é a última oportunidade, agora é o último prazo. O povo de Deus precisa decidir. Portanto, nossa parábola está tematicamente muito próxima das parábolas das "crianças briguentas" e da "figueira estéril". E a próxima parábola também se encaixa nesse contexto.

27 O fazendeiro insensato (Lc 12,16-20)

Essa parábola também trata de um *kairos*, um momento decisivo, uma hora que pode ser aproveitada de uma maneira ou de outra. O "herói" da parábola não reconhece o momento oferecido a ele – ou, mais precisamente, ele o arruína.

> Havia um homem rico, cujas terras lhe deram grande colheita. Ele pensava consigo mesmo: "O que vou fazer? Não tenho onde guardar a colheita!" Disse então: "Já sei o que vou fazer; vou derrubar os celeiros e construir maiores, para ali guardar todo o trigo e os meus bens. Então poderei dizer à minha alma: Minha alma, tens muitos bens armazenados para muitos anos. Descansa, come, bebe, festeja". Deus, porém, disse-lhe: "Insensato! Ainda nesta mesma noite tirarão a tua vida, e para quem ficará tudo que acumulaste?" (Lc 12,16-20).

A parábola "A caminho do tribunal" se desenrola inteiramente na forma de um discurso dirigido a um "tu". Por outro lado, a parábola do "fazendeiro insensato", com exceção de sua introdução e da palavra final de Deus, é um monólogo puro. No interior desse monólogo do homem rico, há até mesmo outra conversa interna, que ele dirá em seguida: "Então poderei dizer à minha alma..." Jesus, em suas parábolas, joga com várias formas. Ele possui um extenso repertório retórico para contar parábolas.

No que diz respeito ao plano das imagens, nossa parábola não apresenta problemas. A questão é saber se o homem realmente armazena seu trigo em "celeiros" no sentido atual. Nesse caso, seria rapidamente consumido por ratos e camundongos. Para o armazenamento de grãos em Israel, usavam-se cavidades no chão da casa ou em rochas próximas – ou então grandes vasos de barro, que eram preenchidos por uma abertura fechável acima e tinham um dispositivo na parte inferior para a retirada dos grãos[97]. A palavra grega usada em nossa parábola é "*apothēkē*", que não é apenas o "celeiro", mas sim o "depósito" ou "espaço de armazenamento" em geral.

---

[97]. Para uma explicação detalhada, cf. DALMAN, G. *Arbeit und Sitte in Palästina*, vol. III, p. 188-206.

No entanto, Lucas fala claramente de "celeiros" em nosso sentido atual. Pode ser que ele tenha introduzido condições extrapalestinas aqui no texto. Ele fez algo semelhante na história da cura do paralítico (Mc 2,1-12). Lá, de acordo com Marcos, os carregadores do homem paralítico não conseguem chegar até Jesus por causa da multidão densa. Eles então "cavam" no telhado plano oriental, feito de vigas, de entrançados de colmo e barro, e baixam a maca pela abertura que assim obtiveram. No entanto, em Lucas, eles o descem "por entre as telhas" (Lc 5,19). Lucas, portanto, imaginava um telhado com telhas no estilo helenístico-romano, onde, em sua concepção, seria necessário remover apenas algumas camadas de telhas. Ele provavelmente teve um pensamento semelhante ao se referir a "celeiros".

Mas isso não tem importância. O ponto decisivo é: o que Jesus quis dizer com esta parábola? Ela tem algo a ver com o Reino de Deus? Ou simplesmente se apresenta aqui uma sabedoria de vida geral? Experiências de vida sobre a ilusão da riqueza, a morte súbita e os herdeiros risonhos, como se pode encontrar no Salmo 49 e em muitos outros textos da literatura sapiencial do Antigo Testamento? Não poucos intérpretes questionam se nossa parábola realmente vem de Jesus.

Mas por que Jesus não poderia usar motivos da literatura sapiencial numa parábola? Em muitos aspectos, ele vive da Escritura Sagrada. Ele recorre a ela repetidamente. No entanto, sempre de uma maneira que lhe é típica: examinando, esclarecendo, elucidando. Ele faz isso também aqui. Ele não está simplesmente descrevendo a tolice de um homem rico que teve sorte com sua colheita e agora quer desfrutar uma boa vida.

O que Jesus descreve é muito mais que isso: ele descreve uma pessoa que está completamente centrada em si mesma. Um sinal linguístico disso é que ele se expressa exclusivamente em monólogos. Esse homem só conhece a si mesmo. Ele não pergunta por mais ninguém. Ele oferece uma imagem de completa egocentricidade. O momento em que fica claro que seus campos estão produzindo uma colheita abundante poderia tornar-se para ele um *kairos*, uma oportunidade para pensar nos outros. Talvez até mesmo em Deus. No entanto, ele só gira em torno de si mesmo.

E é exatamente por isso que permanece vedado para ele o que está acontecendo em Israel agora. As palavras duras de Jesus contra os ricos não têm seu fundamento apenas no fato de que muitos ricos não compartilham, e também desprezam os pobres. Isso ainda permaneceria num nível puramente ético. O fato de os ricos não entrarem no Reino de Deus (Mateus 19,24) tem um motivo mais profundo: eles vivem tão centrados em si mesmos que não conseguem perceber de forma alguma o Reino de Deus. Precisamente os ricos têm uma avaliação totalmente errônea da situação que surgiu agora em Israel com a proclamação do reinado de Deus. É por isso que estão tão distantes do Reino de Deus.

Nossa parábola recebe sua contundência final pelo fato de que o "rico insensato" não é de modo algum retratado como uma figura ridícula[98]. Ele não é uma caricatura, como também não o são os convidados na parábola do "banquete" (Lc 14,16-24), que, sem exceção, fornecem motivos racionais para não poderem comparecer. Um agricultor não deve planejar precavidamente? Ele não deve contar com más colheitas e, por isso, também não deve realizar uma gestão de estoque sensata?

Assim, nossa parábola mostra: Não apenas a arraigada egocentricidade torna impossível perceber a vinda do Reino de Deus – não, o que torna isso impossível é também a completa

---

98. Uma observação importante de EICHHOLZ, G. *Gleichnisse der Evangelien*, p. 29.

absorção nas necessidades, nos planejamentos, nas pressões e nas preocupações do cotidiano. O agricultor quer escapar dessas pressões de uma vez por todas. Mas ele não escapa delas de jeito nenhum.

28 O convidado sem traje de festa (Mt 22,11-13)

Ao interpretar a parábola do "banquete" (Lc 14,16-24), o texto paralelo em Mateus (Mt 22,1-14) havia se mostrado particularmente complicado. Pois nele não se trata do banquete de um homem privado, mas do banquete de casamento que um rei oferece para seu filho. Em Mateus, assim como na versão de Lucas, os convidados inicialmente se recusam a comparecer e são substituídos por pessoas das ruas – mas então ocorre a cena bizarra em que um dos recém-chegados das ruas não está adequadamente vestido e é expulso. Essa impossibilidade narrativa é explicada por muitos estudiosos do Novo Testamento pela suposição de que Mateus teria combinado aqui duas parábolas originalmente diferentes. Muitos aspectos realmente apoiam essa suposição. A parábola anexada por Mateus poderia ter sido mais ou menos a seguinte:

> Com o reino dos céus acontece como com um rei que preparou um banquete de casamento para seu filho. Mas quando o rei entrou para cumprimentar os convidados, viu ali um homem que não estava vestido com traje apropriado para o casamento. Ele lhe disse: "Amigo, como entraste aqui sem o traje da festa de casamento?" Mas ele ficou em silêncio. Então o rei disse aos servos: "Amarrai-lhe as mãos e os pés e lançai-o para fora…"

Evidentemente, isso é uma reconstrução. No entanto, ela se baseia no material textual mateano, a saber, Mateus 22,2.11-13a.b. Portanto, este texto poderia ter constituído a parábola original. Ela faz sentido?

Sob o prisma do puro curso narrativo, certamente faz. Depois que os convidados originais se reclinaram em suas almofadas, o rei aparece e permite que os convidados sejam apresentados. Ao fazer isso, ele depara com um convidado que está vestido com uma roupa que não condiz de forma alguma com o banquete. O traje do convidado é considerado uma grave ofensa. Ele é expulso.

Puramente como narração, tudo isso é plausível. Embora não para nossa época, em que qualquer um pode vestir o que lhe der na cabeça, muitas vezes até roupas rasgadas ou conscientemente desgastadas. No entanto, em culturas anteriores, era diferente, pois as regras para roupas e o vestuário correto para a situação desempenhavam um papel imenso. Além disso, a vestimenta era um indicador de *status*. Ela imediatamente revelava se uma pessoa pertencia à nobreza ou não, se era livre ou não.

A narrativa é, portanto, plausível em si mesma. Mas será que ela se encaixa também na pregação de Jesus? Eu acredito que sim. Já no Antigo Testamento, o tempo vindouro de salvação é comparado a um casamento (Is 62,4s.; Jr 2,2s.; Ez 16,8; Os 2,18-25). E em Jesus há toda uma série de imagens que, mediante metáforas de casamento, apontam para o início do tempo de salvação, para o Reino de Deus que já ocorre: o vinho novo deve ser posto em odres novos (Mc 2,22). As tochas precisam estar acesas, não podem se apagar (Mt 25,1-13). O casamento começou, então não pode mais haver jejum (Mc 2,19).

A nova situação que agora ocorreu exige um novo comportamento. E o convidado com seu traje cotidiano não corresponde a esse novo comportamento. Ele não compreendeu o novo. Ele não entendeu que agora se celebra um casamento.

29 O servo incompassivo (Mt 18,23-34)

"Amarrai-lhe as mãos e os pés e lançai-o para fora!" Assim poderia ter terminado a parábola do "convidado sem traje de festa". Portanto, um final terrível! Da mesma forma, a parábola do "servo incompassivo" termina mal. Ela faz parte do material exclusivo de Mateus. Ela não nos é transmitida em Marcos e Lucas.

> Por isso o reino dos céus se assemelha a um rei que quis ajustar contas com os seus servos. Quando começou a ajustá-las, trouxeram-lhe um que devia dez mil talentos. Como não tivesse com que pagar, o senhor ordenou que fosse vendido ele, a mulher, os filhos e tudo que tinha, para pagar a dívida. Mas o servo caiu de joelhos diante do senhor e disse: "Senhor, tem paciência comigo e te pagarei tudo". Compadecido, o senhor o deixou ir embora e lhe perdoou a dívida[99].
> Esse servo, ao sair dali, encontrou um de seus companheiros de trabalho, que lhe devia cem moedas de prata. Agarrou-o pelo pescoço e sufocava-o, dizendo: "Paga o que[100] deves!" De joelhos, o companheiro suplicava: "Tem paciência comigo e te pagarei tudo". Mas ele não concordou e o fez ir para a cadeia até pagar a dívida.
> Ao verem isso, seus companheiros ficaram muito tristes e foram contar ao senhor tudo que havia acontecido. Então o senhor o chamou e lhe disse: "Servo miserável, eu te perdoei toda aquela dívida porque me suplicaste. Não devias também tu ter compaixão do teu companheiro como eu tive de ti?" Irado, o senhor o entregou aos carrascos até que pagasse toda a dívida (Mt 18,23-34).

À primeira vista, esta parábola não apresenta dificuldades. Problemas de compreensão decorrentes das condições da época no Oriente Médio podem ser facilmente esclarecidos. Os "ser-

---

99. Literalmente: o "empréstimo". É provável que se trate apenas de uma variante de formulação para "dívida".
100. O texto grego não deve ser traduzido aqui como "se me deves algo". Cf. REISER, M. *Die Gerichtspredigt Jesu*, p. 263, nota 9.

Ele está pedindo um adiamento do pagamento. Evidentemente, era uma promessa desesperada, algo que ele nunca poderia cumprir. Na frase "Tem paciência comigo!", há também a imploração implícita: "Sê generoso!" Com isso, o funcionário apela a uma qualidade da qual os governantes no Antigo Oriente e na Antiguidade se orgulhavam: em sua proclamação ao assumir o governo, eles não apenas prometiam garantir justiça, mas também gostavam de se rodear com o brilho da generosidade e da liberalidade.

E é exatamente nesse sentido que acontece algo inacreditável, mas não completamente inusitado para um governante oriental: O rei perdoa toda a dívida do funcionário. Ele não apenas perdoa a punição apropriada, mas perdoa a dívida monetária. E ele não perdoa apenas uma parte dessa dívida, mas a dívida total. Para os ouvintes, mesmo que em algum momento já tivessem ouvido falar da generosidade real, isso foi um evento tremendo!

Então a cena muda: Quando o funcionário deixa o recinto oficial do rei, ele encontra – ainda na escada, por assim dizer – um pequeno empregado que, por sua vez, deve-lhe dinheiro. Comparado à dívida de milhões que lhe foi perdoada cinco minutos antes, trata-se de um valor quase ridículo! Estudiosos diligentes calcularam que isso equivale à seiscentésima milésima parte dos 10.000 talentos.

Mas não só isso! A narrativa cria um contraste ainda maior. Pois o alto funcionário agarra o empregado pelo pescoço, estrangula-o e impiedosamente exige pagamento imediato. Ele faz isso com a maior naturalidade. Nem sequer hesita quando o outro implora por misericórdia com exatamente as mesmas palavras – como ele próprio havia feito com o rei pouco antes.

O homem que havia pouco fora agraciado permanece implacável: ele faz o outro ir para a cadeia.

A história é excitante e ainda hoje enerva os ouvintes. Não apenas é contada de maneira fluida e brilhante, mas também é convincente. Quando alguém recebeu tanta generosidade e depois age de forma tão cruel, perde tudo novamente. Quando o rei fica sabendo da brutalidade de seu funcionário, ele o entrega aos carrascos. Isso significa que ele será torturado até que seus parentes paguem sua dívida com sua fortuna – ou (talvez também) até que ele revele o esconderijo do dinheiro desviado.

No entanto, a narrativa não é apenas empolgante, ela também se apresenta de maneira lógica e coesa. Ela é imediatamente compreensível. No entanto, parte dos intérpretes discorda e pergunta: o fim da parábola é realmente autêntico, ou seja, fazia parte da parábola original que Jesus havia contado? Esses autores argumentam que o problema está na última cena, a partir do instante em que os outros servos relatam indignados ao rei o que aconteceu. Essa parábola realmente precisa dessa parte final? Ou não seria possível pelo menos excluir a última frase (ou seja, o versículo 34), na qual o funcionário é entregue aos carrascos? Os seguintes motivos são mencionados para essas sugestões de redução:

1. O rei havia mostrado uma generosidade extraordinária ao seu funcionário; mais ainda, ele lhe havia demonstrado profunda misericórdia. No entanto, sua reação severa volta a anular essa atitude régia[104]. Os ouvintes judeus teriam podido ver apenas Deus no rei, que se compadece de seus devedores, ou seja, dos pecadores. A dureza que o rei mostra no fim não torna sua misericórdia anterior uma farsa? O rei agora se coloca

---

104. Cf., p. ex., WEDER, H. *Die Gleichnisse Jesu als Metaphern*, p. 215: "O julgamento que, de acordo com o versículo 34, recai sobre o servo, *não deve mais ser narrado*, pois relativiza a misericórdia antecipada de Deus".

no mesmo nível de seu funcionário incompassivo. Com isso, a parábola se conduz a si mesma *ad absurdum*. Além disso, deixar o fim atual da parábola como está não faz mais da misericórdia de Deus o motivo para sua própria misericórdia, mas sim o medo do castigo. E, nesse contexto, um intérprete até mesmo fala de uma posição "que se esperaria mais no âmbito do pensamento judaico-legalista"[105].

2. Para Mateus, é evidente que o tema do julgamento é de grande importância. Ele insere cenas de julgamento fulminantes na parábola do "banquete de casamento" (Mt 22,7.13s.). Também expande a parábola da "rede de pesca" com o tema do julgamento (Mt 13,49s.). O mesmo ocorre em sua interpretação da parábola do "joio e do trigo" (Mt 13,40-43). Portanto, Mateus também estaria em atividade no fim de nossa parábola (ou seja, nos versículos 31-35)?

3. Se a parábola fosse encerrada no versículo 30 (ou pelo menos no versículo 33), simplesmente haveria um contraste da misericórdia do rei (ou a misericórdia de Deus) com a falta de misericórdia de um subordinado (ou seja, a falta de misericórdia do ser humano). Isso não teria sido um final extremamente eficaz? A parábola teria terminado abruptamente com o comportamento indigno e miserável do funcionário real ou (se também considerássemos os versículos 31-33 como autênticos) com a pergunta acusadora do rei, provocando consternação e reflexão nos ouvintes sobre esse indivíduo implacável – e, com isso, reflexão também sobre sua própria existência. O restante da parábola seria desnecessário, pois obscureceria o tema principal "Deus é absolutamente misericordioso".

Por mais bonito que isso tudo soe, surge a suspeita de que as mentalidades contemporâneas estão decidindo sobre a estrutura narrativa e a tradição de um texto que tem 2000 anos. Pois hoje em dia, o tema do "julgamento" é raramente discutido por

---

105. Assim HARNISCH, W. *Die Gleichniserzählungen Jesu*, p. 254.

muitos cristãos. Afinal, Deus é "tolerante"; Deus é "gentil". Por óbvio, tais mentalidades também exercem efeito na exegese. No entanto, é importante ressaltar que o tema do "julgamento" era uma parte integral da pregação de Jesus – assim como dos profetas do Antigo Testamento e de João Batista. O fato de que agora, neste momento, a misericórdia de Deus supera tudo e está em primeiro plano não muda o fato de que Jesus também falava sobre o julgamento.

E, como sabemos, no Pai-nosso, após a petição "Perdoa-nos as nossas dívidas", segue a declaração: "Assim como nós perdoamos aos nossos devedores" (Mt 6,12). Se o suplicante não leva a sério essa interligação entre o perdão divino e o dever de perdoar dívidas, ele traz sobre si o julgamento de Deus – ou melhor, ele próprio se julga, condena-se. Portanto, seria melhor deixar a parábola do "servo incompassivo" terminar da forma como termina[106].

Eu entendo o anseio por um final mais suave e feliz para esta parábola. Eu mesmo senti esse anseio várias vezes. Há anos, tentei reescrever a parábola do "servo incompassivo" num dos meus diários. Ela terminava da seguinte maneira:

> ... O servo do rei saiu do palácio. Ele mal podia entender o que lhe tinha acontecido. Gostaria de ter descido as escadas como uma criança. Então, um de seus muitos conservos veio ao seu encontro. Este lhe devia cem denários. Quando o funcionário viu como o outro baixou os olhos e tentou evitá-lo, ele se aproximou, olhou para ele e disse: "Estou dando um banquete esta noite. Estou celebrando com toda a minha casa e com todos os meus amigos. Convido-te para te juntar a nós. Podes trazer quem quiseres. E esquece o dinheiro que me deves. Tuas dívidas estão pagas. Pois eu estava morto e agora estou vivo, eu estava no fim e posso começar de novo.

---

106. Sobre a problemática dessa decomposição da parábola, cf. em detalhes REISER, M. *Die Gerichtspredigt Jesu*, p. 265ss. 109 110 Conforme GERBER, C. *Wann aus Sklavinnen*, p. 573.

Hoje, leio este texto do meu diário com sentimentos mistos. Digo a mim mesmo: de fato, o pensamento da festa que agora está sendo celebrada e da misericórdia compartilhada é bíblico. E ainda assim, a parábola de Jesus é melhor. À parte seu estilo, que é mais distante e menos emotivo, Jesus narra de maneira mais condizente com a situação. É verdade que à misericórdia generosa de Deus devemos responder com a mesma misericórdia para com os outros. Mas isso não diz tudo. *Aqui se trata do povo de Deus.* Agora, neste momento em que o Reino de Deus está acontecendo, Deus, por meio de Jesus, está concedendo a Israel toda a sua misericórdia – e o povo de Deus e todos os ouvintes da mensagem de Jesus (e também seus opositores, que se escandalizam profundamente com a misericórdia de Deus para com os pecadores) devem finalmente, eles próprios, viver essa misericórdia de Deus. Eles podem, em concordância com a ação de Deus, entrar em um novo relacionamento uns com os outros. Eles podem, por exemplo, capacitados pela misericórdia de Deus, viver o Sermão da Montanha. Se não o fizerem, tudo permanecerá como estava no mundo, e a história de ameaças, explosões de violência, guerras sem sentido e miséria sem fim continuará.

Em outras palavras, a parábola do "servo incompassivo", como todas as parábolas de Jesus, não oferece regras de comportamento gerais. Seu local é a situação histórica de Israel da época, que é, naturalmente, também a nossa. E essa situação não era (e não é) bela, harmoniosa ou inofensiva. Para o povo de Deus, tratava-se de uma decisão de imensa importância. Essa decisão teria consequências e também tem consequências para nós – dependendo de como lidamos com Jesus e sua mensagem. Por essa razão, nada deve ser abreviado na parábola do "servo incompassivo".

30 Os escravos vigilantes (Lc 12,35-38)

"Servos" apareceram algumas vezes em nossas parábolas. Isso significa que sempre traduzi a palavra grega correspondente, *doulos*, como "servo". Agora, estou me desviando dessa regra – como já indicou o título para a próxima parábola – e, de repente, estou falando de "escravos", embora seja a mesma palavra em grego. Isso precisa de uma explicação.

Porque *doulos* significa principalmente "escravo", e tradutores de bíblias mais recentes começaram a usar "escravo" sempre que possível para *doulos* ou sua equivalente hebraica. Um exemplo: Martinho Lutero havia traduzido o décimo mandamento da seguinte forma: "Não cobiçarás a casa do próximo, nem a mulher do próximo, nem o servo, nem a serva, nem o boi, nem o jumento, nem coisa alguma do que lhe pertence" (Ex 20,17).

Muitas traduções da Bíblia o seguiram nisso: no décimo mandamento, elas falam de "servo" e "serva". Por exemplo, a conhecida e confiável tradução de Hermann Menge ou a "Bíblia de Elberfeld"[107]. No entanto, a maioria das traduções mais recentes usa "escravo" e "escrava" neste ponto, como a *Einheitsübersetzung*. Eles estão corretos em fazer isso.

Pois no décimo mandamento trata-se de propriedade – e naquela época em Israel, a propriedade *do homem*. Não se podia tocar em sua propriedade. Esta "posse" incluía tudo o que se encontrava na casa, até mesmo a esposa – então aqui não se pode falar de "servo e serva", mas apenas de "escravo e escrava".

Algo semelhante ocorre em muitos outros textos do Antigo Testamento. Claro, em Israel também havia escravos[108]. Ou

---

107. Pelo menos na minha edição de 1986.
108. Uma boa visão geral é fornecida por DE VAUX, R. *Das Alte Testament und seine Lebensordnungen*, vol. I, p. 132-148.

eram escravos oriundos de países estrangeiros, ou de Israel mesmo. Pois no Antigo Oriente, prisioneiros de guerra geralmente eram feitos escravos – e quando uma cidade era conquistada, isso também se estendia, na maioria das vezes, a todas as mulheres e crianças. Até mesmo israelitas podiam se tornar escravos em seu próprio país – por exemplo, se caíssem em "servidão por dívida". Podia-se contar com escravos e escravas também em Israel, o que é evidente pelo fato de que na Torá havia leis próprias para o tratamento de escravas e escravos (por exemplo, Ex 21,2-11; Lv 25,39-55).

Quanto ao Novo Testamento também é necessário saber que no mundo da Antiguidade, onde os textos neotestamentários se passam, os escravos constituíam uma parte considerável da vida cotidiana. Eles eram mercadorias. Havia inúmeros escravos – até mesmo em Israel. Eles saíam muito mais baratos de manter do que servos contratados. Além disso, muitas vezes eles eram competentes e altamente qualificados, de modo que também podiam assumir funções importantes, até mesmo nas cortes reais. Então, por que não traduzir *doulos* como "escravo" todas as vezes?

Se, apesar dessa situação, eu mantive até agora "servo", foi por causa do seguinte motivo: em inúmeros lugares do Antigo Testamento, as pessoas se caracterizam em relação a alguém em posição superior, especialmente a Deus, como "teu escravo" = "teu servo". Trata-se aqui de uma forma de cortesia e humildade que não nega a liberdade social do falante (como inevitavelmente acontece para nós quando usamos a palavra "escravo").

Portanto, é inadequado traduzir as referências correspondentes fundamentalmente e em toda a parte como "escravo". Israel não é o "escravo de Deus", mas sim o "servo de Deus", ou seja, inteiramente pertencente a Deus e ainda assim livre. É verdade que, em grego, aparecem nesse caso não apenas *doulos*

(Is 49,3), mas também *pais* (Is 42,1; 52,13), mas essa palavra também pode designar o escravo.

O fato de Isaías poder falar de Israel como um "servo de Deus" se deve simplesmente ao fato de que o significado de *doulos/ pais* e seus equivalentes em hebraico não se limitava a "escravo". Pelo menos na Bíblia, todo esse grupo de palavras designa inicialmente alguém subordinado a outro – e isso pode ser também um criado, um jornaleiro, um súdito, um empregado, um funcionário, um vassalo ou um adorador de um deus.

Nas parábolas dos evangelhos, as respectivas narrativas não necessariamente implicam sempre e em toda a parte relações de escravidão. Trata-se de relações de serviço. O *status* social exato geralmente permanece aberto.

Mas acima de tudo – e isso é crucial: Todos os três evangelhos sinóticos, em muitos lugares, veem nos "servos" os discípulos ou membros da comunidade cristã. O texto se torna *transparente* em cada caso para o presente eclesial próprio. Por isso, – com algumas exceções – eu continuo com a familiar tradição de tradução "servo", mas reconheço que as palavras "servo" e "serva" estão se tornando cada vez mais estranhas para nós.

Acabei de formular: "com algumas exceções". Essas exceções são as chamadas "parábolas do servo". Em tal grupo de "parábolas do servo", há um texto que diz que o senhor da casa, ao retornar, cortará seu *doulos* em pedaços (Mt 24,51).

Esse texto (que será discutido em detalhes posteriormente) pressupõe o direito penal romano, segundo o qual o dono de escravos poderia punir com a morte um escravo desobediente e também executar a pena ele mesmo. Aqui, a questão é totalmente clara. E como aqui se trata de um "grupo de parábolas", eu falo de "escravos" nesse "grupo". Esta não é exatamente uma solução ideal. Mas, em princípio, traduzir *doulos* como "escravo" em todas as parábolas do Novo Testamento seria igualmente contestável. Muitas vezes, simplesmente não sabemos exatamente qual era a situação social específica pretendida.

* * *

Aqui está o texto de Lucas 12,35-38. A parábola se apresenta de forma muito clara e ponderada. Admoestações e bem-aventuranças interrompem habilmente o material da parábola propriamente dita.

> Tende as cinturas cingidas e vossas lâmpadas acesas. Sede como quem espera o seu senhor de volta das festas de casamento[109], para lhe abrir a porta quando ele chegar e bater. Felizes os escravos que o senhor achar vigiando. Eu vos asseguro: Ele cingirá o avental, fará com que se ponham à mesa e os servirá. Se chegar à meia-noite ou às três da madrugada, e assim os encontrar, felizes serão eles! (Lc 12,35-38).

Como este material é habilmente formado pode ser ilustrado com um exemplo. A segunda seção do nosso texto (versículos 37-38) é ordenada numa "estrutura concêntrica". Pode ser esquematizada da seguinte forma:

(a) Bem-aventurança
  (b) Escravos vigilantes
    (c) O Senhor cinge o avental – convida à mesa – serve
  (b') Escravos vigilantes
(a') Bem-aventurança

Nesse caso, o eixo da estrutura concêntrica (c) é destacada no grego por três predicados, cada um com um número crescente de elementos, e também, é claro, pelo "Eu vos

---

[109]. Literalmente: "que esperam seu senhor, que retorna de um banquete, para que possam abrir-lhe imediatamente quando ele vier e bater".

asseguro"[110]. Assim, fica claro: todo o peso da declaração recai sobre esse eixo, ou seja, sobre o fenômeno de o próprio senhor da casa servir seus escravos.

Outra observação sobre a forma de nosso texto: ele contém uma série de fórmulas fixas que eram conhecidas por qualquer pessoa familiarizada com a linguagem bíblica. Por exemplo, a exortação "Tende as cinturas cingidas" lembra a primeira noite da Pessach de Israel. Vigilante, cingido, com os sapatos nos pés e, assim, completamente preparado para o Êxodo, Israel deveria aguardar a ação de Deus nessa noite (Ex 12,11).

Com isso, já chegamos ao significado que Lucas deu ao nosso texto: para ele, trata-se do retorno de Cristo. As comunidades cristãs devem esperar esta hora do "retorno" de seu Senhor com grande vigilância e constante prontidão[111]. Como no caso da parábola da "invasão bem-sucedida" (Lc 12,39), Lucas também aqui atualizou seu material parabólico com um olhar voltado para a parusia de Cristo.

Naturalmente, surge novamente a questão: qual era o significado original do material por trás de Lucas 12,35-38? Tratava-se, já em Jesus, de uma parábola da parusia? Isso é altamente improvável. O caso aqui não é diferente do que acontece com a parábola da "figueira em flor" (Mc 13,28-29) ou a parábola das "dez virgens" (Mt 25,1-13). Esses textos foram interpretados como referentes à iminente segunda vinda de Cristo apenas

---

110. Conforme GERBER, C. *Wann aus Sklavinnen*, p. 573.

111. Na parábola, o "senhor da casa" retorna aos seus durante a noite. Portanto, não é por acaso que posteriormente as comunidades cristãs esperavam a parusia de Cristo na vigília pascal. Isso é mostrado, por exemplo, por Lactâncio, em *Divinae institutiones* VII 19,3, e Jerônimo, em *In Matthaeum* IV 25,6. A esse respeito, cf. esp. HUBER, W. *Passa und Ostern*, p. 209-228. O verdadeiro modelo, no entanto, deve ter sido a expectativa judaica do Messias na noite de Pessach. A esse respeito, JEREMIAS, J. *Die Abendmahlsworte Jesu*, p. 197-199.

após a Páscoa. Então, qual era o objetivo original da parábola dos "escravos vigilantes"?

Para nos aproximarmos de uma resposta, teríamos de examinar detalhadamente a história da tradição de Lucas 12,35-38. No entanto, isso seria extremamente difícil. As posições dos estudiosos divergem consideravelmente aqui. Parte dos intérpretes a vê como extraída do material especial de Lucas, enquanto outra parte conta um material da Fonte Q – e esses materiais já teriam se misturado parcialmente antes de serem elaborados pelos evangelistas.

No caso do material tradicional das escatológicas "parábolas de servos", de fato houve esse tipo de intercâmbio com frequência. Isso é atestado com especial clareza pela parábola do "porteiro" (Mc 13,33-37), que tem muitas semelhanças com a nossa parábola. Isso mostra como o material sobre o "escravo vigilante" ou a "criadagem vigilante" era popular nas primeiras comunidades. Justamente esse material deve ter sido contado, variado, combinado e enriquecido com frequência.

Por isso, no caso de nossa parábola, renuncio a uma reconstrução da história da tradição. Nós nos perderíamos num emaranhado de hipóteses. Em vez disso, os dois tópicos que dão a impressão de originariedade e até de extravagância devem ser nosso ponto de partida – ou seja, o retorno noturno de um homem rico de um prolongado banquete de casamento, bem como o fenômeno inesperado de que esse senhor, tendo retornado à casa, inverte os papéis de "senhor e servo" e serve, ele próprio, sua criadagem.

Em torno desses dois tópicos centrais, pode-se reconstruir uma história que era nova e empolgante para os ouvintes da época e, portanto, correspondia totalmente a outras narrativas de parábolas de Jesus. Ele deve tê-la contado mais ou menos do seguinte modo, embora de maneira mais sucinta e concentrada do que estou fazendo agora:

> Um homem que possui uma grande propriedade participa de uma festa de casamento. O banquete, é claro, ocorre ao anoitecer. Por isso, a primeira guarda da noite (ou seja, as horas antes da meia-noite) como momento de seu retorno nem mesmo é mencionada. É completamente claro que o homem ficará ausente até altas horas da noite, de modo que seus escravos precisam ficar acordados.
> As luzes precisam permanecer acesas, pois era difícil acender as pequenas lâmpadas de barro novamente se não houvesse fogo no fogão. O portão do edifício deve estar trancado. E o pessoal deve estar pronto para receber dignamente seu senhor, quando ele retornar do grande banquete, e servi-lo em tudo. Os escravos e escravas sabem: seu senhor deseja ser respeitado, e ele quer seu conforto. Ele valoriza ser saudado da devida maneira, não apenas quando já é quase meia-noite, mas também muito depois dela.

Em todo caso, a parábola inicialmente parecia estar indo nessa direção, e os ouvintes deviam ter esperado ansiosamente o fim da história, com inveja ou compreensão, mas de qualquer forma, interessados. Mas então a história dá uma reviravolta. Ela não descreve de maneira alguma como o senhor (um pouco embriagado?) se acomoda, como seus escravos se põem ao seu redor, como ele talvez tome um último trago antes de ir dormir – mas acontece exatamente o oposto: os papéis são invertidos. O senhor da casa veste uma túnica longa e solta, não cintada, e se cinge com um cinturão para que ela não atrapalhe o trabalho, convida seus escravos a tomar lugar nos divãs, serve-os e lhes oferece comida, tornando-se assim um escravo, enquanto sua criadagem se torna seus iguais – e ele celebra com eles.

Portanto, o banquete de casamento prossegue em casa. A pergunta sobre o lugar de onde o senhor da casa obtém a comida e por que ele faz tudo isso não deve ser feita à narrativa – assim como não se deve perguntar por que o empregador em Mt 20,1-16 foi tão atencioso e generoso.

O que Jesus quis dizer com essa parábola? Em qualquer caso, para ele se trata de vigilância. Mas vigilância em relação a quem? Provavelmente em relação ao reinado de Deus que está ocorrendo agora. Pois este está irrompendo agora sobre o Israel cansado e exausto. Pode-se dormir e perdê-lo. Com as luzes apagadas e as portas trancadas, pode-se perder a hora da qual tudo depende. Pode-se perder o *kairos*. Pois, de fato, o que Jesus anuncia não tem nenhum interesse para muitos em Israel; outros resistem com todas as forças – mas há aqueles que têm um coração vigilante e recebem a novidade cheios de alegria e gratidão. Vigilância, neste caso, significa esperar o cumprimento das promessas e perceber, nesta expectativa, que elas estão se cumprindo agora.

Aqueles que vigiam podem ter uma experiência transformadora: Jesus vira todas as situações de cabeça para baixo. Senhores agora, como escravos, servem aos outros; e os escravos se tornam senhores. Isso é exatamente o que é descrito no cântico revolucionário de Maria em Lucas 1,46-55:

> Derrubou os poderosos de seus tronos e exaltou os humildes. Encheu de bens os famintos e os ricos despediu de mãos vazias (Lc 1,52s.).

O *Magnificat* canta sobre uma revolução que havia começado com a libertação de Israel do Egito e agora dá seu último e decisivo passo com Jesus. Obviamente, Jesus se esconde por trás do dono da casa da parábola. Mas ele mesmo não formula isso em palavras. Seus ouvintes deveriam descobrir esse plano de fundo oculto de seu discurso. Em 22,27, Lucas retomará essa inversão de todas as relações, quando Jesus diz: "Pois quem é o maior, quem está sentado à mesa ou quem serve? Não é quem está sentado à mesa? Pois eu estou no meio de vós como quem serve".

31 O escravo que mantém guarda (Mt 24,45-51)

Esta parábola está de muitas maneiras relacionada com a parábola dos "escravos vigilantes". Aqui também, o "soberano da ação" é um dono da casa. Ele também dispõe de uma propriedade imponente, com um grande número de escravos e escravas. No entanto, a "contraparte narrativa" deste senhor da casa não é todo o grupo de escravos como em Lucas 12,35-38, mas sim um único escravo que foi colocado como supervisor sobre todos os outros. E o senhor da casa também não está retornando de um banquete de casamento noturno, mas aparentemente estava fora de casa por um longo período. Mas, acima de tudo, aqui agora são consideradas *duas* possibilidades: a narrativa conta com um desfecho bom ou ruim.

Naturalmente, surge de imediato a questão: Jesus processou o material sobre os escravos que esperam por seu senhor em várias parábolas – ou foi a Igreja primitiva que, considerando esse material tão importante por sua urgente expectativa da parusia, o variou diversas vezes? Esta última possibilidade é bastante plausível. No entanto, também devemos considerar que Jesus não teria usado apenas numa única parábola um enredo narrativo particularmente marcante como este aqui.

Nossa parábola estava presente na Fonte Q. A passagem paralela a Mateus 24,45-51 é encontrada com pequenas variantes em Lucas 12,42-46. Opto pela versão de Mateus, que possivelmente está mais próxima da Fonte Q.

> Quem será, pois, o escravo fiel e prudente que o senhor pôs à frente dos outros escravos para lhes dar comida no momento oportuno? Feliz o escravo que, ao

voltar, o senhor o encontrar agindo desta forma. Eu vos garanto: Confiará a ele a administração de todos os seus bens. Mas se o escravo mau disser consigo: 'Meu senhor está demorando', e começar a bater nos companheiros, a comer e beber com os bêbados, virá o senhor desse escravo no dia em que menos esperar e numa hora imprevista; ele o cortará aos pedaços, destinando-lhe a sorte dos hipócritas. Ali haverá choro e ranger de dentes (Mt 24,45-51).

Como ocorre com outras parábolas, Mateus também relacionou este texto com a parusia de Cristo e o subsequente julgamento. E, supostamente, ele via no supervisor dos escravos, assim como Lucas, uma personificação dos responsáveis na Igreja[112]. Se cumprem seu dever, são ricamente recompensados. Caso contrário, enfrentam um terrível castigo. A expressão "choro e ranger de dentes" foi adicionada por Mateus a partir do seu repertório de descrições do julgamento final (cf. Mt 8,12; 13,42.50; 22,13).

Além disso, a fonte Q já havia interpretado a parábola em termos da parusia de Cristo – e, obviamente, Lucas também mais tarde. No entanto, será prudente manter o tema do retorno de Cristo completamente afastado da parábola original. De que Jesus estava falando em nossa parábola?

Mas, antes de procurar uma resposta, preciso examinar a *forma* do nosso texto. A parábola começa com uma pergunta e, logo em seguida, acrescenta uma bem-aventurança. Isso é estranho. Embora haja muitas parábolas de Jesus que começam com uma pergunta[113], aqui a pergunta parece atrapalhar, pois se espera que, na primeira parte da parábola, fale-se sobre a possibilidade do bom comportamento de um escravo com

---

112. Ver Lc 12,41.
113. Cf. a compilação em WEISER, A. *Die Knechtsgleichnisse der synoptischen Evangelien*, p. 180.

a mesma clareza com que se fala da possibilidade de seu mau comportamento na segunda parte. Mas não é esse o caso.

Embora se deva evitar ao máximo argumentar com base em possíveis erros de tradução do aramaico, aqui pode realmente haver um caso de tradução errônea[114]. Existem bons argumentos em favor da ideia de que nossa parábola, em sua versão semítica, tenha começado com uma sentença condicional, que foi mal interpretada como uma pergunta ao ser traduzida para o grego. A primeira parte da parábola teria então soado aproximadamente da seguinte forma:

> Supondo que um escravo tenha sido designado pelo seu senhor para supervisionar o pessoal da casa para distribuir-lhe o alimento na hora certa, então ele será bem-aventurado se, ao retornar, o senhor o encontrar realizando essa tarefa. Eu vos asseguro que ele lhe confiará a responsabilidade sobre todos os seus bens. Mas se aquele escravo...

Do ponto de vista gramatical, essa reconstrução é possível[115]. Ela tem, antes de tudo, a vantagem de que as duas partes da parábola correspondem melhor uma à outra – assim como acontece em outras parábolas duplas de Jesus (cf. Mt 7,24-27). Essa retradução também tem a vantagem de evitar por completo a ideia de que se trata de dois escravos diferentes. Não, aqui são descritos dois possíveis modos de conduta de um único escravo: comportamento adequado ou abuso de suas atribuições. Mas chega de falar da forma original de nossa parábola!

É claro, o leitor de hoje estranha o fato de o escravo-supervisor ter como única responsabilidade a distribuição da comida. Ele não tinha tarefas mais importantes durante a

---

[114]. Para o que vem a seguir, cf. WEISER, A. *Die Knechtsgleichnisse der synoptischen Evangelien*, p. 181-183. Além disso, LUZ, U. *Das Evangelium nach Matthäus*, vol. 3, p. 460.

[115]. Cf. BEYER, K. *Semitische Syntax im Neuen Testament*, vol. 1, p. 287-293.

ausência do seu senhor? Esse problema se resolve quando lembramos que os escravos não recebiam salário. Eles tinham um teto sobre a cabeça e recebiam comida. Portanto, supervisionar a alimentação de toda a criadagem era a tarefa crucial de um escravo encarregado da administração da casa.

E o que Jesus quer dizer com essa parábola? Obviamente, mais uma vez aqui se trata também da conduta correta. E, especificamente, da conduta correta num período extremamente decisivo, em que cabe a cada pessoa que vive na "casa de Israel" uma grande responsabilidade. Cada um é questionado com toda a sua existência. Cada um deve agora, neste momento, decidir se age corretamente – corretamente diante do reinado de Deus anunciado por Jesus. Mas cada um também pode abusar do tempo que lhe foi concedido e do qual tudo depende. Pode perder o *kairos*.

No entanto, em nossa narrativa, não se trata, como em Lucas 12,35-38, de um grande número de pessoas abordadas, ou seja, de toda uma "criadagem da casa", mas de um único indivíduo que tem responsabilidade sobre todos os outros. Será que Jesus quis, com essa parábola, referir-se principalmente aos "responsáveis" em Israel?

Não se deve de modo algum negar a autoria dessa parábola a Jesus apenas porque o tema do julgamento final desempenha aqui um papel tão terrível. Pois esse tema também está presente nos ensinamentos de Jesus. Quando ele, sozinho, em oração e meditação, recitava textos dos profetas ou dos Salmos, encontrava com frequência asserções sobre o julgamento, do tipo mais severo, que convocavam Israel à vigilância e ao arrependimento. Devemos, por exemplo, supor que Jesus contornou internamente essas asserções sobre o julgamento, reinterpretou-as, desconsiderou-as ou até mesmo as rejeitou?

Admito: cortar um escravo em pedaços é horrível. Isso mostra (como já antecipado anteriormente) que aqui não se trata de um jornaleiro ou de um servo. Aqui só se pode pensar num escravo. De acordo com a lei romana, o proprietário tinha o direito de vida e morte sobre seus escravos. Ele podia aplicar a pena de morte sem processo judicial. Algo desse gênero não era permitido segundo a Torá de Israel (Ex 21,20). Mais ainda: homens e mulheres de Israel que se vendiam a si mesmos numa situação de apuro ou eram vendidos como escravos deviam ser libertados no mais tarde no sétimo ano (Ex 21,2; Dt 15,12).

Mas obviamente as pessoas do Israel daquela época eram constantemente confrontadas com o modo de vida romano e com os abusos pagãos. No meio de Israel, havia grandes cidades com população e estilo de vida pagãos. E Jesus frequentemente recorre, em suas parábolas, a esse mundo estranho e, ao mesmo tempo, familiar para todos. O material que ele escolhia para suas parábolas não era pacato nem inofensivo. Podia ser cortante.

32 O salário dos escravos (Lc 17,7-10)

O que segue é outra parábola em que um escravo desempenha o papel decisivo! No entanto, tudo aqui é diferente de Lucas 12,35-38, onde o senhor serve seus escravos. Não é o proprietário que volta para casa, mas o escravo. O senhor está em casa, e o escravo retorna depois de ter trabalhado o dia todo. Agora ele aparece diante de seu senhor, exausto, suado e com fome. Essa é a situação que o narrador pressupõe. Mas ele não a descreve, apenas faz três perguntas aos seus ouvintes:

> Quem de vós, tendo um escravo que lavra a terra ou cuida do gado, dirá para ele, quando voltar do campo: "Entra logo e senta-te à mesa"? Pelo contrário, não lhe dirá: "Prepara-me o jantar, arruma-te para me servires

enquanto eu como e bebo; depois comerás e beberás tu"? Por acaso fica o senhor devendo algum favor ao escravo pelo fato de este ter feito o que lhe foi mandado? Assim, também vós, quando tiverdes feito tudo que vos foi mandado, dizei: "Somos escravos inúteis. Fizemos apenas o que tínhamos de fazer" (Lc 17,7-10).

A parábola nos é transmitida apenas por Lucas. Ela é (de modo semelhante à parábola do amigo importuno em Lc 11,5-8) habilmente construída. Reconhecemos isso quando retiramos os três pontos de interrogação e transformamos o conteúdo oferecido numa narrativa pura. Isso ficaria assim:

> Um homem tinha um escravo que, durante o dia, arava o campo ou cuidava do gado. Quando ele voltava para casa à noite após o trabalho, seu senhor jamais lhe dizia: "Vem rápido e senta-te à mesa!" Em vez disso, ele dizia: "Prepara meu jantar, cinge-te e serve-me enquanto eu como e bebo. Depois, poderás comer e beber". E o senhor não agradecia ao seu escravo por fazer sempre o que lhe foi ordenado. Ele via isso como a coisa mais natural. Afinal, os escravos estavam lá para trabalhar.

Este é exatamente o conteúdo subjacente à parábola. Contudo, ele não é apresentado dessa forma, mas em três frases interrogativas, de modo que os ouvintes são imediatamente envolvidos. Dessa maneira, o conteúdo é dramatizado, e seu efeito é intensificado. A dramatização é coerente e executada com múltiplos discursos diretos. A dramatização atesta competência retórica.

No entanto, toda uma série de exegetas aplica também a esta parábola o bisturi da crítica literária: dizem que as três perguntas não demonstram uma construção coerente, pois a primeira pergunta exigiria uma resposta negativa ("Não, ninguém pode imaginar isso"); a segunda, uma resposta positiva ("Sim, claro que ele faria isso"); e a terceira, novamente uma negativa ("Não, ele não ficaria devendo"). E tal alternância seria inadmissível. Além disso, a aplicação no fim não se ajusta ao que foi dito antes, pois, inicialmente, os ouvintes observam todo o acontecimento do ponto de vista do senhor, enquanto, na aplicação final, subitamente eles próprios são os escravos. Portanto, o texto deveria ser radicalmente reduzido. A segunda pergunta deveria ser excluída, assim como a aplicação final[116].

Contudo, esse corte de nosso texto não é convincente. É perfeitamente lícito e nada absurdo do ponto de vista retórico que um orador faça três perguntas consecutivas, que recebe uma primeira resposta negativa, depois uma positiva e, novamente, uma negativa.

Além disso, a primeira pergunta ainda deixa algo aberto. Talvez os ouvintes conheçam a parábola do senhor da casa que retorna do banquete de casamento, cinge a túnica e serve seus escravos (Lc 12,35-38). Portanto, não é totalmente certo como responderão à primeira pergunta. Somente a segunda pergunta traz completa clareza e, por isso, é absolutamente necessária.

E a aplicação final também se ajusta perfeitamente ao que foi dito anteriormente. A mudança de perspectiva no versículo 10 não é apenas possível, mas muito habilidosa do ponto de vista retórico: justamente porque os ouvintes, no início, assumiram o papel do senhor, viram o escravo inteiramente da perspectiva do senhor e concordaram com ele, devem também lhe dar razão da perspectiva do escravo[117]. Além disso, não se pode imaginar a parábola sem essa aplicação – e vice-versa, a aplicação sem a parábola.

Trata-se de uma das parábolas mais tocantes e talvez mais enervantes de Jesus. Desta vez, não se trata de uma rica

---

116. Assim, por exemplo, HEININGER, B. *Metaphorik*, p. 192-193.
117. Assim, com razão, WOLTER, M. *Das Lukasevangelium*, p. 569.

propriedade rural. Somos transportados para um ambiente pequeno e pobre. O homem possui um único escravo, que deve trabalhar arduamente e dar conta de muitos serviços diferentes: cuidar do gado, arar o campo, manter a casa em ordem e até mesmo preparar a comida. Não há menção a uma dona de casa. Não porque ela já tenha morrido ou sido expulsa, mas porque a parábola teve de ser construída sem ela. É como em Lucas 15,11-32, em que a mãe do filho pródigo não aparece em nenhum momento. As parábolas precisam ser simples, para que os ouvintes não se distraiam.

Jesus descreve aqui o cotidiano dos escravos de maneira realista e sem moralizar. Seria ridículo exigir dele um veredicto contra a escravidão em suas parábolas sobre escravos. Seu veto contra a sociedade escravista antiga ocorre de outra forma – rejeitando radicalmente para o círculo de discípulos, que ele reúne em torno de si como o centro de crescimento do Israel escatológico, todas as relações de domínio usurpadas (Mc 10,35-45).

Para entender o que Jesus queria dizer com essa parábola, é necessário observar de perto a situação do escravo em questão. De fato, na Antiguidade havia escravos que eram altamente estimados por seus senhores e, por isso, tinham mais liberdade, mas esse escravo da parábola é completamente dependente de seu senhor e está submetido a ele em todos os aspectos. Ele não pode determinar sua própria vida; o dono a controla. Como escravo, ele não recebe salário. Em vez de pagamento, ele tem um teto sobre sua cabeça e sua comida diária. Ele também não recebe agradecimentos. Seu trabalho é simplesmente uma obviedade indiscutível.

Se transferirmos essas constantes para a situação dos crentes, o resultado é, a princípio, alarmante. Eles são totalmente dependentes de Deus e estão submetidos a ele em todos os aspectos. Eles não podem mais determinar sua própria vida;

Deus é quem determina. Deus comanda, e seus mandamentos devem ser obedecidos. Há o pressuposto de que os crentes vão trabalhar incansavelmente pela causa de Deus. Não devem pensar em recompensa. Nem mesmo agradecimento devem esperar. Podem apenas dizer: "Somos escravos inúteis; apenas cumprimos nosso dever".

Não se deve disfarçar ou retocar a imagem dos "escravos de Deus" que é apresentada com essa metáfora. É assustadora. Aqui Jesus parece ir até o limite do que pode ser dito para esclarecer um aspecto específico da existência do crente. A fé é um serviço puro, que não faz exigências, não reivindica direitos, não busca reconhecimento, não insiste em seu direito e concede a um "outro" o direito sobre si.

No entanto, ao constatar isso, deve-se acrescentar que Jesus também pode dizer exatamente o oposto. Esse oposto é descrito na parábola dos "escravos vigilantes" em Lucas 12,35-38, que são devidamente recompensados: o senhor da casa, ao retornar, prepara a comida para eles e, pessoalmente, serve-os à mesa. Ele se torna seu escravo. Em Mateus 24,45-51, como vimos, o escravo fiel e prudente é recompensado por seu comportamento ao ser nomeado pelo senhor da casa como administrador de todos os seus bens. Como administrador, ele pode agir com grande liberdade. De fato, sua iniciativa própria é até mesmo incentivada.

Portanto, surgem arcos de tensão no interior de um grupo de parábolas que têm muito em comum. Pode-se falar de uma dialética: ser submisso – e ainda assim se tornar livre; não ter qualquer salário – e ainda assim ser abundantemente recompensado; ter de trabalhar arduamente – e, ao mesmo tempo, celebrar com o senhor e até mesmo ser servido por ele. Jesus, ao que parece, precisa dessa tensão para descrever adequadamente a existência de seus discípulos. É, em última análise, a tensão entre graça e liberdade, entre a renúncia a qualquer ideia de mérito e, ainda assim, uma recompensa abundante.

No entanto, algo precisa ser incondicionalmente adicionado: esse arco de tensão, presente na experiência de Israel desde Abraão, atinge agora sua expressão mais forte com a vinda iminente do Reino de Deus e se manifesta, sobretudo, na vida dos discípulos que Jesus reúne ao seu redor: eles deixam tudo – e recebem tudo de volta cem vezes mais (Mc 10,29s.); eles renunciam à sua liberdade – e assim se tornam completamente livres; eles não olham mais para sua recompensa – e ainda assim vivem em profunda alegria; eles parecem pobres e inúteis – e ainda assim se tornam uma bênção para muitos.

Na parábola da "recompensa do escravo", Jesus trouxe à tona um dos polos desse arco de tensão. Existe também o outro polo. Mas essa parábola não o aborda em particular. Tudo indica que ela era direcionada aos discípulos de Jesus. E, obviamente, ela pressupõe a situação do reinado de Deus iminente, que é pura graça e faz esquecer qualquer ideia de mérito próprio.

33 O dinheiro entregue em confiança (Mt 25,14-30)

A seguinte parábola também é muito clara e elegantemente construída, possuindo uma estrutura quase matemática. Textos formados com tal rigor eram retransmitidos com facilidade[118]. Em nosso caso, isso foi ainda mais fomentado pelas muitas repetições formulaicas. A parábola consiste em três partes:

1. Um homem rico viaja para o exterior. Antes de partir, ele entrega seu dinheiro a três servos para que administrem sua fortuna.

---

118. Mateus provavelmente teve parte nessa rigidez formal, mas certamente também Jesus. As muitas formas originais da parábola do "dinheiro entregue em confiança" que foram reconstruídas nas últimas décadas sofrem, em parte, de uma notável falta de forma.

2. Relata-se brevemente o que os servos fazem com o dinheiro durante a ausência do senhor.

3. Após um longo tempo, o homem rico retorna, e os três servos devem prestar contas.

A contraparte narrativa ao "soberano da ação" são, portanto, três servos (estou retornando à tradução "servos"[119]). Eles aparecem em todas as três partes da parábola. Evidentemente, na narrativa, eles são representantes de uma quantidade maior de servos.

A terceira parte da parábola é de longe a mais extensa. E, dentro dessa terceira parte, a discussão com o terceiro servo é a mais longa. Portanto, o peso da parábola está nitidamente no fim da terceira parte.

> Será também como um homem que, tendo de viajar para o exterior, chamou os seus servos e lhes confiou os bens. A um deu cinco talentos, a outro dois e ao terceiro um, segundo a capacidade de cada um. Depois partiu. Imediatamente, o que recebeu cinco talentos saiu e negociou com eles, ganhando outros cinco. Do mesmo modo, o servo que recebeu dois talentos ganhou outros dois. Mas o que recebeu um, saiu, cavou um buraco na terra e escondeu o dinheiro de seu senhor. Passado muito tempo, voltou o senhor daqueles servos e lhes pediu as contas. O que tinha recebido cinco talentos aproximou-se e apresentou outros cinco: "Senhor, disse, confiaste-me cinco talentos; aqui tens outros cinco que ganhei". O senhor disse-lhe: "Muito bem, servo bom e fiel; foste fiel no pouco, eu te confiarei muito; vem alegrar-te com teu senhor". Chegou o servo dos dois talentos e disse: "Senhor, dois talentos me deste, aqui tens outros dois que ganhei". O senhor lhe disse: "Muito bem, servo bom e fiel; foste fiel no pouco, eu te confiarei muito; vem alegrar-te com teu senhor".

---

119. Para a justificativa, cf. a explanação no início do capítulo 30.

> Aproximou-se também o que tinha recebido apenas um talento, e disse: "Senhor, sei que és homem duro, que colhes onde não semeaste e recolhes onde não espalhaste. Por isso tive medo e fui esconder teu talento na terra; aqui tens o que é teu". Respondeu o senhor: "Servo mau e preguiçoso, sabias que colho onde não semeei e recolho onde não espalhei. Devias, pois, depositar meu dinheiro num banco para, na volta, eu receber com juros o que é meu. Tirai-lhe o talento e dai-o ao que tem dez. Pois ao que tem muito, mais lhe será dado e ele terá em abundância. Mas ao que não tem, até mesmo o que tem lhe será tirado. Quanto a este servo inútil, jogai-o lá fora na escuridão. Ali haverá choro e ranger de dentes" (Mt 25,14-30).

Este texto tem um paralelo em Lucas 19,12-27. As principais diferenças em relação à versão de Mateus são as seguintes:

1. Em Lucas, a parábola é inserida num contexto que, originalmente, é-lhe completamente estranho: um pretendente ao trono viaja para o exterior para receber, de uma autoridade superior, o poder sobre o país. Uma delegação de seus próprios compatriotas segue-o para impedir essa tomada de poder. O homem, no entanto, recebe o poder real, retorna e manda executar seus oponentes. Está totalmente claro que esse fio narrativo foi entrelaçado posteriormente. Ele não se ajusta ao material da parábola. Em Mateus, não há nada disso. Ele claramente oferece a versão original.

2. Em Lucas, o dinheiro é entregue, não a três servos, mas a dez, e cada um recebe a mesma quantia. Em Mateus, o dinheiro é entregue somente a três servos, e de maneira escalonada. No entanto, quando chega o momento de prestar contas, apenas três servos aparecem em Lucas. Portanto, os dez servos na versão de Lucas são evidentemente secundários. Se no próprio Jesus talvez houvesse a distribuição da mesma quantia entre os três servos é uma questão que deve

permanecer aberta, além de ser, em última análise, irrelevante para a compreensão do sentido da parábola.

3. Em Lucas, os dois primeiros servos são recompensados com cargos de governadores. Em Mateus, "muito" lhes é confiado, o que parece uma administração de uma riqueza ainda mais extensa, com mais direitos do que antes. Eles continuariam a trabalhar para os interesses do seu senhor. Aqui, a versão de Mateus também parece ser a original. Os cargos de governadores em Lucas devem estar relacionados ao enredo do pretendente ao trono.

4. Dificuldades verdadeiras são causadas pelas quantias elevadas de dinheiro. Em Lucas, cada um dos dez servos recebe uma mina, que equivale a cerca de 100 dracmas ou 100 denários (1 denário corresponde ao pagamento diário de um trabalhador). Portanto, uma mina não é uma quantia enorme. Um talento de prata, no entanto, equivale a 6.000 dracmas. Por conseguinte, os talentos em Mateus representam uma quantia de dinheiro incomparavelmente maior do que as minas em Lucas[120]. A maioria dos estudiosos considera que a mina em Lucas é a versão original. O motivo alegado é que Mateus prefere grandes somas de dinheiro. No entanto, o único indício para corroborar essa afirmação é a parábola do "servo incompassivo", em que o servo deve ao seu senhor 10.000 talentos (Mt 18,24). Além disso, o homem que, em Mateus, viaja para outro país, evidentemente não quer testar qual de seus empregados sabe lidar melhor com dinheiro, mas deseja que, durante sua ausência, eles aumentem seu patrimônio. Portanto, para manter a coerência da narrativa, a soma neste caso deve ser a maior.

---

120. Cf. para as proporções exatas WOLTER, M. *Das Lukasevangelium*, p. 620.

Essa "coerência da narrativa" mencionada aqui ainda será discutida. Neste ponto, é importante notar: *no geral*, a versão de Mateus é mais original e coerente do que a de Lucas. Por isso, essa versão servirá como base aqui.

No entanto, Mateus também modificou a parábola. Um exemplo: na prestação de contas, é dito ao primeiro e ao segundo servo: "Vem alegrar-te com teu senhor." Como recompensa por boa administração de bens, isso é totalmente incompreensível. Mas torna-se imediatamente compreensível ao percebermos que Mateus interpretou essa parábola à luz da segunda vinda de Cristo. O senhor que viaja para o exterior é Jesus Cristo, que foi exaltado à direita de Deus. Quando ele retornar na parusia, exigirá prestação de contas de cada um, conforme suas capacidades. A prestação de contas dos servos é, portanto, o juízo universal. Quem se sai bem no julgamento participa do eterno banquete da alegria ("Vem alegrar-te com teu senhor"). Quem, como o terceiro servo, é desaprovado no julgamento, perde tudo e é lançado na escuridão exterior.

Portanto, Mateus (e provavelmente também os transmissores da tradição antes dele), em face da expectativa da parusia da Igreja primitiva, interpretou a parábola de Jesus à luz do julgamento final. Ao fazê-lo, eles a atualizaram para seu tempo. Isso não deve nos impedir de investigar o sentido jesuânico da parábola. Originalmente, sobre o que tratava essa história?

Nos antigos catecismos, o parágrafo ainda é considerado um texto bíblico fundamental para o tema: "Nossas aptidões e capacidades espirituais". Por exemplo, diz-se: "Devemos ser especialmente gratos por nossas aptidões e capacidades espirituais, desenvolvê-las e usá-las corretamente [...]. Quem negligencia suas aptidões e capacidades espirituais por descuido ou comodidade está pecando"[121]. Naturalmente, essa interpretação da parábola foi ocasionada pelo termo "talentos". O significado que atribuímos hoje à palavra "talentos" tem sua origem na parábola do "dinheiro entregue em confiança".

De fato, durante muito tempo, houve uma ampla gama de interpretações que, como o texto do catecismo citado, reduziam nossa parábola a esforços morais gerais. Um segundo exemplo: segundo Adolf Jülicher, Jesus queria dizer com esta parábola que Deus recompensa apenas aquele que utiliza fielmente os dons de Deus, enquanto pune aquele que desperdiça negligentemente as dádivas divinas[122]. Não há mais nenhum vestígio da escatologia de Jesus, muito menos de sua mensagem do Reino de Deus. "Vocês também devem sempre fazer frutificar os dons que Deus lhes deu" – será que Jesus considerou sua missão proclamar tais sabedorias tão triviais?

Em contrapartida, todos aqueles intérpretes que situam a parábola na disputa de Jesus com seus oponentes parecem estar muito mais próximos de sua intenção[123]. O homem que enterra o bem confiado a ele – esses seriam os mestres judeus que se opõem a Jesus. Joachim Jeremias assim escreve[124]:

> Deus confiou-lhes [aos líderes do povo, especialmente aos escribas] grandes coisas: a liderança espiritual do povo, o conhecimento de sua vontade, as chaves para o reinado de Deus. Agora o julgamento de Deus está à porta, o teste para saber se os teólogos justificaram ou abusaram da grande confiança de Deus, se usaram o

---

121. Katholischer Katechismus der Bistümer Deutschlands, nº 115, p. 230
122. JÜLICHER, A. *Die Gleichnisreden Jesu*, vol. 2, p. 480.
123. Essa linha de interpretação começa aparentemente com DIBELIUS, M. *Die Formgeschichte des Evangeliums*, p. 255. Todavia, Dibelius vê em nossa parábola uma acusação contra todo o povo judeu, que teria menosprezado o bem que lhe foi confiado.
124. JEREMIAS, J. *Die Gleichnisse Jesu*, p. 166.

dom de Deus ou o ocultaram de seus semelhantes por egoísmo e excesso de cautela.

Mas será que a cautela e a inatividade do terceiro servo são realmente características dos oponentes de Jesus? Os fariseus e seus escribas, por exemplo, esforçavam-se para educar o povo, revelar-lhe a Escritura e ancorar a Torá na vida. Sou incapaz de ver na parábola do "dinheiro entregue em confiança" uma polêmica contra os fariseus e escribas. Este texto deve versar sobre algo completamente diferente.

O sentido da nossa parábola é mais facilmente alcançado se começamos por analisar a figura do homem que entrega somas de dinheiro a seus servos para que administrem sua fortuna. Trata-se de uma dessas figuras imorais que aparecem com certa frequência nas parábolas de Jesus. Somente ao ver este homem como uma figura negativa a parábola ganha contornos e a história se torna "coerente" em todas as suas partes. Este "senhor" é um dos imensamente ricos, pois entrega na mão de seus "servos" – ou seja, escravos em posições elevadas ou empregados com grande responsabilidade – somas de dinheiro extremamente altas.

Este homem é também um fanfarrão, pois chama essas altas quantias de "pouco", ou seja, uma ninharia. Inferir disso que se trata de quantias menores na versão reconstruída da parábola é inadmissível. Pois a fala desse homem é um claro exemplo de subestimação. Falar de uma quantia tão grande como "pouco" é o mesmo que um presidente de banco hoje chamar somas milionárias de "alguns trocos". Jesus caracterizou o homem como um fanfarrão com esse tipo de discurso.

Que o jactancioso rico conduz seus negócios de maneira imoral é algo confirmado ao terceiro servo quando ele diz: "Sabias que colho onde não semeei e recolho onde não espalhei"

(Mt 25,26 / cf. Lc 19,22). Esta autodescrição do "senhor" mafioso deve finalmente ser levada a sério uma vez. É errôneo ver na acusação do terceiro servo contra seu chefe apenas uma calúnia maliciosa – e na resposta do chefe, uma assimilação irônica da acusação de seu subordinado[125]. Não, este senhor honorável ainda se orgulha de ser caracterizado dessa maneira. Ele concorda plenamente com tal caracterização.

Isso significa que o homem trabalha com métodos de negócio questionáveis. Ele explora os outros. Talvez empreste dinheiro a juros exorbitantes. Ele cobra dívidas, acumula riqueza. É provável que também esteja sempre especulando de forma arriscada. Agora, ele vai para o exterior por algum tempo, supostamente para consolidar suas relações de negócio ou cobrar dívidas.

Os funcionários nº 1 e nº 2 são dignos reflexos de seu chefe. Enquanto ele está no exterior, cada um aumenta o capital que lhe foi entregue em 100%. Um retorno fantástico! Isso, é claro, não foi conseguido com compra e venda honestas, mas com negócios realizados a portas fechadas, com ações arriscadas além dos limites legais, mas em consonância com as práticas de seu chefe.

O terceiro servo tem medo dessas práticas. Ele não assume nenhum risco, nem mesmo o de depositar num banco o dinheiro que lhe foi confiado. Afinal, até mesmo um banco

---

[125]. É o que faz, por exemplo, HARNISCH, W. *Die Gleichniserzählungen Jesu*, p. 39. Segundo ele, o senhor retoma literalmente as palavras do servo em sua resposta apenas para "desacreditar as motivações do servo". Tal ironia seria fundamentalmente possível. No entanto, seria necessário considerar a caracterização do senhor pelo servo no versículo 24 como um ataque injustificado e uma calúnia maldosa. No entanto, não há razão para isso – especialmente quando se consideram as altas somas adquiridas pelos empregados nº 1 e nº 2. Eles trabalham exatamente com os métodos de negócio de seu senhor. A maneira como o empregado nº 3 "atira" o dinheiro para seu senhor é insolente, mas o que ele diz é verdade.

poderia falir. Ele esconde o dinheiro de seu chefe no cofre que era habitual na Antiguidade: ele o enterra. Dessa forma, ele não perde nada, mas também não lucra um centavo.

E é exatamente por isso que ele perdeu tudo. Afinal, ele pertence a uma empresa que valoriza ações rápidas, iniciativa, gosto pelo risco e altos retornos. Quando o chefe volta do exterior, o terceiro empregado é posto no olho da rua. Sua existência profissional está arruinada.

Portanto, Jesus usa nessa parábola um material provocador de tensão e que também é bastante incomum. O material da história que ele narra não é nem religioso nem moral. Jesus transpõe seus ouvintes para um mundo onde as coisas são duras e implacáveis. Quem não arrisca tudo não sobrevive. É demitido.

Que ousadia usar um material imoral[126], uma história do mundo dos trambiqueiros e especuladores, para fazer uma declaração sobre o reinado de Deus! Isso foi tão extremo que até os transmissores da tradição pós-pascais não conseguiram lidar muito bem com esse material da parábola. No entanto, eles transmitiram fielmente a autocaracterização do senhor na parábola.

E que reivindicação por trás desta parábola! Pois o que ela quer dizer deveria estar claro agora. Jesus está falando do plano que Deus tem para o mundo. Ele fala do novo que Deus quer criar no meio da sociedade antiga. Em resumo: está falando do Reino de Deus. Este novo mundo de Deus, diz Jesus, não será alcançado com covardes, com pessoas imóveis, que querem se assegurar constantemente, que preferem esperar a agir. Esta nova sociedade de Deus só será alcançada com pessoas dispostas a correr riscos, que apostam tudo em uma só carta, que vão ao limite e com total resolução se tornam "fazedores".

---

126. Temos argumento similar já em TÀRRECH, A. P. *La parabole des Talents*, bem como em SCHRAMM, T.; LÖWENSTEIN, K. *Unmoralische Helden*, p. 158.

Portanto, Jesus pode dizer em suas parábolas que o Reino de Deus vem como pura graça, como que "por si só" (lembremos da parábola da "semente que cresce sozinha"). Mas ele também pode dizer que sua vinda exige um grande esforço. Isso é uma contradição? Não necessariamente. É, porém, um paradoxo. Ao que parece, ambas as coisas devem ser ditas se quisermos falar adequadamente sobre o Reino de Deus. O paradoxo não deve ser resolvido – assim como a tensão entre o presente e o futuro da soberania de Deus não deve ser resolvida.

34 O administrador desonesto (Lc 16,1-13)

Mais uma vez, retornemos brevemente ao capítulo anterior, à empresa em que o único objetivo era obter grandes lucros! Jesus realmente podia contar algo assim? Podia instruir seus ouvintes sobre o Reino de Deus com uma história dessas? A resposta só pode ser: Sim, ele podia. E a próxima parábola novamente tem, com certeza, um "herói imoral". Por isso, até mesmo Lucas, que nos transmitiu essa parábola, teve grandes problemas com ela. Isso pode ser visto nos seguintes dados:

Ele (e a tradição antes dele) anexaram à parábola várias "palavras de comentário" (Lc 16,8-13), que giram em torno da palavra "Mamom". Esses comentários têm todos a função de explicar a parábola, protegê-la de mal-entendidos e garantir que não se tirem dela conclusões erradas. No entanto, Jesus não "protege" sua linguagem desafiadora. Ele fala sobre o reinado de Deus em histórias ousadas. Ele conta parábolas que absolutamente não são inócuas. Aqui, temos a história de um administrador que, de forma inescrupulosa, usa os bens de seu senhor para assegurar seu próprio futuro.

> Havia um homem rico que tinha um administrador. Este tinha sido acusado de dissipar-lhe os bens. Ele chamou o administrador e disse-lhe: "O que é que ouço dizer de ti? Presta contas da tua administração,

porque já não poderás ser meu administrador". O administrador pensou: "O que vou fazer, pois o patrão me tira a administração? Trabalhar na terra... não tenho forças; mendigar... tenho vergonha. Mas já sei o que vou fazer para que, depois de afastado da administração, alguém me receba em sua casa".
Convocou cada um dos devedores do patrão. Perguntou ao primeiro: "Quanto deves ao meu patrão?" A resposta foi: "Cem batos de azeite". Disse-lhe ele: "Toma a conta, senta-te imediatamente e escreve cinquenta". Depois perguntou a outro: "E tu, quanto deves?" A resposta foi: "Cem sacos de trigo". Disse-lhe ele: "Toma a conta e escreve oitenta".
O senhor louvou o administrador desonesto por ter agido com esperteza, pois os filhos deste mundo são mais vivos no trato com sua gente do que os filhos da luz. E eu vos digo: Fazei-vos amigos com o Mamom injusto, para que, no dia em que estas faltarem, eles vos recebam nas moradas eternas.
Quem é fiel no pouco também o é no muito, e quem no pouco é infiel também o é no muito. Se, pois, não fostes fiéis no Mamom injusto, quem vos confiará as riquezas verdadeiras? E se não fostes fiéis no que é dos outros, quem vos dará o que é vosso? Nenhum servo pode servir a dois senhores, pois ou odiará um e amará o outro, ou será fiel a um e abandonará o outro. Não podeis servir a Deus e a Mamom" (Lc 16,1-13).

Podemos desconsiderar a série de quatro comentários anexada nos versículos 8-13. De fato, eles aparecem como falas de Jesus, e até mesmo o versículo 8a se apresenta como fala de Jesus. Pois evidentemente o "senhor" que louva o administrador fraudulento é Jesus e não o homem rico da parábola[127].

---

127. Por certo, o contrário foi frequentemente considerado ou até mesmo afirmado. Mas como pode o proprietário elogiar aquele que o rouba? Afinal, a parábola não é uma comédia em que, no final, o senhor enganado elogia seu servo porque este o ludibriou habilmente. Jesus, por outro lado, pode elogiar o trapaceiro porque tornou visível nele algo da atitude correta em relação ao Reino de Deus. Para uma análise detalhada de todo o problema, cf. REISER, M. *Die Gerichtspredigt Jesu*, p. 282-283.

No entanto, todas essas palavras anexadas procuram, como já mencionado, comentar a parábola e protegê-la de mal-entendidos. Elas não nos levam mais adiante. Precisamos examinar a própria parábola – e de novo sua estrutura primeiramente. Esta parábola também consiste em três partes:

1. Exposição: A situação crítica do administrador é descrita.

2. Monólogo interno do administrador: Ele considera sua situação e formula um plano.

3. Resolução da crise: O administrador fala com os devedores de seu senhor e os faz falsificar notas promissórias.

Assim como na parábola do "dinheiro entregue em confiança", aqui também a terceira parte é a mais extensa. Ela carrega o peso da narrativa e revela aos ouvintes ou leitores o que a parábola quer dizer.

E como em muitas outras parábolas, em Lc 16,1-7 o discurso direto desempenha um papel proeminente. Na primeira parte, o proprietário fala com seu administrador; na segunda parte, ouvimos um monólogo interno do administrador; e na terceira parte ocorre então o crime propriamente dito, que, no entanto, não nos é simplesmente relatado, mas sim apresentado num diálogo entre o administrador e os devedores. Deve-se considerar a intensidade com que a parábola se torna vívida e clara em seu ponto crucial. Jesus poderia ter dito: "E ele chamou os devedores de seu senhor um por um. Ordenou-lhes que escrevessem novos títulos de dívida, de modo que agora deviam muito menos azeite e muito menos trigo ao proprietário". Mas Jesus não se vale de uma narração tão distanciada e seca. Os muitos diálogos em suas parábolas adotam técnicas narrativas da Antiguidade, especialmente da Bíblia (basta ler Gn 3,1-5) – e são ao mesmo tempo bastante modernos. Hoje, a boa literatura de suspense consiste, com frequência, em 50% de diálogos.

O fato de o administrador falar com apenas dois devedores é, por óbvio, cuidadosamente pensado. Esses dois têm uma função representativa. Representam toda uma série de conversas que o administrador tem com os devedores de seu senhor, mas todas têm o mesmo desfecho. Aqui também se aplica: as parábolas precisam ser concisas e claras. Elas mostram o que querem mostrar de maneira exemplar.

Mas vamos, finalmente, ao que nos é contado neste texto. É a história de uma fraude engenhosa cometida por um homem que sabe se safar de uma situação de grande dificuldade. A cena e o contexto não precisavam ser explicados aos ouvintes. Eles conheciam tudo isso. Na Palestina daquela época, as terras realmente férteis pertenciam a relativamente poucos grandes proprietários. Com frequência, eles viviam no exterior e deixavam suas propriedades sob a administração de economistas que possuíam plenos poderes para realizar seu trabalho.

Um dia, esse grande proprietário de terras recebe a informação de que seu administrador está "dissipando" ou "esbanjando" os bens que lhe foram confiados. Em grego, a palavra usada é *diaskorpizō*, que oferece várias possibilidades de tradução. Em seu sentido básico, significa "dispersar". O texto, portanto, inicialmente deixa aberto se haveria aqui apenas um caso de administração imprudente e irresponsável, ou se o administrador cometeu desvios significativos. O texto também deixa aberto se as acusações trazidas aos ouvidos do proprietário são meras calúnias ou se são baseadas em fatos. Em todo o caso, o proprietário age: o administrador é convocado para uma reunião na qual todos os registros comerciais devem ser apresentados. Essa é a situação de saída.

O homem sabe que está numa situação desesperadora. Sabe que perderá seu emprego e não tem chance de encontrar um novo. Seu futuro parece arruinado. Portanto, ele recorre à fraude da maneira mais descarada – e a audácia com que o faz leva a supor que ele já havia trapaceado antes. Mas isso não é algo que possamos dizer com segurança. Inicialmente, a narrativa havia deixado isso aberto. Os ouvintes de Jesus devem ter ficado intrigados.

Em todo caso, agora a situação é clara. O homem aposta tudo. Ele chama todos os devedores de seu senhor (ou, pelo menos, um número cuidadosamente selecionado de devedores) e os faz escrever novos títulos de dívida para o prejuízo de seu empregador. É claro, os antigos são destruídos. Dessa forma, ele cria obrigações para pessoas que mais tarde o apoiarão. Ele garante seu "direito de hospitalidade"[128]. Obrigações desse tipo desempenhavam um papel extraordinário na sociedade antiga. Afinal, não havia nosso sistema de seguros ou de proteção social. Uma rede de "amigos" podia salvar vidas. Em formas mais modernas, "obrigações" desse tipo também existem entre nós. Fala-se então de *amici*.

É claro, o administrador fraudulento chama os devedores *individualmente* – em tais negócios não pode haver testemunhas. O valor das mercadorias em questão é extraordinariamente alto: 100 batos de azeite são cerca de 36 hectolitros – o rendimento de cerca de 145 oliveiras. A quantidade de trigo é igualmente elevada.

Como termina a história? Vamos perguntar de outra forma: Como a terminaríamos hoje? Provavelmente de maneira altamente moralista. Algo assim: A fraude é descoberta, o fraudador perde tudo e acaba na prisão. Moral da história: O crime não compensa! Em todo caso, é assim que a história teria sido narrada nos séculos XVIII e XIX. Nas últimas décadas, porém,

---

[128]. Mais detalhes sobre isso em PELLEGRINI, S. "Ein 'ungetreuer' οἰκονόμος", p. 169-171.

ela provavelmente teria recebido um *toque* social, a falta de escrúpulos dos latifundiários exploradores teria sido criticada, o comportamento do administrador e dos devedores teria sido descrito como legítima defesa, ainda que desesperada, transformando a história criminal num drama de heróis sociais. Mesmo nesse caso, a história também teria terminado de maneira altamente moralista.

O espantoso é que a história contada por Jesus não termina de maneira moralista – nem no sentido da moral burguesa nem da moral antiburguesa. A falta de uma conclusão moralista na história de Jesus fica evidente pelo fato de que seu final nem sequer é contado. O desfecho permanece aberto e já não interessa mais.

Obviamente, o cerne dessa história de trapaças é algo completamente diferente. O primeiro comentário, que se segue à parábola, ainda reconhece isso: Jesus elogia o administrador criminoso (vale repetir: evidentemente, "o senhor" é, como em Lucas 18,6, Jesus e não o grande proprietário prejudicado), mas Jesus não elogia o crime do administrador, e sim a determinação com que ele salvou sua própria existência.

Dadas *suas* circunstâncias, o administrador agiu de maneira completamente coerente: ele não tinha ilusões. Ele ponderou sobre suas alternativas de maneira realista. Usou sua inteligência, sua imaginação e, após calcular tudo, agiu rapidamente e de maneira eficaz.

E Jesus quer dizer a seus ouvintes: deveis agir da mesma maneira em relação ao reinado de Deus. Ele vos está sendo oferecido agora, hoje. Mas só virá até vós se aplicardes vossa inteligência, sagacidade, imaginação, paixão, enfim, toda vossa existência. A melhor explicação para a parábola é, portanto, o comentário final: "Nenhum servo pode servir a dois senhores, pois ou odiará um e amará o outro, ou será fiel a um e abandonará o outro" (Lc 16,13).

Quem quer viver sob o reinado de Deus só pode ter Deus como Senhor. Só a ele pode servir – com toda sua vontade, com toda sua força, com toda sua vida. Se, além de Deus, ele tiver outros senhores, estará dividido, será puxado para lá e para cá, sem iniciativa. Ele não se dedicará de verdade, não arriscará nada, só fará as coisas pela metade. Falta para sua vida aquela força interior que pertence ao reinado de Deus.

O administrador desonesto não fez as coisas pela metade. Ele foi até o fim. Ele agiu de forma consequente. Ele arriscou tudo e deu tudo de si. Por isto, e somente por isto, Jesus o admira e diz: Se ao menos meus seguidores, meus discípulos, meus amigos – obviamente sob as condições do reinado de Deus – agissem com a mesma dedicação desse administrador.

35 O assassino (*EvThom* 98)

A seguinte parábola de Jesus também conta uma história imoral. Ela é tão escandalosa que nem sequer foi incluída entre os evangelhos canônicos. Apenas o *Evangelho de Tomé*, que não foi reconhecido pela Igreja antiga devido à sua tendência gnóstica básica, preservou essa parábola em língua copta. É compreensível que a grande tradição da Igreja não tenha transmitido essa parábola. Pois se trata da preparação de um assassinato político. Isso poderia tanto confundir os próprios membros da comunidade como passar uma impressão equivocada da fé cristã às autoridades estatais[129].

---

129. De acordo com FIEGER, M. *Das Thomasevangelium*, p. 249, na interpretação do Evangelho de Tomé, o "poderoso" simboliza o mundo da matéria, que deve ser destruído no sentido gnóstico. O ser humano deve se libertar de todas as paixões para poder reconhecer a centelha de luz dentro de si mesmo.

A parábola fala do "Reino do Pai". Na terminologia do Evangelho de Tomé, isso não é nada mais que o Reino de Deus.

> Jesus disse: O Reino do Pai é semelhante a um homem que planejava matar um poderoso. Em sua casa, ele puxou a espada da bainha e com ela perfurou a parede para saber se sua mão seria forte. Então ele matou o poderoso (*EvThom* 98).

Vamos novamente partir da "forma" da parábola. O texto é extremamente curto. Como já aconteceu tantas vezes, surge também aqui a questão: Jesus não teria narrado a parábola de maneira muito mais detalhada? Afinal, esse é um material eletrizante. A parábola é tão lacônica apenas porque sua forma remonta a uma versão resumida para catequistas? Ou Jesus já a contou de maneira tão breve porque só precisava enfatizar um ponto essencial de exposições mais longas sobre o Reino de Deus (que talvez a tivessem precedido)? Deixo a resposta em aberto. Às vezes, inclino-me para uma direção e, às vezes, para outra. Neste caso particular, devemos nos perguntar também se a extrema concisão não se deve ao autor do Evangelho de Tomé, que abreviou e simplificou com frequência as parábolas de Jesus que conhecemos dos evangelhos sinóticos.

Em todo caso, é surpreendente notar quantas coisas não são narradas na parábola. Fala-se de um homem. Mas quem é esse homem? Não ficamos sabendo.

Então, aparece um "poderoso". O texto copta manteve a palavra grega *megistán* sem tradução. Muitos indícios apontam para o fato de que essa palavra se refere a pessoas nobres e politicamente influentes no entorno de um rei (cf. Mc 6,21). Mas aqui não são fornecidos mais detalhes.

Além disso: Por que o poderoso deve ser assassinado? Ele cometeu uma grande injustiça? Destruiu a existência de outras pessoas? Era altamente corrupto? Ele próprio matou ou mandou matar? O indivíduo é um símbolo de opressão nacional? Isso também permanece aberto. Nada nos é dito.

E depois há a história mesma. Até a última frase, o ouvinte espera que tudo seja apenas preparação e que finalmente o atentado seja contado em detalhes. Onde ele acontece? Numa corte real? No meio da multidão? O assassino escondeu sua espada curta ou seu punhal sob o manto? Ele esfaqueia sob sua ampla vestimenta? Ele consegue escapar ou é imediatamente capturado? Mas nada disso é narrado. A execução do assassinato é despachada numa frase tão curta quanto possível: "Então ele matou o poderoso".

Isso se assemelha à parábola da "semente que cresce por si só" (Mc 4,26-29). Lá também a colheita não desempenha um papel crucial. Apenas se diz: "Mete-lhe logo a foicinha, pois é tempo da colheita". O que importava era apenas o processo de crescimento. Esse era o foco da narrativa. Aqui ocorre algo similar. Tudo depende das frases: "Em sua casa, ele puxou a espada da bainha e com ela perfurou a parede para saber se sua mão seria forte". Exatamente aqui deve estar o ponto crucial da parábola.

Então, o que a parábola quer dizer? Obviamente, o que lhe interessa é a *preparação* do atentado, não o atentado em si. Mas, mesmo assim, ainda há várias possibilidades de interpretação.

Por exemplo, já foi dito que o ponto crucial da parábola reside na inevitabilidade do assassínio daquele homem poderoso. A preparação cuidadosa pretenderia, então, mostrar que o homem estava inevitavelmente condenado à morte. Ele não tinha mais chance. E exatamente assim seria com Deus. Ele terá sucesso com seu projeto do Reino de Deus – de modo tão certo quanto o nobre é assassinado no final[130].

---

130. Assim HUNZINGER, C.-H. *Unbekannte Gleichnisse Jesu aus dem ThomasEvangelium*; em seguida, sobretudo, SCHRAMM, T.; LÖWENSTEIN, K. *Unmoralische Helden*, p. 54s.

No entanto, essa interpretação é bastante questionável. Desconsideremos, por um momento, que atentados muitas vezes falham! Será que esta parábola realmente trata do fato de que Deus terá sucesso no final? Tal interpretação não faz justiça ao peso que recai sobre a *preparação* do atentado.

Sabemos pela literatura romana que os legionários treinavam o golpe mortal regularmente com suas espadas curtas em manequins de madeira[131]. O objetivo não era infligir uma ferida qualquer no adversário, mas acertar a estocada letal no local correto. Havia obstáculos a considerar: cartilagens, músculos, costelas. A mão precisava ser certeira e forte. Ao que parece, o assassino em nossa parábola treina de maneira semelhante. Só que ele não usa uma figura de madeira, mas a parede de barro de sua casa. Talvez ele tenha desenhado o contorno de uma figura em tamanho natural com carvão na parede interna da casa.

Entretanto, aqui também podemos voltar a perguntar: ele treina por semanas, como os legionários romanos ou como os gladiadores, para tornar seu braço rápido e forte e conseguir acertar com precisão – ou trata-se de uma tentativa única, "para saber se sua mão seria forte"?

Independentemente da resposta, Jesus quer dizer que quem se depara com o Reino de Deus e deseja conquistá-lo deve agir como esse assassino: ciente do objetivo, com todo o esforço, com total resolução, mas também com preparação clara e utilizando todas as suas habilidades. Não há espaço para meias-medidas.

Se considerarmos a próxima parábola sobre a "construção da torre e a condução da guerra", inclinamo-nos mais para um acontecimento único e pontual; nesse caso, a parábola do assassino não descreve um treinamento de força nem semanas de

---

131. Cf. FÖRSTER, N. *Die Selbstprüfung des Mörders*, p. 924s.

treino, mas uma reflexão concludente sobre o plano: o assassino considera novamente o que pretende fazer, submete seu plano a uma última verificação e, por fim, afunda sua espada na parede da casa. Em seguida, parte para a execução de seu plano.

36 Construção da torre e condução da guerra (Lc 14,28-32)

A seguinte parábola dupla provém do material exclusivo de Lucas. O evangelista a inseriu numa pequena composição discursiva (14,25-35). Jesus fala a "uma grande multidão" que o acompanha (14,25). Ele fala das condições do discipulado e da seriedade do seguimento.

> Quem de vós, ao construir uma torre, não senta primeiro e calcula os gastos para ver se tem com que terminá-la? Do contrário, depois que tiver lançado os alicerces e não puder acabá-la, todos o verão e começarão a zombar, dizendo: "Este homem começou a construir e não pôde acabar". Ou qual o rei que, saindo a campo para fazer guerra a outro rei, não senta primeiro e examina bem se com dez mil pode enfrentar o outro que contra ele vem com vinte mil? Do contrário, quando o outro ainda está longe, envia uma delegação para negociar a paz (Lc 14,28-32).

Já nos deparamos com isso várias vezes: parábolas duplas amam o contraste. Nas parábolas da "ovelha perdida" e da "dracma perdida", primeiramente se narra sobre um homem e depois sobre uma mulher, cada um encontrando o que estava perdido (Lc 15,3-10). Nas parábolas do "tesouro escondido no campo" e da "pérola de grande valor", primeiro é mencionado um trabalhador pobre e depois, um grande comerciante rico (Mt 13,44-46).

Também aqui, em Lc 14,28-32, é construído um contraste. A figura principal da segunda parábola é um rei com um exército de dez mil homens. Seu adversário avança com um exército de vinte mil homens. Trata-se, portanto, do mundo dos grandes, dos governantes, dos poderosos que travam guerras entre si.

Na primeira parábola, estamos perante circunstâncias significativamente mais modestas, ou seja, no mundo em que os próprios ouvintes de Jesus viviam ("Quem de vós?"). Por isso, Jesus pode dirigir-se a eles diretamente na primeira parábola: "Supondo que um de vós queira construir uma torre..." É possível que Jesus tivesse em mente um vinhedo (Is 5,2). Com frequência, eram construídas pequenas torres circulares de pedra bruta, de onde se podia vigiar quando as uvas amadureciam. O dono do vinhedo deve considerar se, com seus recursos e mão de obra, conseguirá erguer uma torre dessas.

No entanto, também é possível que Jesus não esteja se referindo a uma torre de vinhedo, mas sim a uma torre residencial (cf. *José e Asenat* 2,1). Mas não devemos imaginar essa torre residencial como um tipo de prédio com vários andares. Na Palestina, as residências eram, em sua maioria, edifícios baixos. Se alguém planejasse uma casa com um ou dois andares adicionais, ela já poderia ser considerada uma "torre". Para nossa parábola, é muito mais plausível que se trate de uma "torre residencial" desse tipo. Pois qualquer um poderia construir uma torre de vinhedo sem grande custo financeiro[132]. Isso seria diferente no caso de uma torre residencial. Os ouvintes imaginam como os alicerces da planejada torre são visíveis durante anos no meio de uma área residencial, sem que a construção avance. O construtor se excedeu no planejamento. As zombarias na

---

132. Tratava-se geralmente de "uma construção menor sem espaço interno e com uma escada externa" (MICHAELIS, W. in: *ThWNT* VI 954). "Sem espaço interno" significa: a torre de vigia redonda consistia em uma parede externa de pedras brutas; o interior era preenchido com entulho de pedras. É difícil imaginar que uma construção desse tipo poderia ter causado dificuldades financeiras ao agricultor em questão. Para mais informações sobre cabanas e torres de vigia, consultar DALMAN, G. *Arbeit und Sitte in Palästina*, vol. IV, p. 316-319, p. 332-335.

aldeia ou na pequena cidade podem ser facilmente imaginadas. Portanto, aqui não estamos no mundo dos poderosos. São circunstâncias "burguesas". E assim o contraste entre as duas parábolas é garantido.

Qual é o sentido desses finos ajustes contrastantes? Para a interpretação da parábola dupla em si, elas não auxiliam muito. Mas elas contribuem para a força de persuasão do conjunto. Pois não apenas a estrutura de questionamento da nossa parábola dupla busca o consentimento dos ouvintes. O consentimento deles também é alcançado pelo fato de que tais parábolas duplas ocorrem em diferentes áreas e, dessa forma, cobrem várias experiências – as experiências de homens e mulheres, de pobres e ricos, daqueles que estão "no topo" e daqueles que estão "embaixo" na sociedade. Assim, em lugares e detalhes sempre novos, deparamos com o inteligente narrador que foi Jesus.

Mas, agora, vejamos o sentido de nossa parábola dupla! Ele é claro: Antes de empreender algo, seja pequeno ou grande, pense bem no que você está fazendo. Pergunte-se quanto custará o empreendimento planejado, que fardos ele trará, quais serão as consequências e como você ficará no fim.

Formulado desta maneira, o sentido de Lucas 14,28-32 ainda permaneceria no nível de regras gerais e sensatas de comportamento. Evidentemente, Jesus tinha algo mais em mente. Ele não fala com a linguagem de um mestre de sabedoria. Ele fala perante uma situação concreta – a situação do Reino de Deus, que se realiza agora. O Reino de Deus está se aproximando. Ele move tudo e transforma tudo. Muitas pessoas ouvem a mensagem de Jesus e veem o que está acontecendo: os doentes são curados, os possuídos são libertados das compulsões em que vivem. Aos pobres é anunciada a boa nova. Jesus está sempre encontrando mulheres e homens que são fascinados por ele e querem segui-lo. E é precisamente nesta situação que Jesus não só chama ao seguimento, mas também precisa advertir: "Considere o que você está prestes a fazer. Você sabe o que significa seguir-me? Você calculou os custos?"

Assim, no caso da nossa parábola dupla, estamos na feliz posição de poder recriar com bastante precisão a situação original na qual foi proferida. Há uma série de palavras de Jesus que ilustram essa situação. Por exemplo, Lucas 9,58: "As raposas têm tocas e os pássaros do céu, ninhos, mas o Filho do homem não tem onde repousar a cabeça".

Jesus chamou discípulos para segui-lo. Mas não chamou a todos. Ele escolheu pessoas que considerava adequadas. A outros, que se ofereciam voluntariamente, ele advertiu que não o seguissem. A parábola dupla de Lucas 14,28-32 é claramente uma dessas advertências. Com efeito, Lucas viu isso claramente. Ele criou o ambiente adequado para a parábola dupla.

Portanto, Jesus pode comparar a situação de alguém que quer segui-lo com a de um rei que deve considerar cuidadosamente se pode defender-se contra um exército duas vezes mais forte que o seu. Será que Jesus legitimou a guerra com isso? De maneira nenhuma! Ele apenas usou uma situação da triste realidade deste mundo para iluminar o que aqueles que querem segui-lo precisam calcular: custos e consequências.

Isso, por sua vez, lança uma luz retroativa sobre o capítulo anterior. A parábola do "assassino" também não é uma legitimação para homicídios. A parábola do "assassino" se vale das tristes realidades deste mundo para mostrar o que é exigido de um seguidor de Jesus. Neste caso: nada de meias-medidas, mas sim uma determinação completa.

Por isso, quando Jesus proíbe seus discípulos de usar violência (Mt 5,39; 26,52), não se trata de uma contradição à parábola do "assassino" ou à da "condução da guerra". O "material pictórico" ofensivo das parábolas de Jesus não deve, de forma alguma, ser posto no mesmo nível dos "princípios de ação" da proclamação do Reino de Deus por Jesus.

37 Construção de uma casa sobre a rocha ou sobre a areia (Mt 7,24-27)

A grande composição discursiva do Sermão da Montanha (Mt 5-7) termina com a parábola da "construção da casa"; apenas a nota final de Mt 7,28-29 se segue a ela. Em Lucas, o chamado "Sermão da Planície" (Lc 6,20-49) corresponde ao Sermão da Montanha de Mateus. O Sermão da Planície também termina com essa parábola (Lc 6,47-49). Assim, fica claro: o discurso programático que, na fonte Q, seguia-se ao batismo e à tentação de Jesus também deve ter terminado com a parábola da "construção da casa". Mateus e Lucas retiraram sua respectiva parábola final da fonte Q. É provável que Mateus tenha seguido seu modelo com a maior precisão. Assim, vou me basear na versão de Mateus:

> Portanto, todo aquele que ouve estas minhas palavras, e as põe em prática, será como um homem prudente que construiu sua casa sobre a rocha. Caiu a chuva, vieram as enxurradas, sopraram os ventos e deram contra a casa, mas ela não desabou. Estava fundada na rocha. Mas todo aquele que ouve estas minhas palavras, e não as põe em prática, será como um homem tolo que construiu sua casa sobre a areia. Caiu a chuva, vieram as enxurradas, sopraram os ventos e deram contra aquela casa, e ela desabou. E grande foi sua ruína[133] (Mt 7,24-27).

Enquanto Lucas, em sua adaptação da parábola, aparentemente pensou na enchente de um grande rio (Lc 6,48), Mateus manteve as condições da Palestina (Mt 7,25): uma chuva in-

---

133. Literalmente: "e sua queda foi grande".

tensa em algum lugar distante pode de repente transformar um leito seco em rio impetuoso e causar danos devastadores. Aliás, a parábola, no que diz respeito ao seu nível imagético, não precisa de longas explicações. Todo mundo sabe que a primeira exigência na construção de uma casa é a "fundação" sólida. Cito um especialista atual[134]:

> A tarefa mais importante da fundação é absorver as cargas da obra e transmiti-las ao solo, sem que a compressão resultante do solo cause desvantagens para a construção ou o entorno. Em construções muito altas e esguias, também podem ocorrer forças horizontais adicionais em decorrência da pressão do vento.

O narrador da parábola podia, portanto, contar com a imediata compreensão de seus ouvintes. Assentar uma fundação sobre o solo de rocha era ideal. Por outro lado, a construção de uma casa sobre areia pura demonstrava grande estupidez ou imprudência condenável.

Mais importante é a questão sobre o que significam as águas que chegam e as rajadas de vento. Ouvintes familiarizados com a Bíblia inevitavelmente pensariam no julgamento de Deus, como descrito em Isaías 28,14-22. Esse julgamento recai sobre os zombadores e fanfarrões em Jerusalém. Quando a inundação chega, eles são arrastados (28,18s.), e a tempestade de granizo varre suas mentiras (28,17). Deus, então, estabelece uma fundação que é segura e firme: "Vou colocar uma pedra em Sião, uma pedra de granito, uma pedra angular, preciosa, lançada como pedra de fundação" (28,16). Tempestade e inundação, como mostram outros textos do Antigo Testamento[135], são metáforas do julgamento.

---

134. Do artigo "Gründung (Bauwesen)" na Wikipedia (20/08/2019).
135. Cf., p. ex., Gn 6,1-9.29; Ez 13,10-13; 38,22.

Tanto Mateus quanto Lucas, ao adotarem a parábola da fonte Q, pensaram no julgamento vindouro. Isso é especialmente evidente em Mateus. Nele, Jesus diz: "Todo aquele que ouve estas minhas palavras, e as põe em prática, *será* como um homem prudente..." O futuro deve apontar para o julgamento iminente. Então, ficará claro sobre qual fundamento a pessoa construiu a casa de sua vida. Quando narrou a parábola, Jesus também deve ter pensado no julgamento.

No entanto, muito mais importante é perguntar: com o que a correta colocação do fundamento é comparada na nossa parábola? No caso de Mateus, a resposta é clara: ela é comparada com ouvir e fazer as palavras de Jesus. A ênfase da mensagem está no "fazer". Esse "fazer" é absolutamente crucial para Mateus. Ele domina todo o Sermão da Montanha. "Nem todo aquele que me diz: 'Senhor, Senhor', entrará no reino dos céus mas quem *fizer* a vontade de meu Pai que está nos céus" (Mt 7,21).

E como é em Lucas? Ele também transmite a palavra há pouco citada no Sermão da Planície – mas numa forma ainda mais incisiva. Em Lucas, não se faz referência à "vontade do Pai", mas ao próprio Jesus: "Por que me chamais: 'Senhor, Senhor' e não fazeis o que vos digo?" (Lc 6,46). É assim que esse texto já devia constar na fonte Q. E, com isso, retornamos à questão acerca de Jesus. Ele já teria, no sentido de Lucas 6,46, rejeitado a mera menção "Senhor, Senhor" e insistido no fazer de suas palavras? E teria ele compreendido a parábola da "construção da casa" exatamente nesse sentido – no sentido de que aquele que não apenas ouve suas palavras, mas também as segue, poderá resistir ao julgamento?

Muita coisa depende da resposta a essa questão histórico-crítica. Pois, se a resposta for positiva, então Jesus colocou sua própria palavra acima da palavra da Torá – não como se substituísse a instrução do Antigo Testamento, mas de modo a interpretar a Torá definitivamente e, assim, ser a última palavra de Deus. Isso implicaria que Jesus fez de sua própria palavra e da confissão de sua pessoa o critério para o julgamento. E então, para ele mesmo, a parábola do "construtor da casa" não deveria ser interpretada em termos de um mero conselho de comportamento prudente, mas sim em termos da confissão de sua palavra – e uma confissão que abrange toda a existência.

Há uma palavra de Jesus que nos foi transmitida em outro contexto, mas que aponta exatamente nessa direção[136]:

> Eu vos digo: Quem der testemunho de mim diante dos outros, também o Filho do homem dará testemunho dele diante dos anjos de Deus. Quem me negar diante dos outros será negado diante dos anjos de Deus (Lc 12,8-9; cf. Mt 10,32-33; Mc 8,38).

Com o termo "Filho do homem", Jesus se refere a si mesmo de maneira velada – e o acontecimento que se desenrola "diante dos anjos de Deus" é o Juízo Final. "Dar testemunho" e "negar" não se referem apenas a palavras e proclamações, mas ao ato de dar testemunho (ou negar) mediante o fazer, a vida, a existência inteira.

Não se pode ignorar esse *logion* de Lucas 12,8s. quando questionamos pelo significado original da parábola da "construção da casa". Assim sendo, Jesus já queria dizer com nossa parábola: para cada um que me ouve, a obediência à minha palavra determina a salvação ou o julgamento no fim dos tempos[137].

38 A lamparina no candelabro (Mt 5,15)

A parábola da lamparina que deve ser colocada no candelabro e em nenhum outro lugar é relatada por Mateus, Marcos

---

136. Para uma interpretação mais detalhada de Lc 12,8-9, cf. LOHFINK, G. *Jesus von Nazaret*, p. 449.
137. Aqui me apoio em KLEIN, H. *Das Lukasevangelium*, p. 266.

e Lucas – por Lucas até mesmo em duas variantes (Mt 5,15; Mc 4,21; Lc 8,16; 11,33). Provavelmente, a versão de Mateus é a mais próxima da versão original.

> Nem se acende uma lamparina para se pôr debaixo de um alqueire, mas num candelabro, para que ilumine todos os da casa (Mt 5,15).

Também aqui se pode perguntar se realmente se trata de uma parábola e não de mera "metáfora". No entanto, como há certo progresso narrativo – a lamparina é colocada no candelabro e, *em seguida*, ilumina a casa – eu classifico o texto como uma parábola. No entanto, é realmente um caso limítrofe.

Muitos não conseguem mais imaginar o que é um "alqueire". Na Alemanha, era uma medida de volume usada para medir produtos a granel, como cereais. Por exemplo, podia-se comprar dez alqueires de trigo. No entanto, o volume variava enormemente de acordo com a região (entre 17 e 300 litros). A palavra "alqueire" não se referia apenas ao volume, mas também ao recipiente com o qual se media um alqueire. O "alqueire" era, então, uma espécie de tina.

Martinho Lutero traduziu a palavra grega *modios* como Scheffel (alqueire) em sua tradução alemã da Bíblia – e devemos manter essa tradução, não apenas porque "esconder a luz debaixo do alqueire"[138] se tornou um provérbio, mas também porque hoje em dia não temos mais recipientes grandes desse tipo para emprego cotidiano que também são usados para medida.

O antigo *modios* era bem parecido com o alqueire. *Modios* era inicialmente uma unidade de medida, mas também se referia ao recipiente correspondente.

---

138. Em inglês: *not to hide one's light under a bushel.* – Francês: *ne pas mettre la lampe sous le boisseau.* – Holandês: *zijn licht niet onder de korenmaat zetten.*

Mais conhecidas do que o alqueire são as lâmpadas helenísticas e romanas, geralmente feitas de cerâmica. Essencialmente, eram pequenas vasilhas com uma tampa. A tampa, frequentemente ornamentada, tinha uma abertura pela qual se vertia o óleo de oliva. O pavio era inserido num prolongamento do recipiente, no chamado "bico".

O "candeeiro", ou melhor, o "candelabro" mencionado em nossa miniparábola era um suporte de madeira ou ferro, que ficava sobre o chão, permitindo que a lâmpada ficasse numa posição elevada.

Para o "alqueire", encontramos diversas variantes na tradição da nossa parábola. Em Marcos, ninguém põe a lamparina de óleo debaixo de um "alqueire" ou debaixo da "cama" (Mc 4,21). Em Lucas, além de um "recipiente" e da "cama" (Lc 8,16), é mencionado também um *kryptē*, que significa "corredor escuro", "canto escondido" ou "porão" (Lc 11,33). Essas variantes mostram quantas vezes nossa parábola foi citada e variada na Igreja primitiva. Jesus provavelmente não falou de um "canto escondido" ou de um lugar debaixo da "cama", mas sim do grande recipiente para medir grãos, ou seja, do alqueire. Apenas isso corresponde ao realismo de sua linguagem.

Para a interpretação da nossa parábola, é irrelevante a discussão sobre onde a lamparina deve ser colocada. Muito mais importante é a questão: Para quem e em que situação Jesus formulou essa parábola?

Em Mateus, ela é dirigida aos discípulos. Eles devem deixar sua luz brilhar diante dos homens (para determinação das pessoas a que ela se dirige, cf. Mt 5,1.13.14.16). Também em Marcos, a parábola se dirige aos discípulos (cf. Mc 4,10.13.21). Em Lucas, inicialmente aos discípulos (Lc 8,9.11.18), mas depois a um círculo mais amplo de ouvintes (cf. Lc 11,14-16.29).

Com isso, os autores dos evangelhos provavelmente captaram algo importante. Nossa parábola se encaixa melhor no conjunto de instruções aos discípulos. Talvez possamos até determinar a situação original com mais precisão. Muitos estudiosos do Novo Testamento acreditam que, certa vez, Jesus enviou os Doze de dois em dois para proclamar o Reino de Deus e curar os enfermos (Mc 6,6-13). Não deve ter sido fácil para os Doze subitamente se verem sozinhos, por conta própria, com a missão de dar testemunho em Israel. Objeções e resistências a essa tarefa eram não apenas possíveis, mas prováveis. Nesta situação, Jesus lhes deixou claro, com a parábola da lâmpada, que a mensagem do Reino de Deus não pode permanecer oculta e muito menos ser encoberta. Ela deve brilhar para todos na casa, *ou seja, para todos na casa de Israel*. O Reino de Deus deve ser proclamado, deve ser anunciado.

Talvez – mas isso permanece como uma suposição – esta parábola tivesse a ver com uma situação ainda mais arriscada. Antes de sua última festa de Páscoa, Jesus se dirige a Jerusalém. A essa altura, a oposição contra ele já havia se formado. Não só Jesus, mas também seus discípulos podiam prever que as coisas seriam perigosas para eles na capital. Os discípulos tentam dissuadir Jesus de ir a Jerusalém. Para essa tentativa, há uma evidência clara. Jesus teve de chamar Simão Pedro de "Satanás", ou seja, "Tentador" (Mc 8,31-33). É possível que Jesus exatamente nessa situação tenha lançado mão do argumento da luz que não deve ser escondida, mas sim brilhar abertamente "para todos na casa (de Israel)". A parábola seria, então, uma justificativa e uma defesa de sua última jornada a Jerusalém.

39 A morte do grão de trigo (Jo 12,24)

O Jesus do quarto evangelho fala num estilo completamente diferente do Jesus que está por trás das palavras dos três primeiros evangelhos. Isso fica claro especialmente ao compararmos os discursos figurativos joaninos com as parábolas dos evangelhos sinóticos. A linguagem de Jesus no Evangelho de João medita sobre a linguagem do Jesus histórico e revela suas dimensões profundas. Nesse sentido, ela *deve* ser diferente.

Ainda assim, é possível que mesmo no quarto evangelho haja fragmentos de parábolas que, em sua forma linguística, remontem a Jesus. O melhor exemplo é provavelmente a parábola do "grão de trigo".

> Se o grão de trigo[139] não cair na terra e não morrer, ficará só; mas se morrer, produzirá muito fruto (Jo 12,24).

No quarto evangelho, a parábola está inserida numa narrativa peculiar (Jo 12,20-36). Ela se passa em Jerusalém e contém o último discurso público de Jesus (ver 12,29). A narrativa começa com "gregos" que gostariam de falar com Jesus. São os chamados gentios "tementes a Deus"[140], que viajaram a Jerusalém para a festa da Páscoa – ou seja, simpatizantes de Israel que querem adorar o verdadeiro Deus no Templo. Eles buscam falar com Jesus e, por isso, dirigem-se a Filipe, que consulta André (os dois são, notavelmente, os únicos do círculo dos Doze com nomes gregos). Em seguida, Filipe e André se dirigem a Jesus e transmitem o pedido dos gregos (Jo 12,20-22). Então, algo estranho acontece na narrativa: não é relatado nenhum encontro de Jesus com os gregos. Em vez disso, sem nenhuma transição, Jesus começa a falar sobre sua glorificação e sua morte. Ele, aparentemente, não dá resposta a Filipe e André – e os gregos desaparecem da narrativa.

---

139. Em grego, não é "grão de trigo", mas "grão de cereal". Contudo, como na Palestina cereal geralmente se referia ao trigo, podemos manter a tradução habitual.

140. É improvável que se trate de judeus falantes de grego vivendo na diáspora ou de prosélitos. Josefo mostra em seu *Bellum Judaicum* (VI § 427) que "tementes a Deus" gostavam de ir a Jerusalém para a festa da Páscoa.

É um daqueles textos típicos "joaninos" que têm sua própria lógica, que é teologicamente determinada. Obviamente, esses "gregos" são, para o autor do Evangelho de João, uma cifra para a missão entre os gentios, que ganhou sua velocidade e impacto apenas por meio dos "tementes a Deus", ou seja, dos muitos gentios que se sentiam atraídos até Israel.

O autor do quarto evangelho não permite que ocorra um encontro desses com Jesus, pois quer deixar claro que toda a missão, a conversão de muitos em Israel e depois o caminho até os gentios, tinha uma condição incontornável: a morte, a entrega de vida de Jesus. Por isso, Jesus, na estrutura deste texto que aparentemente não leva a sério os gregos, formula numa posição central: "Se o grão de trigo não cair na terra e não morrer, ficará só; mas se morrer, produzirá muito fruto".

Portanto, o texto leva muito a sério os gentios que vêm de longe e querem falar com Jesus. Mas, precisamente por isso, o texto vai direto ao ponto e mostra qual é a condição essencial para a expansão do evangelho: a morte do grão de trigo. Esse, portanto, é o contexto em que essa enigmática parábola se encontra.

Jesus mesmo poderia ter contado essa parábola? Há várias razões para acreditar que sim:

1. Ela possui a concisão e parcimônia linguística, além da precisão, características de muitas parábolas de Jesus.

2. É construída com a mesma rigidez de muitas parábolas de Jesus: consiste num paralelismo antitético, em que o "não morrer" é contraposto ao "morrer" e o "ficar sozinho" ao "produzir fruto".

3. A parábola mostra um parentesco de conteúdo com Lucas 17,33: "Quem quiser salvar a sua vida vai perdê-la, e quem a perder há de conservá-la".

4. Jesus não fala diretamente de si mesmo. Ele fala do grão de trigo, e este grão de trigo não apenas o representa, mas representa cada um que o segue. E, no entanto, é bastante evidente que ele se refere especialmente a si mesmo.

5. Jesus recorre a um processo que todos os seus ouvintes conhecem e veem repetidamente: a semeadura do grão, o desaparecimento da semente na terra e o fruto abundante que o campo finalmente produz. A parábola ganha sua força persuasiva da cotidianidade do processo – e isso é típico das parábolas de crescimento de Jesus.

6. Jesus não fala da semeadura de maneira geral e abstrata; ao contrário, ele destaca um único grão da grande quantidade de sementes. Evidentemente, isso lembra outra parábola de Jesus, a parábola da "colheita abundante" (Mc 4,3-9), onde, devido ao fenômeno do perfilhamento na semeadura, os grãos que caem em boa terra produzem trinta, sessenta e até cem vezes mais.

E em que situação Jesus poderia ter contado essa parábola? Assim como a parábola da "lamparina no candelabro", ele poderia tê-la narrado diante de seus discípulos. Ela dizia respeito aos seus discípulos, que tinham de abandonar tudo o que possuíam, até mesmo "sua mulher, seus filhos e sua própria vida" (Lc 14,26). Mas dizia respeito, acima de tudo e profundamente, a ele próprio, que entregou tudo e agora precisa morrer. Ele não podia esconder a luz de sua vida. Ele tinha de deixá-la brilhar, e assim ela foi apagada.

Será coincidência que, ao fim da estranha narrativa sobre os tementes a Deus que procuram falar com Jesus em vão, a metáfora da luz, sobre a qual havíamos falado na parábola da "lamparina no candelabro", reapareça subitamente? "Por pouco tempo ainda a luz está no vosso meio. Caminhai enquanto tendes luz, para que a escuridão não vos surpreenda" (Jo 12,35).

40 Os lavradores violentos (Mc 12,1-12)

Chegamos à nossa última parábola de Jesus. Ela nos é transmitida no Evangelho de Marcos e, em dependência de Marcos, Mateus (21,33-46) e Lucas (20,9-19) também a transmitiram. A comparação sinóptica mostra que ambos retrabalharam o modelo de Marcos. Essas intervenções redacionais podem ser, em grande parte, explicadas pelo desejo de lhe dar uma forma e esclarecimento teológico[141].

O apócrifo Evangelho de Tomé oferece uma versão curta da nossa parábola[142], que parece estar livre de todos os elementos metafóricos (*EvThom* 65). Essa versão breve desempenhou um papel importante na discussão sobre a forma mais antiga da parábola – como uma suposta confirmação de que a parábola era originalmente mais breve e menos ofensiva.

No entanto, o autor do Evangelho de Tomé já tinha as versões de nossa parábola dos Evangelhos de Mateus, Marcos e Lucas[143]. Ele, coerentemente, removeu todos os temas histórico-salvíficos, porque não se encaixavam em sua visão gnóstica da redenção. Dessa forma, ele encurtou consideravelmente a forma tradicional da parábola[144]. A seguir, baseio-me na versão de Marcos.

---

141. Existem pequenas concordâncias (*minor agreements*) entre Mateus e Lucas em relação à versão canônica de Marcos da parábola. Aqui podemos deixar em aberto como elas podem ser explicadas.

142. A versão do *Evangelho de Tomé* diz: "Ele disse: Um homem bondoso possuía uma vinha. Ele a entregou a agricultores, para que a cultivassem e ele recebesse deles seus frutos. Ele enviou seu servo, para que os agricultores lhe dessem o fruto da vinha. Eles agarraram seu servo, espancaram-no; quase o mataram. O servo voltou e contou tudo ao seu senhor. Seu senhor disse: 'Talvez [eles não o tenham] reconhecido'. Ele enviou outro servo. Os agricultores espancaram esse outro também. Então o senhor enviou seu filho; ele disse: 'Talvez eles respeitem meu filho'. Aqueles agricultores, sabendo que ele era o herdeiro da vinha, o agarraram e o mataram. Quem tem ouvidos, ouça". (*EvThom* 65. Tradução para o alemão de ALAND, K. *Synopsis quattuor evangeliorum*, p. 525).

143. Cf. FIEGER, M. *Das Thomasevangelium*, 192

144. Cf. SCHOEDEL, W. R. *Gleichnisse im Thomasevangelium*, p. 384-389. Um indício da visão gnosticizante do *Evangelho de Tomé* em nossa parábola, por exemplo, é a frase: "Talvez não o tenham reconhecido".

Um homem plantou uma vinha, cercou-a com uma sebe, escavou um tanque para esmagar as uvas, construiu uma torre e arrendou tudo a uns lavradores[145]. Depois viajou para o exterior. Chegado o tempo, enviou um de seus servos para receber dos lavradores a sua parte dos frutos da vinha. Pegaram o servo, espancaram-no e o mandaram de volta de mãos vazias. Tornou a enviar-lhes então outro servo. Também a este feriram a cabeça e insultaram. O senhor tornou a enviar-lhes outro. A este, porém, mataram. E [assim foi com] muitos outros mais, alguns eles espancaram, a outros mataram. Restava-lhe ainda um: o seu filho querido. Enviou-lhes este último, pensando: "Eles vão respeitar o meu filho!" Mas os lavradores disseram uns aos outros: "Este é o herdeiro! Vamos matá-lo e a herança será nossa!" Pegaram o filho do patrão, mataram-no e o jogaram fora da vinha. O que fará o dono da vinha? Virá e acabará com estes lavradores e dará a vinha a outros. Não lestes a passagem da Escritura: "A pedra rejeitada pelos construtores é que se tornou a pedra principal. Foi obra do Senhor, digna de admiração para nossos olhos?" Eles procuravam prendê-lo mas tinham medo do povo. É que perceberam que Jesus havia contado a parábola contra eles (Mc 12,1-12).

Esta é uma das mais difíceis e controversas parábolas de Jesus. Por que controversa? Existem principalmente duas razões:

A primeira razão é a terrível história do antijudaísmo cristão. Essa história foi sustentada e alimentada por uma teologia errônea – uma teologia para a qual era quase natural que Israel tivesse sido rejeitado por Deus e a Igreja tivesse tomado o lugar

---

145. No texto está *geōrgoi*, que significa "agricultores". Nossas especializações modernas na agricultura ainda não desempenhavam papel algum no antigo Israel – exceto, talvez, mais tarde em grandes propriedades ao estilo romano, como aquelas pressupostas por Columella em *De re rustica*. Provavelmente se trata de ex-agricultores que viviam da economia de subsistência em suas pequenas propriedades e depois as perderam para os grandes latifundiários. Agora trabalham como arrendatários num grande vinhedo. Somente nesse sentido podem ser chamados de "viticultores".

do antigo povo escolhido. Era uma teologia de rejeição, substituição e deserdação histórico-salvíficas de Israel. Afirmativas nessa direção aparecem na Igreja desde muito cedo. Apenas um exemplo: No século II, o grande teólogo Irineu de Lyon, que foi influente para os séculos seguintes, escreveu sua importante obra *Contra as heresias*, na qual ele diz sobre a parábola em questão:

> Porque eles [os judeus] rejeitaram o Filho de Deus e, depois de matá-lo, lançaram-no para fora da vinha, Deus com razão os rejeitou, e aos gentios, que estavam fora da vinha, entregou o cultivo da terra – como também o Profeta Jeremias diz: "O Senhor rejeitou e expulsou este povo[146], porque os filhos de Judá fizeram o mal diante dos meus olhos, diz o Senhor" (*Adv. haer.* IV 36,2; cit. Jr 7,29-30).

Poderíamos continuar citando muitos outros textos desse tipo. Teólogos cristãos falaram repetidas vezes sobre a rejeição e, com isso, sobre a deserdação histórica de Israel. Aqui, a Igreja se tornou profundamente cúmplice do antijudaísmo, que já existia na Antiguidade pagã, mas estava sempre surgindo de novo. Somente após a *Shoah* é que finalmente abrimos os olhos para o que acontecia. Uma mudança, até mesmo teológica, está em andamento – e ela *precisa* ocorrer. Mas, podemos ainda confiar numa parábola que aparentemente estabelece a deserdação de Israel, ao falar da "destruição" dos agricultores e afirmar, além disso, que a vinha será "dada a outros"?

Outro motivo para o debate sobre nossa parábola é sua cristologia. Segundo Isaías 5,1-7, um texto ao qual a parábola alude logo no início, a vinha representa a casa de Israel, e o proprietário da vinha é Deus. Não seria então necessário ler

---

146. O texto grego de *Adversus haereses* só nos é acessível por meio de uma tradução latina muito antiga e de citações dos Padres da Igreja gregos. Aqui a tradução latina usa *gentem*, enquanto a citação grega correspondente, como a Septuaginta, tem *genean* = geração.

toda a parábola dos "lavradores violentos" metaforicamente em seus pontos decisivos, de modo que não se possa evitar ver o próprio Jesus em "o filho querido"? Nesse caso, essa parábola seria a única entre todas as parábolas de Jesus em que ele teria falado *de si mesmo* de maneira clara e resoluta. Devemos realmente supor isso?

Ambos os motivos têm grande peso. E, assim, nas últimas décadas, surgiram várias interpretações ousadas e arriscadas da parábola. E elas se caracterizam pela tentativa de escapar da problemática há pouco descrita: ou elas negam que a parábola tenha sido dita por Jesus[147], ou removem dela qualquer traço metafórico. Alguns intérpretes, por exemplo, classificam-na entre as parábolas com "heróis imorais" e afirmam que as ações violentas dos lavradores se destinam apenas a ilustrar a compreensão inteligente da situação e a firme resolução de apostar tudo numa única carta em face do Reino de Deus[148]. Ou a parábola é interpretada de maneira crítico-social: ela descreveria a situação desesperadora dos pequenos agricultores em Israel, que perderam suas terras para grandes proprietários e agora trabalham como arrendatários, mas não conseguem cobrir o aluguel elevado e, por isso, recorrem à violência. "As vítimas da violência econômica se tornam assassinas". A parábola denuncia essa situação com o objetivo de levar os líderes do povo à conversão – e também todos "aqueles no povo que reagem com ódio e violência à própria impotência"[149].

Mas essas interpretações não estão igualmente cometendo violência ao texto? Será que a parábola não segue um caminho

---

147. Assim, por exemplo, GNILKA, J. *Das Evangelium nach Markus*, 148s.
148. Assim, por exemplo, CROSSAN, J. D. *The Parable of the Wicked Husbandmen*. Do mesmo modo, SCHRAMM, T.; LÖWENSTEIN, K. *Unmoralische Helden*, p. 22-42.
149. Assim SCHOTTROFF, L. *Die Gleichnisse Jesu*, p. 35.38.

completamente diferente? Será que o objetivo é realmente mudar a situação miserável dos pequenos lavradores israelenses e levar os grupos sociais rivais à conversão? – Ou são os agricultores realmente "heróis imorais", ou seja, são modelos de decidido empenho pelo Reino de Deus? – Ou é realmente impossível que Jesus, diante da morte, tenha interpretado sua própria situação e a situação do povo de Deus numa parábola?

A questão mais importante é a última formulada: Podemos supor que Jesus, numa situação completamente *nova*, também tenha dito algo *novo*? Mas, antes de abordar essa questão, vejamos primeiramente os destinatários de nossa parábola. A quem ela se dirige – pelo menos na visão de Marcos, Lucas e Mateus? Ela se dirige a todo o povo de Israel?

Como já mencionado, não há dúvida de que nossa parábola desempenhou um papel crucial e desastroso na teologia cristã de Israel. Mas isso estava correto? Ou a parábola foi forçada a assumir um papel errôneo, ou até mesmo sofreu abuso? Vejamos mais de perto! Nossa parábola está inserida numa unidade discursiva que começa em Marcos 11,27s.:

> Eles foram novamente a Jerusalém. Enquanto Jesus estava andando no Templo, aproximaram-se os sumos sacerdotes, os escribas e os anciãos, e lhe perguntaram: "Com que autoridade fazes estas coisas? Ou quem te deu o direito de fazer estas coisas?" Jesus respondeu-lhes:...

A pergunta pela autoridade de Jesus se refere à ação anterior no Templo. Em seguida, desenvolve-se um breve diálogo entre Jesus e os sumos sacerdotes, escribas e anciãos. Esse diálogo leva diretamente à nossa parábola. Ela é introduzida com a frase: "Jesus começou a falar-lhes [ou seja, aos líderes do povo] em parábolas" (Mc 12,1). Marcos não poderia ter deixado mais claro a quem, em sua visão, a parábola dos "lavradores violentos" era endereçada. Mas até mesmo essa clareza é novamente reforçada após a apresentação da parábola pela nota final: "Eles procuravam prendê-lo mas tinham medo do povo. É que perceberam que Jesus havia contado a parábola contra eles".

Assim, fica claro que, para Marcos e, provavelmente também para sua fonte, a nossa parábola não era endereçada ao povo – e, portanto, tampouco está falando de Israel e de sua rejeição. Ela trata dos líderes do povo. Eles são os "construtores" que rejeitaram a pedra principal, e a eles é dirigida a ameaça do julgamento.

Resta a questão sobre o que significa para Marcos o fato de que a vinha será "dada a outros". Ele provavelmente estava pensando na missão aos gentios. No entanto, não é certo se essa frase originalmente se referia à missão aos gentios e se ela pertencia à parábola original.

A situação do discurso em Lucas não é muito diferente. Nele, a parábola é contada ao *laos*, ao "povo" (Lc 20,9.16), mas os líderes do povo estão presentes (Lc 20,1-2) e percebem, como em Marcos, que a parábola se refere a eles (Lc 20,19).

Em Mateus, a situação do discurso é, de novo, exatamente como em Marcos. Todo o discurso em Mateus 21,23-46 é dirigido aos sumos sacerdotes e anciãos (Mt 21,23), e Mateus também adota de Marcos a observação final de que os líderes do povo reconhecem que se trata deles (Mt 21,45s.). No entanto, Mateus ampliou e intensificou a observação de Marcos de que a vinha seria "dada a outros". Em Mateus, é dito: "Por isso eu vos digo: O Reino de Deus será tirado de vós e será dado a um povo que produza os devidos frutos" (Mt 21,43).

De quem será tirado o Reino de Deus? Evidentemente, dos líderes do povo. No entanto, deve-se admitir: nessa parte, pensa-se com muita rapidez em todo o povo de Israel, porque imediatamente depois se fala de um "outro povo". Além disso, no relato da Paixão segundo Mateus, há um texto em que "todo o povo" clama a Pilatos: "O sangue dele caia sobre nós e sobre nossos filhos" (Mt 27,25) – isto é: Assumimos a responsabilidade por sua morte. O ponto crucial aqui é a expressão "todo o povo". Essa passagem foi inserida por Mateus na narrativa da Paixão de Marcos.

Pode-se entender por que, a partir dessa linha de representação mateana, desenvolveu-se a teologia posterior do deserdamento de Israel. Mesmo que Mateus tivesse uma visão diferente, ele lançou uma formulação extremamente suscetível de ser mal compreendida.

No entanto, isso tudo nos afastou da questão sobre o Jesus histórico e o significado original de nossa parábola. Nós nos enredamos na questão da linha de sentido dos textos que dizem respeito a todo o Evangelho de Mateus (e, em correspondência com isso, a todo o Evangelho de Marcos e à inteira obra dupla de Lucas).

Vou me estender um pouco mais nesta questão. Suponhamos o pior cenário, o de que Mateus realmente defendia uma teologia do deserdamento. Nesse caso, evidentemente, não deveríamos ouvir apenas a voz do Evangelho de Mateus, pois existe uma voz completamente diferente sobre esse assunto – a saber, o que Paulo diz em Romanos 9-11 sobre a questão se Israel foi excluído da história da salvação ou se sua eleição por Deus é irrevogável. E a voz da Epístola aos Romanos é mais significativa do que todas as outras vozes, porque Paulo levanta essa aguda questão de maneira explícita, fundamental e com grande detalhamento. Para ele, a vocação de Israel é irrevogável (Rm 11,29).

Em outras palavras, ao questionar teologicamente a fidelidade duradoura de Deus ao seu povo ou a possível rejeição de Israel, é necessário considerar todo o Novo Testamento, especialmente Romanos 9-11. E mais ainda: o Antigo Testamento também deve ser ouvido a esse respeito. Pois a questão se Deus poderia rejeitar seu povo e procurar um novo é amplamente tratada no Antigo Testamento (principalmente em Ex 32,7-14). Portanto, toda essa questão só pode ser decidida de maneira "canônica", ou seja, incluindo toda a Escritura Sagrada. Em princípio, isso é evidente; no entanto, muitas vezes é algo esquecido, e especialmente sempre quando a Sagrada Escritura é vista não como um livro único, mas como uma coleção de livros individuais que não têm conexão entre si.

Tudo isso precisava ser dito neste ponto. Mas meu questionamento segue outra direção: pergunto pelo sentido original da nossa parábola na boca de Jesus. Esta questão precisa ser abordada agora. Por óbvio, ela está ligada à busca pela versão mais antiga da parábola. Como poderíamos imaginar sua forma original? A parábola começa com uma referência às Escrituras Sagradas: "Um homem plantou uma vinha, cercou-a com uma sebe, escavou um tanque para esmagar as uvas [numa área rochosa], construiu uma torre". Por certo, isso não é uma citação literal, mas é claramente uma referência a Isaías 5,1-2. Alguns intérpretes consideram secundária essa alusão. Acreditam que foi acrescentada mais tarde para adornar a parábola e dar-lhe uma coloração bíblica. Dizem que, para a estrutura da narrativa, essa ornamentação da plantação da vinha não seria necessária. Não contribuiria em nada para a ação da parábola mesma e, portanto, seria certamente secundária.

No entanto, a situação poderia ser completamente diferente. Obviamente, os escribas que estavam entre os ouvintes de Jesus conheciam a parábola da vinha de Isaías. Eles sabiam: a vinha é Israel, e a parábola de Isaías fala da profunda decepção de Deus com seu povo. Mais ainda: fala de um terrível julgamento sobre Israel: Deus derruba a cerca de proteção da vinha, e a propriedade exemplar de Deus se torna um deserto.

Mas não só os escribas presentes conheciam o texto de Isaías, mas certamente muitos outros ouvintes também. Por isso, a alusão a esse texto poderia muito bem ter feito parte da introdução da parábola: então Jesus, ao recordar Isaías, teria indicado o tema da narrativa que se seguiria, no seguinte sentido: "Minha história será sobre Israel, sobre a profunda crise em que ele se encontra, e vou explicar-vos com a parábola seguinte o que está acontecendo agora, nestes dias, entre vós". – Vamos, portanto, permitir à parábola sua alusão a Isaías 5![150]

Após essa instrução de audição para a parábola, sua exposição é concluída: a vinha assim preparada, inimaginavelmente grande, é arrendada a lavradores que não têm mais sua própria terra. O homem, dono da terra, é um latifundiário. Provavelmente vive no estrangeiro. Depois que a vinha está estabelecida, ele volta para casa.

Demoram dois ou três anos para que a vinha produza sua primeira colheita. Isso não precisava ser contado; era algo que todos os ouvintes de Jesus sabiam. Esse período inteiro é coberto na narrativa com a breve expressão: "chegado o tempo". Isso significa: "quando havia chegado o momento para a primeira colheita".

Agora, portanto, é o dia em que os arrendatários devem entregar. O proprietário da vinha envia um representante para

---

150. P. Stuhlmacher escreve corretamente: "Nas parábolas, várias vezes se faz *alusão às tradições bíblicas*: a parábola dos maus viticultores, Mc 12,1-11 par., faz referência a Is 5,1s.-5; a parábola da semente que cresce por si mesma, Mc 4,26-29, alude a Joel 4,13; na parábola do grão de mostarda, Mc 4,30-32, olha-se para o Salmo 104,12 e Daniel 4,9.18 etc. O mundo linguístico metafórico das parábolas é prefigurado de múltiplas maneiras: 'rei' e 'pastor' representam Deus (e o Messias), a 'ceia' simboliza a comunhão com Deus, 'semear' representa a pregação; a 'plantação' ou o 'rebanho' representam a comunidade de Deus [...]. Portanto, não é aconselhável continuar a interpretação das parábolas segundo a fórmula grosseira de que todas as parábolas autênticas de Jesus eram originalmente apenas discursos figurativos, que somente após a Páscoa a comunidade supriu de referências às Escrituras Sagradas e interpretou alegoricamente". Cf. STUHLMACHER, P. *Biblische Theologie des Neuen Testaments*, p. 77.

coletar o aluguel. Este provavelmente não consiste em dinheiro, mas em espécie[151] – mas, claro, não em uvas, mas na primeira produção de vinho. Também é possível que o representante deva vender a colheita no local. A parábola deixa essas questões abertas.

E agora vem a primeira surpresa na narrativa: os arrendatários agarram o representante, espancam-no e o mandam embora. Obviamente, os ouvintes ficam chocados, pois não esperavam essa reviravolta; eles sabem como seria arriscada a ação descrita. No entanto, eles entendem o processo; tais coisas aconteciam frequentemente na época ou pelo menos estavam no ar[152]. Na maioria das vezes, o aluguel era muito alto, e os arrendatários já viviam no limite de sua subsistência. Até mesmo uma má colheita poderia trazer-lhes grandes dificuldades.

O narrador não faz uma pausa. Ele não insere críticas sociais. Ele está do lado do proprietário e não do lado dos vinicultores. O ato de violência não é dissimulado, nem justificado. Ele permanece como um ato de violência, e a história imediatamente tem continuidade. O grande proprietário envia outro representante, talvez com mais autoridade. É possível que o primeiro homem tenha sido apenas um escravo. Mas isso os ouvintes precisam imaginar por si mesmos. A narrativa prossegue passo a passo.

O segundo mensageiro é tratado da mesma forma que o primeiro. No entanto, os maus-tratos são piores: o homem é atingido diretamente na cabeça. Isso era potencialmente fatal. Em seguida, vem um verbo que geralmente é traduzido como

---

151. Aqui é importante lembrar que na época não havia apenas videiras nos vinhedos, mas também oliveiras e outras plantas úteis.
152. Cf. a esse respeito principalmente HENGEL, M. *Das Gleichnis von den Weingärtnern*.

"insultar", mas também pode significar "desonrar" (cf. Rm 1,24). O homem foi estuprado?

Também nesse ponto, o narrador não faz uma pausa; ele não faz nenhum comentário. Surge um terceiro representante. A narrativa, então, adentra aquele âmbito que a pesquisa das parábolas, seguindo Paul Ricœur, chama de "extravagância": as coisas se tornam improváveis. Que latifundiário ainda enviaria um terceiro representante após o segundo?

Mas talvez devamos fornecer uma melhor formulação: não é que as coisas se tornam historicamente improváveis ou impossíveis; o fato é que a narrativa assume um curso extremo. Tudo se intensifica a tal ponto que os ouvintes ficam sem fôlego. Agora, eles querem apenas saber o que acontece a seguir. E o que acontece é ainda mais empolgante: o terceiro mensageiro não é apenas violado e espancado. Ele é morto.

Neste ponto, vale a pena examinar a técnica narrativa[153]. Em termos de conteúdo, a violência aumenta ao longo dos três casos:

1º Caso: Espancamento – 2º Caso: Golpes na cabeça, possivelmente estupro – 3º Caso: Assassinato. Ao mesmo tempo, a quantidade de verbos utilizados é reduzida numa linha direta:

1º Caso: agarrar – espancar – expulsar

2º Caso: espancar – estuprar (?)

3º Caso: matar

Como em uma pirâmide ou cone, há uma "intensificação" juntamente com uma redução no volume. Isso é, evidentemente, uma técnica narrativa hábil e não ocorre por acaso.

---

153. Para a seguinte observação estilística, cf. WEDER, H. *Die Gleichnisse Jesu als Metaphern*, 148.

De acordo com a lei da narrativa popular, que já observamos em várias parábolas de Jesus, agora foram contados três casos – e o 4º caso (3 + 1) deveria trazer a virada. Ele também a traz, mas provavelmente de maneira diferente do que os ouvintes esperavam. Há outro aumento do terrível: agora, o senhor da vinha envia seu próprio filho. E ele também é morto e, além disso, desonrado, sendo jogado para fora da vinha. Seu corpo é entregue aos cães, chacais e aves de rapina. Isso era o pior que se podia fazer a um morto naquela época. Para a mentalidade dos orientais, e especialmente dos judeus, isso era absolutamente insuportável!

Com o assassinato do único[154] filho, a narrativa se torna ainda mais extravagante. Os ouvintes já devem estar se perguntando: Por que o proprietário da vinha faz isso? Por que ele envia ainda seu filho? O que está realmente sendo contado aqui? Sobre o que é isso? O que realmente está acontecendo?

Mas voltemos ao curso da narrativa! Nós identificamos quatro casos ou quatro fases da narrativa, nas quais a violência aumenta e os eventos se tornam cada vez mais brutais; o assassinato do filho é, mais uma vez, uma etapa pior do que o assassinato do terceiro servo. Embora a narrativa choque, ela ainda tem sua lógica. No entanto, essa lógica é perturbada pela ampliação no 3º caso (versículo 5b). Essa ampliação diz: [E

---

154. Marcos 12,6 traz "filho amado". O Antigo Testamento hebraico e, em particular, sua tradução na Septuaginta mostram que "filho amado" pode ser uma paráfrase ou explicação para "filho único". Cf. Gênesis 22,2; Amós 8,10; Juízes 11,34 e outros. Para muitos intérpretes, o "amado" como uma retomada de Marcos 1,11 ("Tu és meu Filho amado"), seria uma expansão redacional realizada por Marcos. Isso, porém, não é de forma alguma certo, pois a versão original poderia ter falado justamente do "único" filho nesse ponto. E isso era importante para a "fábula" da parábola, pois os viticultores esperavam que, eliminando o "único" filho, pudessem tomar posse do vinhedo.

assim foi com] muitos outros mais, alguns eles espancaram, a outros mataram. Aqui se tem claramente uma nota que perturba o equilíbrio da narrativa. Essa ampliação pode ser atribuída a Marcos ou já à tradição anterior a ele. Os leitores ou ouvintes deveriam perceber o que está implícito com o assassinato do terceiro servo: o assassinato dos profetas de Israel, do qual se fala em várias partes do Antigo Testamento (1Rs 18,13; 19,10; 2Cr 24,20-22; Jr 26,20-24; Zc 13,3; entre outros).

No entanto, esse comentário adicional não seria necessário. Na versão mais antiga da parábola, ele provavelmente não estava presente. Os ouvintes, especialmente os escribas, teriam entendido por si só que Jesus estava fazendo alusão aos assassinatos dos profetas em Israel. A abertura da parábola, com a referência a Isaías 5,1-7, já os teria sensibilizado para elementos metafóricos. Além disso, na Sagrada Escritura, os profetas de Israel são frequentemente designados, de maneira formulaica, como "meus servos, os profetas" (2Rs 9,7; Jr 25,4; Ez 38,17; Am 3,7; Zc 1,6, entre outros). E na nossa parábola, Jesus menciona pela terceira vez os atos de violência contra um "servo". A ampliação feita no versículo 5b, portanto, não era necessária. Ela servia mais para os leitores gentios cristãos não familiarizados com a Escritura.

Com o assassinato vergonhoso do "filho", a narrativa atinge seu clímax. Será que Jesus precisava explicar quem era o filho? Isso é improvável. Jesus não precisava explicar mais nada. Ele podia deixar a narrativa trabalhar nos seus ouvintes.

Por outro lado, talvez Jesus tenha continuado a falar. Pois, no "cântico da vinha" de Isaías, as coisas no fim também são chamadas diretamente por seu nome. Lembremo-nos: "Porque a vinha do SENHOR Todo-poderoso é a casa de Israel e o povo de Judá, sua planta preferida. Ele esperava a justiça e eis a violência, a retidão e eis gritos de aflição" (Is 5,7).

Então Jesus, no fim, revelou todas as coisas, tal como Isaías, de modo que ficasse claro para o último ouvinte: Jesus está falando sobre a possibilidade de sua própria eliminação? Talvez não. Talvez Jesus tenha realmente terminado sua parábola com a pergunta: "O que fará então o dono da vinha?" Por outro lado, ele poderia ter concluído com as seguintes frases: "O que fará o dono da vinha? Virá e acabará com estes lavradores e dará a vinha a outros" (Mc 12,9).

Mas também nesse caso é óbvio que não teria se tratado simplesmente da constatação de um fato inevitável, como, por exemplo: "Sim, Israel será rejeitado e deserdado, e um outro povo tomará o seu lugar". Ler o texto dessa maneira seria, pelo menos, ter compreendido de modo totalmente errôneo a intenção linguística *de Jesus*. Jesus não estava falando de fatos imutáveis. Ele queria justamente que esses fatos não ocorressem. Com sua parábola, ele queria revelar o que estava sendo feito pelos líderes de Israel. Ele queria expor. Ele queria alertar. Talvez até mesmo ameaçasse. Mas apenas para que tudo pudesse acontecer de maneira diferente.

Com isso, ele fez o que os profetas de Israel sempre tinham feito. Ele alertou Israel e, principalmente, seus líderes para que não deixassem de cumprir a vontade de Deus numa hora que decidiria tudo. Não se tratava de antijudaísmo de maneira nenhuma. Do contrário, todos os profetas de Israel teriam sido antijudaicos. Tratava-se de conflitos internos a Israel, do último, extremo e extravagante esforço de Jesus de finalmente levar seu povo a ouvir seu Deus e fazer sua vontade.

No fim de sua vida, ficou claro que Jesus não pensava em excluir Israel da fidelidade de Deus. Em sua última ceia, quando ele tinha certeza de que "o filho" seria morto, Jesus interpretou sua morte como uma entrega por Israel e, para além de Israel, por "muitos" (cf. Mc 14,24; Is 53,11). Talvez Mateus até tenha feito alusão a essa palavra interpretativa dita na sala onde ocorreu a Última Ceia, quando fez "todo o povo" clamar: "O sangue dele caia sobre nós e sobre nossos filhos" (27,25). Nesse caso, o evangelista teria querido dizer que eles não sabiam que era o sangue libertador e perdoador da entrega de vida de Jesus.

Mas, seja como for, e independentemente de como Marcos, Mateus e Lucas entenderam a parábola dos "lavradores violentos": na boca de Jesus, a parábola não era sobre o deserdamento de Israel. Era um aviso aguçado ao povo, mas principalmente aos seus líderes, para que não perdessem o chamado do povo de Deus. Isso significava: o Reino de Deus está se aproximando; quem me rejeita, quem rejeita o proclamador do Reino de Deus, está rejeitando o Reino de Deus. E quem rejeita o Reino de Deus está rejeitando o próprio Deus.

Aqui Jesus se entendeu como o "filho"? Por que não? Quem pode excluir isso e que argumentos teria para isso? Quem descarta de antemão tal autoentendimento de Jesus julga-se no direito de determinar o que Jesus podia pensar e como ele podia se entender. Embora Jesus, na parábola dos "lavradores violentos", coloque-se em cena como em nenhuma outra de suas parábolas, ele ainda fala de si mesmo apenas de maneira oculta e velada. "Restava-lhe ainda um: o seu filho querido". Isso ainda não é exatamente a mesma coisa que o posterior título cristológico "Filho de Deus", e os ouvintes da época ainda não podiam deduzir essa declaração posterior de uma narrativa que terminava com a morte de um "filho". Mas eles podiam ter uma percepção assustadora de que, no meio deles, estava alguém por meio de quem agora se decidia o caminho de Israel e o próprio caminho deles. Eles podiam se perguntar com temor se não era por intermédio desse Jesus que Deus estava falando com eles – de uma maneira tão direta como nunca antes.

III

A singularidade das parábolas de Jesus

1 O material

Ao olhar para trás, ficamos inicialmente admirados com a diversidade e as cores do material que Jesus utiliza em suas parábolas.

Jesus narra como alguém não conseguiu impedir uma invasão em sua casa durante a noite (Lc 12,39); como um trabalhador, ao arar, encontra um tesouro enterrado (Mt 13,44); como um grande comerciante descobre uma pérola preciosa (Mt 13,45s.); como uma mulher mistura fermento a uma grande quantidade de farinha (Lc 13,20s.); como um credor perdoa a dívida total de dois de seus devedores (Lc 7,41s.); como uma mulher pobre vasculha sua casa para encontrar uma moeda perdida (Lc 15,8-10); como um pastor deixa para trás todo seu rebanho a fim de procurar uma ovelha perdida (Mt 18,12-14); como um jovem exige sua herança, dissipa-a rapidamente e passa por grandes dificuldades (Lc 15,11-32).

Jesus narra como um campo produz uma colheita abundante apesar de muitas adversidades (Mc 4,3-9); como um dono de vinhedo paga o mesmo salário aos trabalhadores contratados no fim da tarde e aos que trabalharam desde cedo (Mt 20,1-16); como um juiz corrupto cede à persistência de uma pobre viúva (Lc 18,1-8); como, imediatamente antes de um grande banquete, todos os convidados declinam o convite, e o anfitrião enche o salão com pessoas da rua (Lc 14,16-24); como pescadores puxam sua rede para a terra e lançam fora os peixes inúteis (Mt 13,47-50); como alguém que inicialmente não queria faz finalmente a vontade de seu pai (Mt 21,28-31).

Jesus conta como joio foi semeado em meio ao trigo de um agricultor à noite (Mt 13,24-30); como um fariseu e um publicano oram no Templo ao mesmo tempo e como suas orações diferem (Lc 18,10-14); como um homem é assaltado e espancado no caminho entre Jerusalém e Jericó e como um sacerdote e um levita passam sem prestar ajuda ao homem severamente ferido (Lc 10,30-35); como um pobre morre de fome à porta de um homem rico (Lc 16,19-31); como a chegada do noivo é atrasada antes de um casamento (Mt 25,1-13); como uma figueira estéril recebe mais um ano para dar frutos (Lc 13,6-9); como crianças não conseguem decidir se querem brincar de casamento ou de funeral (Mt 11,16-19); como um agricultor, após uma colheita inesperadamente abundante, planeja uma vida confortável para o futuro, mas morre poucas horas depois (Lc 12,16-20).

Jesus conta como alguém aparece num banquete de casamento real com roupas inadequadas e é expulso (Mt 22,11-13); como um alto funcionário, que teve uma grande dívida perdoada, manda prender um colega que lhe devia um valor muito menor (Mt 18,23-34); como um dono de casa, ao retornar de um casamento tarde da noite, continua a festa com seus servos, servindo-os como um escravo (Lc 12,35-38); como um rico, que emprega métodos de trabalho mafiosos, entrega grandes somas de dinheiro a seus empregados antes de uma viagem, e todos dobram o capital, exceto um que enterra o dinheiro recebido (Mt 25,14-30).

Jesus conta como um assassino se prepara para matar um homem influente (*EvThom* 98); como um administrador, ameaçado de demissão, chama os devedores de seu senhor e falsifica suas notas promissórias (Lc 16,1-7); como um grande proprietário de terras planta um vinhedo e o aluga a arrendatários, mas quando o aluguel é devido, eles espancam o primeiro representante enviado, desonram o segundo, matam o terceiro, e quando o homem finalmente envia seu próprio filho, eles também o matam (Mc 12,1-12).

Mas esse não é, nem de longe, todo o material dos parábolas de Jesus. É apenas o material daquelas parábolas que mais ou menos "contam uma história". Além dessas, há também outras parábolas que não contam uma história, mas "discutem" uma questão.

Jesus discute o fato de que bandidos, ao planejarem saquear uma propriedade, primeiro precisam ser capazes de dominar o proprietário (Mc 3,27); como o brotamento da figueira mostra que o verão está chegando (Mc 13,28-29); como de uma minúscula semente de mostarda surge um subarbusto arbóreo maior que todas as outras plantas do jardim (Mc 4,30-32); como as sementes plantadas crescem e amadurecem sem assistência humana (Mc 4,26-29); o que acontece quando alguém, no meio da noite, pede pão ao seu vizinho para um convidado inesperado (Lc 11,5-8).

Jesus discute como é apropriado que alguém, prestes a ser julgado, negocie uma resolução extrajudicial com seu oponente enquanto estão a caminho do tribunal (Mt 5,25s.); como um escravo deve tratar os outros escravos quando é designado para supervisionar toda a casa (Mt 24,45-51); como um escravo, que trabalhou o dia inteiro no campo e ainda precisa executar tarefas domésticas à noite, não deve esperar agradecimentos de seu senhor (Lc 17,7-10).

Jesus discute como uma casa construída sobre a rocha tem um fundamento seguro, enquanto uma casa construída sobre a areia desmorona com a chuva e a tempestade (Mt 7,24-27); como alguém que planeja construir uma casa de vários pisos deve primeiro calcular os custos, assim como um rei que se prepara para enfrentar um exército invasor deve primeiramente avaliar se tem soldados suficientes (Lc 14,28-32).

Finalmente, Jesus discute como uma lâmpada numa casa pequena e sem janelas não deve ser colocada debaixo de um alqueire, mas sim no candelabro (Mt 5,15); e como um grão de trigo só pode dar fruto se for enterrado e morrer (Jo 12,24).

Vale observar: esta longa lista não tinha, de modo algum, a intenção de resumir o decurso das parábolas individuais ou de formular o "ponto crucial" de cada uma. Em todo caso, isso não seria possível para as parábolas mais longas, pois são "narrativas" às quais não podemos fazer justiça com categorias como "cerne" ou "ponto crucial". Tampouco seria possível para as parábolas mais curtas de Jesus, que frequentemente se aproximam de meras metáforas. Pois seu "ponto principal" depende de seu contexto ou da situação em que foram originalmente proferidas. Não, a lista acima apresentada tinha como único objetivo oferecer um breve esboço do *mundo imagético* em que se movem as parábolas de Jesus.

É um mundo vibrante e colorido – cheio de preocupações e alegrias, cotidiano e festas, normalidades e escapadas, banalidades e aventuras, crimes e profunda humanidade.

Há o dentro e o fora, o próximo e o distante, o habitual e o único, a natureza e a sociedade, os "muito ricos" e os "muito pobres".

Não há apenas o mundo dos adultos, mas também o das crianças. Encontramos pobres e ricos, homens e mulheres, criminosos e piedosos, escravos e livres, perdidos e encontrados, credores e devedores, demandantes e juízes, arrendatários empobrecidos e latifundiários, trabalhadores diaristas e comerciantes, viticultores e donas de casa, um sacerdote e um levita, um fariseu e um publicano, reis e um guardador de porcos.

Lançamos um olhar sobre os contornos do grande capital e os salões de festas dos muito ricos, mas também sobre o pequeno mundo de pessoas que precisam viver num único quarto que nem sequer tem janelas. Experienciamos como se trabalha arduamente nos vinhedos diante de um *chamsim*, como o fermento é misturado a uma grande quantidade de massa, como as lâmpadas das damas de honra se apagam, como o trigo se multiplica e como uma casa construída sobre a areia está sempre sob risco de ser solapada.

Eu me atrevo a afirmar: não há na Antiguidade um narrador do qual tantos autênticos relatos de parábolas tenham sido transmitidos e cujas parábolas ofereçam uma riqueza e variedade tão grandes e multicoloridas. A abundância de temas e a riqueza mundana das parábolas de Jesus são inigualáveis no mundo antigo.

2 A forma

Ao lançarmos um olhar retrospectivo sobre as quarenta parábolas de Jesus, não nos chamam a atenção apenas a amplitude dos temas e os conteúdos com base no âmbito mundano. A mesma admiração é devida à *forma* que Jesus deu às suas parábolas. É sobre isso que este capítulo deve tratar.

É claro, Jesus não inventou a forma de suas parábolas, nem as leis formais que elas seguem. O gênero da "parábola" já existia antes dele. Além disso, muitas leis formais das narrativas populares já lhe eram conhecidas. Para explicar isso, preciso voltar um pouco no tempo.

Já no século XVIII, despertou na Europa o interesse científico pelas formas narrativas populares – um interesse que se intensificaria cada vez mais. Inicialmente, tratava-se de lendas e contos de fadas, mas posteriormente também de formas breves como fábulas, lendas, exemplos, anedotas, enigmas, histórias cômicas e piadas. Todos esses gêneros narrativos começaram a receber cada vez mais o foco da poética e da ciência literária. As leis formais desses textos foram examinadas e descritas com mais precisão. Para os estudos bíblicos, tornou-se particularmente importante um artigo do estudioso dinamarquês Axel Olrik, publicado em 1909 na *Zeitschrift für deutsches Altertum und deutsche Literatur*. O título do artigo era: "Leis épicas da poesia popular". Este artigo teve forte influência sobre a "crítica" bíblica "da forma e do gênero" que se desenvolveu logo depois, especialmente nos trabalhos de Hermann Gunkel (1862-1932), Martin Dibelius (1883-1919) e Rudolf Bultmann (1884-1976)[155].

A. Olrik fala, entre outras coisas, sobre a "lei da repetição", a "lei do três", a "dualidade cênica", a "lei dos opostos" e a "unicidade narrativa". A seguir, baseio-me no artigo de A. Olrik, mas também e principalmente na continuação e aprofundamento de suas observações por R. Bultmann em sua obra *História da tradição sinóptica*.

Neste influente livro, R. Bultmann menciona a "concisão da narrativa"como a primeira lei formal das parábolas de

---

155. As primeiras edições: DIBELIUS, M. *Die Formgeschichte des Evangeliums*, Tübingen 1919; BULTMANN, R. *Die Geschichte der synoptischen Tradition*, Göttingen, 1921.

Jesus[156]. Com isso, Bultmann imediatamente destacou um dos pontos decisivos. Acima, no segundo capítulo deste livro, repetidamente nos deparamos com a pergunta: Por que Jesus contou suas parábolas de maneira tão concisa e rigorosa?

Por exemplo, há o caso da dupla parábola do "tesouro no campo e da pérola" (Mt 13,44-46). Uma narrativa mais longa, detalhando as circunstâncias da descoberta do tesouro e da pérola, seria extremamente emocionante e envolvente. Mas a parábola renuncia a isso. As circunstâncias pormenorizadas são deixadas de lado. Nós nos havíamos perguntado se a notável forma curta dessa dupla parábola poderia ser atribuída a uma posterior esquematização catequética de duas parábolas originalmente mais longas. Considerei essa possibilidade, mas logo depois a descartei. A concisão da forma tem ali um significado profundo: apenas o que é importante para o tema é elaborado. Tudo o que é exterior, meramente decorativo e que possa distrair é conscientemente omitido. A parábola pretende narrar como se ganha o Reino de Deus, permanecendo totalmente focada nesse evento, dizendo tudo o que é essencial, mas mantendo a brevidade tanto quanto possível, para que o elemento decisivo desse processo brilhe e alcance o coração dos ouvintes.

Isso se tornou ainda mais evidente na parábola dos "dois filhos" (Mt 21,28-31). Aqui estava totalmente claro: essa parábola, com sua estrutura quiástica cuidadosamente ponderada, não poderia ser mais longa de modo algum.

O mesmo poderia ser demonstrado para muitas outras parábolas de Jesus. Ele sabia exatamente quando deveria fornecer uma narração mais curta ou mais longa, quando a máxima concisão era necessária e quando um fio narrativo mais extenso era apropriado, quando deveria "discutir" e quando deveria

---

156. BULTMANN, R. *Die Geschichte der synoptischen Tradition*, p. 203.

"narrar". Por isso, o fato é que ele simplesmente omitia muitas coisas: por exemplo, a mãe na parábola do "filho pródigo" (Lc 15,11-32) ou a esposa na parábola do "amigo importuno" (Lc 11,5-8). Aqui, como em muitas outras de suas narrativas parabólicas, apenas as pessoas absolutamente necessárias são apresentadas. No que diz respeito ao estoque de pessoas, prevalece a mais estrita parcimônia.

Outro exemplo: na parábola do "banquete" (Lc 14,16-24), três convidados se desculpam, alegando impossibilidade de comparecer. No entanto, "muitos" foram convidados (14,16) e, evidentemente, todos deram desculpas, sem exceção. Os três mencionados representam a totalidade – assim como na parábola do Antigo Testamento sobre o "espinheiro" (Jz 9,8-15), a oliveira, a figueira e a videira representam a totalidade das árvores. R. Bultmann diz com razão: "Dois [convidados] seriam muito escassos aqui, mais de três seriam supérfluos"[157].

Mas não apenas o número de pessoas que aparecem nas parábolas de Jesus é estritamente limitado. O mesmo se aplica aos próprios eventos. Na parábola do "fermento" (Lc 13,20-21), o longo e cansativo processo de trabalhar a massa não é mencionado. A mulher mistura o fermento na farinha – e pronto. A água necessária, o sal e o importante levedar da massa não são mencionados. Muitos outros exemplos similares poderiam ser citados.

A "concisão da narrativa" também inclui o fenômeno de que as pessoas das parábolas raramente são caracterizadas. Seu caráter é revelado por suas ações. Assim, na parábola do "filho pródigo", a essência do pai é revelada totalmente pelo que ele diz e faz (Lc 15,20-24) – e, na parábola do "rico e do pobre", o caráter do rico *bon vivant* se revela no fato de que

---

157. Ibid., p. 205.

ele deixa o pobre morrer de fome à sua porta. Da mesma forma, o fariseu e o publicano são caracterizados exclusivamente pela maneira como se comportam no Templo e por meio de suas orações (Lc 18,10-14).

À "concisão" e, consequentemente, à "simplicidade" da narrativa também se podem acrescentar o que A. Olrik designou como as leis da "dualidade cênica" e da "unicidade narrativa". Por "dualidade cênica", ele se referia ao seguinte: em narrativas populares, apenas *duas* pessoas aparecem falando e agindo em *uma* cena. Quando uma terceira pessoa entra em cena, isso leva a uma nova cena. Assim, na parábola do "dinheiro entregue em confiança", todos os empregados se apresentam separadamente diante do chefe para então serem recompensados ou punidos (Mt 25,20-28). A lei da "dualidade cênica" é particularmente evidente nesta parábola.

Outro exemplo: na última cena da parábola dos "trabalhadores na vinha", os trabalhadores insatisfeitos encontram o dono da vinha e seu administrador à noite (Mt 20,10-15). O administrador e o grupo de trabalhadores murmurando permanecem completamente em segundo plano. O dono da vinha fala apenas com um único trabalhador: "Amigo, não te faço injustiça..."

Intimamente relacionada à "lei da dualidade cênica" está a "lei da unicidade narrativa". No romance clássico, como desenvolvido a partir do século XVIII, pode-se ter uma associação e interação altamente complexas de diferentes fios narrativos e configurações de personagens. Não é bem assim na literatura popular analisada por A. Olrik. Aqui, há sempre apenas uma única linha narrativa de cada vez. Isso também ocorre nas parábolas de Jesus. Nunca são relatados dois cenários simultaneamente. Na parábola do "filho pródigo", a primeira metade é narrada num único fio narrativo, do ponto de vista do filho mais novo (Lc 15,12-24). E, em seguida, vem claramente delineada a segunda metade da parábola, narrada do ponto de vista do filho mais velho (Lc 15,25-32). O que acontece em casa durante a ausência do filho mais novo é totalmente desconsiderado.

Além da "lei da concisão da narrativa", há também a "lei da clara estruturação". Aqui, o "número três" desempenha um papel importante. Na parábola da "colheita abundante", encontramos inicialmente três inimigos da semente: os pássaros, o solo rochoso, os espinhos e cardos (Mc 4,4-7). Só então, de acordo com o esquema 3 + 1, a colheita abundante é descrita. – Na parábola do "dinheiro entregue em confiança" (Mt 25,14-30), são entregues grandes somas a três empregados. O trabalho deles com esse dinheiro e as sucessivas conversas com seu chefe estruturam toda a parábola. Os "lavradores violentos" (Mc 12,1-12) inicialmente maltratam três enviados do proprietário da vinha e só depois matam seu filho. Aqui também a sequência 3 + 1 estrutura a parábola. Por fim, mencionemos a parábola do "bom samaritano" (Lc 10,30-35). Três pessoas encontram a vítima do assalto: um sacerdote, um levita e um samaritano.

As parábolas de Jesus também são estruturadas por suas muitas repetições, as quais são características das formas narrativas populares. Já encontramos tais repetições estereotipadas logo no início deste livro, na parábola do "arbusto espinhoso" (Jz 9,8-15): a oliveira, a figueira e a videira recusam o pedido para se tornarem rei, usando quase as mesmas palavras. De maneira similarmente estereotipada, os convidados recusam o convite na parábola do "banquete" (Lc 14,16-24); o chefe conversa com seus empregados na parábola do "dinheiro entregue em confiança" (Mt 25,14-30); e os documentos de dívida são falsificados na parábola do "administrador desonesto" (Lc 16,1-7).

Uma lei importante nas narrativas populares, segundo A. Olrik, é a "lei da oposição". Isso significa que, nessas histórias, personagens contrastantes são frequentemente colocados em oposição. Justamente essa lei domina muitas parábolas de Jesus. Basta pensar nos pares contrastantes:

trabalhador diarista – grande comerciante (Mt 13,44-46)

grande devedor – pequeno devedor (Lc 7,41-42)

filho mais novo – filho mais velho (Lc 15,11-32)

juiz – viúva (Lc 18,1-8)

convidados ricos – pessoas da rua (Lc 14,16-24)

peixes bons – peixes imprestáveis (Mt 13,47-48)

fariseu – cobrador de impostos (Lc 18,10-14)

sacerdote e levita – samaritano (Lc 10,30-35)

filho obediente – filho desobediente (Mt 21,28-31)

o rico – o pobre (Lc 16,19-31)

cinco virgens prudentes – cinco virgens insensatas (Mt 25,1-13)

casamento – funeral (Mt 11,16-19)

escravo fiel – escravo mau (Mt 24,45-51)

dinheiro aumentado – dinheiro enterrado (Mt 25,14-30)

Finalmente, uma das técnicas da narrativa popular é a frequência do "discurso direto". E isso também é uma característica das parábolas de Jesus. Nas quarenta parábolas expostas neste livro, mais da metade contém "discurso direto" – ocasionalmente também como "monólogo interior" que, no entanto, apresenta-se como discurso direto. É evidente por que há tanto "discurso direto" nesse tipo de literatura breve: ele traz concretude, vivacidade e dramaticidade às narrativas.

Tudo o que foi mencionado até agora faz parte das leis das narrativas populares. Não se encontra apenas em parábolas, mas também molda lendas, fábulas, anedotas, contos e piadas. Jesus utilizou com soberania o repertório dessas técnicas narrativas em suas parábolas. Ele não precisou inventar essas técnicas; elas já estavam disponíveis. Precisamos apenas estudar as diversas fábulas de animais que circulavam na Antiguidade sob o nome de Esopo e descobriremos, quase sem exceção, todas as estruturas narrativas descritas. Há fábulas extremamente curtas, mas também mais longas, há a economia no número de atores, a lei dos pares, a frequência do "discurso direto" e até mesmo o "monólogo interior". Destaca-se especialmente a constante "contraposição" de animais: "o cordeiro e o lobo", "o cavalo e o burro", "a águia e a raposa", "o burro e a cabra", "o veado e o leão".

Não se deve argumentar que Jesus não tinha nenhuma noção das fábulas antigas. Não deveríamos subestimar o nível de educação das pessoas em Israel. Mas, em todo caso, Jesus conhecia sua Bíblia. E lá não há apenas a fábula magistralmente bem estruturada do "espinheiro", mas também a parábola da "ovelhinha do pobre" e a "parábola da vinha".

Jesus não estava familiarizado apenas com essas três parábolas da literatura popular. Ele, obviamente, conhecia a variedade de todas as outras narrativas da Escritura Sagrada, com as quais podia aprender como uma boa e convincente narrativa devia se desenvolver. Ele encontrou nas Escrituras Sagradas diversos textos que possuíam todas as características aqui mencionadas: simplicidade, parcimônia, linearidade, contrastes, discurso direto, repetições. E, claro, também encontrou complexos narrativos que usavam técnicas narrativas extremamente sofisticadas e, quase poderíamos dizer, "modernas" – por exemplo, no Livro de Deuteronômio. Também aqui ele podia aprender intuitivamente.

* * *

Evidentemente, permanece agora a pergunta: Jesus encontrou toda a estrutura de suas parábolas já pronta? Ele simplesmente adotou todas as técnicas narrativas presentes em suas parábolas? Ele não acrescentou nada próprio em termos de "leis formais"?

Se ele não tivesse acrescentado nada próprio, a vivacidade e frescor, bem como as surpresas constantes em suas parábolas, não seriam explicáveis. No início deste capítulo, mencionou-se a extrema "concisão" de suas parábolas. Ela continua totalmente válida. E, no entanto, essa característica deve ser complementada pela observação de uma concretude notável, que está sempre resplandecendo na narrativa de Jesus.

Jesus não diz: "O filho mais jovem sofreu fome em terra estrangeira", mas: "Desejava encher a barriga com as vagens que os porcos comiam" (Lc 15,16).

Jesus não diz: "... se ele primeiramente não tiver vencido o homem forte", mas sim: "se antes não o tiver amarrado" (Mc 3,27).

Jesus não diz: "a mulher procura sua dracma perdida por toda a casa", mas sim: "acende a luz, varre a casa (para ouvir a moeda tilintando)" (Lc 15,8).

Os trabalhadores da colheita não dizem: "Trabalhamos o dia inteiro", mas: "Suportamos o peso do dia e o calor" (Mt 20,12).

O homem que convidara seus conhecidos para um grande banquete não diz ao seu servo, depois que todos se desculparam:

"Vai à cidade e traz os pobres", mas: "Sai depressa pelas praças e ruas da cidade e traze aqui os pobres, aleijados, cegos e coxos" (Lc 14,21).

Jesus poderia ter dito: "Ninguém põe uma lamparina num canto afastado da casa". Em vez disso, ele diz: "Nem se acende uma lamparina para se pôr debaixo de um alqueire" (Mt 5,15).

Na parábola da "semente que cresce por si só", teria sido suficiente dizer: "É por si mesma que a terra dá fruto". No entanto, Jesus acrescenta: "... primeiro vêm as folhas, depois a espiga, em seguida o grão que enche a espiga" (Mc 4,28).

Na parábola das "crianças que brigam" (Mt 11,16-19) não se diz: "Queríamos brincar de funeral, e participastes", mas: "Cantamos lamentações e não batestes no peito".

E com que vivacidade Jesus constrói contrastes – como na parábola do "rico e do pobre" (Lc 16,19-31): "Havia um homem rico que se vestia com roupas de púrpura e linho finíssimo. Todos os dias dava esplêndidos banquetes. Um pobre, de nome Lázaro, coberto de feridas, ficava deitado junto ao portão do rico". O rico se vestia de púrpura e linho fino, o pobre só se vestia de feridas, Jesus quer dizer aqui.

É preciso perceber essa concretude sensorial que está sempre se manifestando nas parábolas de Jesus, para que a afirmação sobre a concisão de sua narrativa não seja mal interpretada. Ambas se unem: extrema concisão e, no entanto, uma vivacidade vibrante. Talvez justamente essa combinação seja uma "característica única" das parábolas de Jesus.

Provavelmente haja ainda também uma segunda particularidade: esta parece estar simplesmente na *diversidade de formas* com que Jesus conta suas parábolas.

Existem parábolas que são introduzidas com a fórmula: "Com o Reino de Deus é como com...", uma introdução clássica dativa, comum em muitas parábolas judaicas. Outras parábolas de Jesus começam simplesmente com um nominativo: "Um homem descia de Jerusalém a Jericó ..." Outras ainda começam com uma pergunta: "Quem de vós, ao construir uma torre, não senta primeiro e calcula os gastos?" Na parábola do "amigo insistente", a forma de pergunta é mantida quase até o fim da parábola.

Mas as formas das parábolas são ainda mais variadas: a parábola do "caminho para o tribunal" é formulada do início ao fim com a forma de tratamento "tu": "Enquanto estiveres a caminho com o teu oponente..." E a parábola do "fazendeiro insensato" consiste, além de sua abertura e conclusão, quase inteiramente num "monólogo interno" do fazendeiro – de maneira semelhante à parábola do "juiz e a viúva". Além disso, há parábolas com um final aberto, embora o ouvinte esperasse saber o desfecho da história. Isso ocorre na parábola do "filho pródigo" – e, em certo sentido, também na parábola do "juiz e a viúva", embora nesta o final seja antecipado no "monólogo interno" do juiz. No entanto, justamente essa antecipação do final numa fala do juiz consigo mesmo mostra o grau de liberdade e variabilidade com que Jesus organizava suas parábolas.

Há mais um ponto a ser mencionado aqui, o qual talvez seja o que mostre com máxima clareza o elemento "especial" da força da composição de Jesus: os assim chamados "heróis imorais". Refiro-me às parábolas do "dinheiro entregue em confiança", do "administrador desonesto" e do "assassino". Não se trata nelas apenas de um tema isolado *em termos de conteúdo*. Quando Jesus conta parábolas com "heróis imorais", isso afeta a estrutura total da parábola em questão. O que isso significa?

Pretendo esclarecer isso recorrendo às fábulas de Esopo. Nessas fábulas, frequentemente aparecem animais que infligem violência a outros animais, principalmente o leão e o lobo. Sua aparição serve sempre para ilustrar como as coisas se passam na sociedade: os mais fracos são oprimidos, enganados e, no fim, devorados. Consideremos a fábula do "cordeiro e o lobo": um pequeno cordeiro é devorado pelo lobo porque ambos estão saciando sua sede no mesmo riacho e o cordeiro, segundo a acusação do lobo, supostamente teria turvado a água para ele. Na realidade, o lobo estava num ponto acima da corrente. Foi ele mesmo quem turvou a água. Isso ilustra como é o mundo dos homens, diz a parábola: os mais fortes se impõem brutalmente e ainda justificam isso com mentiras e desinformações.

Jesus também pode descrever tais tipos, como o juiz corrupto ou o rico que deixa o pobre morrer de fome à sua porta. Mas nas parábolas com "heróis imorais", as coisas são diferentes. Aqui, os criminosos não fazem parte apenas do inventário da respectiva parábola; em vez disso, os comportamentos dos vilões se tornam parábolas que, em sua totalidade, narram como se deve agarrar o Reino de Deus: com a máxima determinação e ousado empenho. São construções extremamente audaciosas e arriscadas, que a Igreja primitiva não compreendia mais.

Talvez seja necessário mencionar aqui também aquela figura de estilo nas parábolas de Jesus em que o familiar e o comum se transformam, de repente, em algo surpreendente e inaudito: o proprietário da vinha paga ao último tanto quanto ao primeiro; um rei perdoa toda a dívida de um dos seus servos; um coletor de impostos pecador vai para casa justificado, mas o fariseu não; um salão de festas é preenchido com cegos, aleijados e coxos; não são os servos do Templo que ajudam o espancado, mas um questionável samaritano; uma figueira estéril recebe um prazo como graça; e depois que lavradores rebeldes já espancaram um enviado, ultrajaram um segundo e assassinaram um terceiro, um dono de vinhedo envia seu próprio filho. Eventos desconcertantes e perturbadores desse tipo também fazem parte do estilo narrativo das parábolas de Jesus e contribuem para sua singularidade.

No entanto, deve-se acrescentar imediatamente que Jesus, também nesse ponto, pôde aprender elementos decisivos da Escritura para suas parábolas. A fábula de Jotão (Jz 9,8-15); o logro de Davi pelo Profeta Natã (2Sm 12,1-4); a captura dos ouvintes na "canção da vinha" (Is 5,1-7); a arte narrativa na história da "amarração de Isaac" (Gn 22,1-19) ; a arte magistral da representação no complexo da "história da sucessão ao trono" (2Sm 9,1; 20,26; 1Rs 1,1; 2,46); as ousadas metáforas do Livro dos Salmos; tudo isso e muito mais entraram nas parábolas de Jesus. E aqui também ele aperfeiçoou o que lhe foi legado.

3 A tradição

Mas podemos realmente supor que, em todas as afirmações dos dois capítulos anteriores, estamos lidando com as parábolas autênticas de Jesus? Não ficou claro na Parte II deste livro que os autores dos três primeiros evangelhos frequentemente retrabalharam suas fontes?

De fato, tais intervenções ocorreram de vários modos. Por exemplo, uma "aplicação" ou um "comentário" foram acrescentados, com frequência, às parábolas de Jesus. De igual modo, "aberturas de parábolas" ou "fórmulas introdutórias" podem ser secundárias. Além disso, Mateus, Marcos e Lucas interferiram maciçamente na "estrutura narrativa" das parábolas repetidas vezes. Isso aconteceu – para lembrar apenas dois desses casos – na parábola do "banquete" (Mt 22,1-14) e na parábola do "dinheiro entregue em confiança" (Lc 19,12-27). Intervenções desse tipo foram discutidas neste livro quando tais trechos foram analisados.

E, obviamente, devemos contar com o fato de que mudanças e expansões semelhantes já ocorreram na fase da tradição *antes* da redação dos evangelhos sinóticos. Não devemos até mesmo supor que muitas vezes temos diante de nós não o estilo narrativo de Jesus, mas o estilo de seus transmissores e, finalmente, o estilo dos evangelistas? As observações dos dois primeiros capítulos desta terceira parte estão, portanto, assentadas em terreno frágil? – De modo nenhum. Quatro pontos indicam isso:

1. Neste livro, ao reconstruir as parábolas de Jesus, eu desconsiderei amplamente as "aberturas de parábolas", bem como as "palavras de comentário" e outros "apêndices" – ou seja, não me baseei justamente naqueles elementos textuais que são com mais frequência obra dos evangelistas.

2. As expansões na própria "estrutura narrativa" ou no "enredo" das parábolas (na linguagem técnica: na sua "fábula") foram relativamente fáceis de identificar. Como exemplo, recordemos a parábola da "semente que cresce sozinha" (Mc 4,3-9). Nela, aparecem três inimigos da semente: pássaros que a debicam; depois o sol nascente que a cresta; e finalmente espinhos e cardos que a sufocam. Nessas três primeiras partes da parábola, a *segunda* é formulada de maneira desproporcionalmente extensa e complicada em relação à primeira e à terceira. Numa tradução literal, teremos:

> E outra caiu em terreno pedregoso, onde não havia muita terra, e logo brotou, porque não havia profundidade na terra; mas, ao subir o sol, foi crestada e, como ela não tinha raiz, secou (Mt 4,5s.).

Aqui, Marcos evidentemente quis explicar a situação com mais detalhes para seus leitores, mas foi além da conta. Por isso, eu havia simplificado o texto seguindo o padrão da primeira e da terceira partes da parábola da seguinte maneira:

> Outra caiu em solo pedregoso e, quando o sol subiu, foi crestada porque não tinha raízes.

Dessa forma, os três primeiros trechos da parábola, cada uma das quais menciona os "oponentes" da semente, apresentam uma progressão uniforme no número de palavras gregas. Além disso, agora todos os três trechos correspondem exatamente à estrutura:

1. Situação da semente
2. Chegada dos oponentes
3. Destruição da semente

Essas correspondências na estrutura são importantes, pois são precisamente elas que garantiram a transmissão correta das parábolas. Portanto, é altamente provável que, nesse ponto, Marcos tenha ampliado a versão da parábola que lhe foi transmitida, ao passo que é relativamente fácil reconstruir o modelo mais breve[158].

Algo similar ocorre na parábola dos "lavradores violentos" (Mc 12,1-12). Aqui foi fácil demonstrar que Marcos ampliara a descrição do tratamento do terceiro enviado, contrariando o realismo do nível das imagens:

> O senhor tornou a enviar-lhes outro. A este, porém, mataram. E [assim foi com] muitos outros mais, alguns eles espancaram, a outros mataram.

Com a frase ". E [assim foi com] muitos outros mais...", Marcos quer lembrar aos seus leitores os assassinatos de profetas na história de Israel. No entanto, o "assim foi com muitos outros mais" não se encaixa na estrutura da parábola. Muitos intérpretes chegam a eliminar todo o versículo 5, incluindo o

---

[158]. Para uma justificativa mais detalhada dessa redução, remeto a LOHFINK, G. "Das Gleichnis vom Sämann", p. 37-42.

assassinato do terceiro enviado, argumentando que, de outra maneira, a posterior morte do "filho" perderia seu impacto. Eu não fui tão longe na minha reconstrução, pois a morte do filho traz uma escalada chocante para os ouvintes. Contudo, é evidente que a menção dos muitos assassinatos de profetas aqui é perturbadora.

O mesmo ocorre com a parábola do "banquete" em Mateus 22,1-14. O assassinato dos servos enviados com os convites e a ira do rei, que envia seu exército para matar os assassinos e reduzir sua cidade a cinzas (Mt 22,6-7), obviamente não se encaixam na parábola original. Mateus inseriu aqui um breve esboço da história da salvação, mas o fez de maneira desajeitada. A estrutura da narrativa é perceptivelmente prejudicada pela interpolação de Mateus. O leitor percebe imediatamente que algo está errado e reage com indignação. Quase sempre, mudanças textuais desse tipo são expansões – e são relativamente fáceis de identificar.

3. Mas como lidar com as reelaborações durante a fase de transmissão oral, ou seja, no período entre Jesus e os autores dos evangelhos sinóticos? Pela própria natureza da coisa, é muito mais difícil fornecer metodologicamente provas específicas de redação nesse período. No entanto, deve-se sempre contar com redação sempre que se pode demonstrar que uma parábola reflete não a situação de Jesus, mas os problemas típicos das primeiras comunidades cristãs. Encontramos vários exemplos disso na segunda parte deste livro. E cada vez se viu que a temática jesuânica do "Reino de Deus" foi deslocada para a temática pós-pascal do "retorno do Filho do homem". No entanto, essas novas ênfases pouco alteraram a estrutura narrativa das parábolas em si. Para citar também um exemplo aqui: No caso da parábola da "figueira em flor" (Mc 13,28-29), o deslocamento da ênfase teológica pelo contexto era totalmente

evidente. No entanto, o teor da parábola em si praticamente não havia mudado.

Além disso, neste ponto é importante lembrar que muitas parábolas de Jesus eram construídas de maneira tão rigorosa e clara que, devido à sua estrutura sucinta, podiam ser facilmente renarradas. Interpolações ou alterações posteriores são, portanto, facilmente detectáveis pelos exegetas. Também não devemos esquecer que as parábolas de Jesus, assim como todos os seus *logia*, ou seja, seus ditos individuais, eram considerados preciosos e invioláveis. Por isso, foram transmitidos adiante com cuidado e da maneira mais exata possível. Expansões à guisa de comentários ocorriam com mais frequência do que supressões ou grandes mudanças no conteúdo.

4. Por fim, é necessário perguntar se as parábolas de Jesus poderiam ter sido influenciadas pela força *estilística* dos transmissores e, posteriormente, pelo estilo individual dos três evangelistas. De maneira nenhuma, podemos descartar essa possibilidade desde o início.

No entanto, eu diria o seguinte sobre esse problema: As parábolas de Jesus atestam um autor genial, que domina as técnicas de narração de maneira surpreendente. Mas não é só isso! Nessas parábolas, muitos elementos se combinam. Não apenas a técnica narrativa aplicada com facilidade, mas também o jogo de palavras, a criatividade, a precisão das imagens e a amplitude do conteúdo. Destaca-se também a variedade de "intenções de fala": justificação, ataque, consolo, capacitação para a liberdade e sempre o pedido silencioso aos ouvintes para se deixarem levar pela parábola – para se deixarem transportar de sua própria situação enrijecida para a situação totalmente nova do Reino de Deus, que está ocorrendo agora.

Por isso, quem nega a autoria de Jesus para algumas de suas parábolas ou pelo menos para seu estilo narrativo teria de pressupor narradores e teólogos com a mesma genialidade para as parábolas correspondentes. Nesse caso, poderíamos perguntar por que não se fica imediatamente com Jesus, antes de trazer à cena narradores hipotéticos, dos quais nem sequer sabemos se realmente existiram. Quanto a Jesus, entretanto, sabemos que ele existiu. Não possuímos apenas "parábolas" dele, mas também um grande número de *logia* extremamente concisos, que falam da mesma maneira poderosa, polida, rica em imagens e muitas vezes perturbadora.

Além disso, não se deve ignorar que, por muito tempo, no que tange à questão da autenticidade dos textos de Jesus, a capacidade formativa das comunidades cristãs foi abordada de uma maneira realmente grotesca. Na primeira metade do século XX, o conceito de "formação comunitária" era um termo que, nas investigações pertinentes, quase constituía um *cantus firmus*. O termo "formação comunitária" baseava-se na ideia de uma comunidade linguisticamente genial e teologicamente competente, que, digamos, a partir da profundidade de sua alma coletiva, gerava constantemente novos textos de Jesus com a mais alta capacidade criativa. Essa visão romântica, que por certo tempo também desempenhou um papel no estudo do folclore em relação a contos e lendas, já foi superada há muito tempo. Trata-se de uma ilusão. Grandes textos são sempre criados por indivíduos. Eles não surgem das possibilidades linguísticas de um coletivo.

4 O tema

As parábolas de Jesus, sem exceção, têm como tema a vinda do Reino de Deus ou do reinado de Deus. Mostrar isso é o objetivo do capítulo que se segue.

Mas por que dedicar um capítulo inteiro a isso? Não estamos desperdiçando espaço com algo que é uma obviedade? De modo nenhum, pois a ideia de que o reinado de Deus é o tema de todas as parábolas de Jesus não é universalmente aceita[159]. Para citar apenas um exemplo: muitos intérpretes acreditam que a parábola "o rico e o pobre" (Lc 16,19-31) não trata do Reino de Deus de maneira alguma. E este é o principal motivo pelo qual eles não a atribuem a Jesus[160]. Portanto, vale a pena examinar mais detalhadamente o tema "Reino de Deus" nas parábolas de Jesus. Divido minhas considerações em quatro etapas:

1. Na atuação de Jesus, o tema "Reino de Deus" está claramente no centro. Em sua pregação às multidões (Mc 1,14s.), no contexto de suas curas de doentes (Lc 11,20), no chamado ao discipulado (Lc 9,59-62), na instrução aos seus discípulos (Lc 18,29) – Jesus fala repetidamente sobre o "Reino de Deus". A importância desse termo para ele já é demonstrada, entre outras coisas, pela estatística de palavras. Abaixo, eu anexo uma tabela com a frequência de *basileia tou theou* (reinado de Deus/ Reino de Deus) ou seu equivalente em Mateus "Reino dos Céus" nos escritos e coleções de epístolas do Novo Testamento (1ª coluna)[161]. Para capturar com mais exatidão as proporções reais, na 2ª coluna estão os números de páginas correspon-

---

159. K. Erlemann escreve no importante e equilibrado livro *Gleichnisse – Fabeln – Parabeln* (27): "O discurso sobre a 'matéria' da parábola não deve ser referido unidimensionalmente ao Reino de Deus. Muitas parábolas existem sem essa 'metáfora-moldura'. A 'matéria', ou seja, aquilo de que se trata realmente, é antes um feixe de experiências religiosas. Ele inclui experiências com Deus (aspecto teológico), experiências com Jesus Cristo (aspecto cristológico), experiências com a realidade (aspecto escatológico) e a experiência do agir conducente a um objetivo e salvífico (aspecto ético)". – Mas exatamente isso, sem exceção e de forma interligada, são os elementos centrais da proclamação do Reino de Deus por Jesus: a ação *escatológica* de *Deus* se revela agora *em e por meio* de Jesus e abre para todos os que creem o espaço de *salvação* prometido e esperado.

160. Cf. p. ex. KLEIN, H. *Das Lukasevangelium*, p. 552: "Pode-se questionar se a parábola remonta a Jesus. A resposta tende a ser negativa, pois ela não conhece de forma alguma a ideia de *basileia*".

161. Com base nos números em MOULTON; GEDEN, *A Concordance to the Greek Testament*.

dentes do *Novum Testamentum Graece* de Nestle-Aland para o respectivo escrito ou coleção de escritos. Na 3ª se encontra a relação calculada – mais especificamente, a ocorrência do termo por 100 páginas na obra de Nestle-Aland:

Mateus	37	87	43
Marcos	14	62	23
Lucas	32	96	33
João	2	73	3
Atos	6	89	7
Corpus paulinum	9	179	5
Epístolas católicas	0	44	0
Apocalipse	1	49	2

Esses números bastam para mostrar que o termo "reinado de Deus"/"Reino de Deus" é, sim, característico dos três evangelhos sinóticos, mas é bem menos utilizado nos outros escritos do Novo Testamento. O motivo é claro: falar sobre o "Reino de Deus" era central para o Jesus histórico e para a tradição sobre Jesus, da qual os evangelhos sinóticos se alimentam, mas tornou-se cada vez menos habitual na tradição cristã primitiva. Outros termos ganharam destaque. Conclusão: o discurso sobre o "Reino de Deus" é característico de Jesus. Está no centro de sua mensagem e prática. *Mas se é assim, então esse tema também deve ter sido central para suas parábolas também.*

2. Nesse contexto, não é por acaso que várias parábolas começam com fórmulas de abertura como "Acontece com o Reino de Deus o mesmo que..." Mateus, em particular, usa essas fórmulas frequentemente. No entanto, como também são atestadas em Marcos (4,26.30-31) e na fonte Q (Lc 13,18-19 / Mt 13,31; Lc 13,20-21 / Mt 13,33), Jesus deve ter ocasionalmente iniciado

uma parábola com semelhante fórmula. Assim sendo, o tema "Reino de Deus" era explicitamente mencionado na abertura da parábola. No entanto, não precisava ser mencionado todas as vezes. Lucas, em seu material exclusivo, encontrou um número surpreendentemente grande de parábolas que começam com uma "introdução nominativa" como "Um homem descia de Jerusalém a Jericó" (Lc 10,30; cf. tb. 13,6; 15,11; 16,1.19).

3. Mas, mesmo que não houvesse essas "fórmulas de abertura" com a expressão "Reino de Deus", ainda seria claro que as parábolas de Jesus, assim como o restante de sua pregação, tratam do "Reino de Deus". Pois os "arcos de tensão" que caracterizam sua pregação estão todos presentes em suas parábolas também.

Por exemplo, há o arco de tensão do "já e ainda não". A dupla parábola do "tesouro no campo e a pérola" (Mt 13,44-46) nos mostra: pode-se encontrar o Reino de Deus hoje, pode-se ganhá-lo e segurá-lo já hoje. A parábola da "figueira em flor" (Mc 13,28s.), por outro lado, mostra: ele está próximo, encontra-se diretamente à porta, mas ainda não está aqui.

Outro arco de tensão, característico da pregação de Jesus, também aparece nas parábolas: o ser humano não pode produzir o Reino de Deus, ou trazê-lo à força. Ele pode se deitar tranquilamente à noite para dormir (Mc 4,26-29) – e, ainda assim, deve agir com radicalismo e empenho total para conquistá-lo (Mt 25,14-30; Lc 16,1-7; *EvThom* 98).

Vale indicar um terceiro arco de tensão: Jesus, repetidas vezes, promete uma grande recompensa àqueles que creem em sua palavra ou que o seguem. Essa recompensa consiste na participação no Reino de Deus (ver, por exemplo, as Bem-aventuranças em Mt 5,3-12). No entanto, essa recompensa supera de longe tudo o que o ser humano pode esperar, pois é pura graça. – Esse campo de tensão também está presente nas parábolas de Jesus: os escravos vigilantes são surpreendente e abundantemente recompensados: quando seu senhor retorna, tem início uma festa em que eles se tornam senhores, e seu verdadeiro senhor os serve como um escravo (Lc 12,35-38). Contudo, a parábola do "salário do escravo" (Lc 17,7-10) contrasta fortemente com isso: o escravo deve trabalhar até a exaustão e não tem nenhum direito a recompensa. Certamente, não se pode falar em merecimento. Ele só pode dizer: "Sou um servo inútil".

Um último arco de tensão deve ser mencionado: a tensão entre misericórdia e juízo. Jesus não apenas proclamou a misericórdia de Deus, mas também falou do juízo – quando o Evangelho é rejeitado (Lc 10,13-15). Nesses casos, a pessoa cria o juízo para si mesma. Esse arco de tensão, que mostra que não podemos trivializar a "boa nova", também está presente nas parábolas de Jesus: a incompreensível misericórdia de Deus (Lc 15,11-32), mas também o juízo iminente (Lc 13,6-9; 16,19-31).

4. Agora, o ponto decisivo: até mesmo as parábolas de Jesus que aparentemente tratam de coisas bastante diferentes e, à primeira vista, não têm nada a ver com o Reino de Deus estão falando sobre ele. Seleciono quatro parábolas que são particularmente controversas a esse respeito.

a) "O rico e o pobre" (Lc 16,19-31). Nesta parábola, revela-se primeiramente o perigo da riqueza. A riqueza pode fazer alguém deixar que o pobre morra de fome à sua porta e permitir que ele seja lambido por cães. Aqui, ainda estamos no nível da "crítica social à riqueza".

Para Jesus, porém, a riqueza tem um lado ainda mais perigoso: ele deve ter testemunhado repetidamente o fato de que a ganância por riqueza ou a obstinada fixação nas posses próprias impediam as pessoas de se abrirem à sua proclamação do Reino de Deus (cf. Mc 10,17-22). Por isso, seu radical "ou-ou": não se pode servir ao verdadeiro Deus e, ao mesmo tempo, fazer da riqueza seu deus, isto é, uma força que domina a vida inteira (cf. Mt 6,24).

É crucial entender que esse "servir ao verdadeiro Deus" não se refere a uma adoração atemporal a Deus. É, antes, a aceitação do Reino de Deus que Jesus está proclamando. No entanto, essa aceitação do novo é impedida pela riqueza, pois "é mais fácil um camelo passar pelo buraco de uma agulha do que um rico entrar no Reino de Deus" (Mc 10,25).

Os pobres têm mais facilidade com o Reino de Deus: eles são bem-aventurados (Lc 6,20). Isso significa que podem se alegrar, pois o reinado de Deus, que agora começa, dará fim à sua miséria. Por quê? Porque finalmente se realizará aquela solidariedade com os pobres em Israel que a ordem social da Torá já exigira.

Tudo isso constitui, sem dúvida, o plano de fundo da parábola do "rico e o pobre". Nela, Lázaro participa do banquete eterno do Reino de Deus, mas o rico não. E entre o banquete no Reino de Deus e o mundo dos mortos existe um abismo intransponível – tão intransponível quanto o fundo de uma agulha para um camelo.

Por isso, a parábola do "rico e o pobre", que à primeira vista parece ser uma "ilustração" da moral sapiencial, encontra seu verdadeiro lugar na proclamação do Reino de Deus por Jesus. Agora, nesta hora, é crucial abandonar tudo o que se opõe ao Reino de Deus – e isso é justamente a obviedade com que muitos ricos levam uma vida abastada e egoísta, ignorando por completo o pobre à sua porta.

b) "O fazendeiro insensato" (Lc 12,16-20). A situação aqui é semelhante à da parábola do "rico e o pobre" mencionada anteriormente. Aqui também, como vimos na parte II, não se trata simplesmente de apresentar sabedoria geral sobre a vida: por exemplo, um dado moral sobre o logro da riqueza, a morte repentina e os herdeiros felizes.

Lc 12,16-20 não fala de situações que ocorrem constantemente, mas de um evento específico. Trata-se de um golpe de sorte, uma colheita abundante. Isso põe o *kairos* em jogo, um momento decisivo, uma situação que o lavrador poderia ter aproveitado de outra maneira. Ele também poderia ter usado sua riqueza inesperada para ajudar os pobres do povo de Deus. Mas ele não aproveita a oportunidade oferecida. Está completamente preso em sua autoabsorção. Não conhece nem mesmo a conversa com outros. Durante toda a parábola, ele fala apenas consigo mesmo.

Por estar "curvado para dentro de si mesmo", ele não é capaz de perceber o Reino de Deus. Dessa forma, ele se torna a personificação daqueles que permaneceram cegos na hora da aparição de Jesus. Eles estavam exclusivamente ocupados consigo mesmos. E foi exatamente isso que os impedia de ver o que estava acontecendo.

Portanto, não é necessário transformar a parábola numa lição de "*memento mori*" ao estilo dos mistérios medievais, ou numa encenação de regras de vida sapienciais do Antigo Testamento. A parábola pode ser facilmente situada na história real. O *kairos* que Jesus tem em mente com sua narrativa não é a hora da morte, mas a hora do Reino de Deus. E essa hora pode ser perdida devido ao autocentramento.

c) "O bom samaritano". Na segunda parte deste livro, vimos que a interpretação de Lucas 10,30-35, em comentários e, ainda mais, em sermões, é frequentemente povoada de palavras-chave como "hora da humanidade", "convivência humana geral", "ética universal de ajuda", "amor global ao próximo". Ou afirma-se que aqui todas as "fronteiras particulares" do amor ao próximo são demolidas. Se isso fosse verdade, a parábola realmente não teria absolutamente nada a ver com a pregação do Reino de Deus por Jesus.

Pois Jesus, em sua pregação sobre o reino, não fala de amor geral ao próximo e muito menos de humanidade universal. Para ele, o Reino de Deus não pode ser separado do povo de Deus. O Reino de Deus tem um ponto de ancoragem concreto e precisamente definível – e esse ponto é Israel. Para Jesus, está claro: Agora que o Reino de Deus está chegando, deve finalmente se cumprir o que os profetas sempre haviam exigido repetidas vezes. Agora, no mais tardar, a unidade entre culto a Deus e amor ao próximo deve se tornar realidade – e isso em Israel. O povo de Deus deve se tornar assim a "luz do mundo", o "sal da terra" e um sinal para as nações (Mt 5,13-16).

No sacerdote e no levita, é impossível perceber qualquer coisa dessa unidade interna entre culto a Deus e amor ao próximo. Mas no samaritano, sim. E aqui está o verdadeiro ponto central da parábola: Jesus quer reunir todo Israel – e isso para o que agora está se aproximando: o Reino de Deus. E, evidentemente, para ele, os samaritanos desprezados fazem parte do povo de Deus. Jesus não aceita a separação vigente e o ódio entre os dois grupos. Ele quer superar as divisões em Israel.

Para Jesus, essa restauração da unidade do povo de Deus é uma parte elementar da pregação do reinado de Deus. Por exemplo, é por isso que Jesus reúne nos Doze – que para ele são o símbolo real do Israel a ser reunido – pessoas de origens muito diversas, desde o coletor de impostos Mateus (Mt 10,3) até Simão, o zelote (Lc 6,15).

Se a parábola do "bom samaritano" não fala apenas sobre a misericórdia e a solidariedade exemplares de um forasteiro odiado em Israel, mas também sobre a vontade de Jesus de reunir Israel, então essa parábola trata, num sentido eminente, do Reino de Deus, mesmo que isso não seja mencionado de maneira explícita.

d) "Os filhos desiguais". Também no início desta parábola o Reino de Deus não é mencionado; e muitos intérpretes já se perguntaram o que Mateus 21,28-31 tem a ver com a genuína pregação de Jesus. Para nós, o ponto de partida crucial foi a consideração sobre o que quer dizer "vontade do Pai" aqui. Trata-se apenas de obediência a Deus num sentido geral? Concretamente: trata-se apenas de cumprir tudo o que é prescrito na Torá?

Outro texto – a saber, a narrativa de Marcos 3,31-35 – pode nos mostrar que a "vontade de Deus" tem para Jesus outro significado: pois aqui Jesus se afasta de sua própria família, que quer impedir sua atuação e trazê-lo de volta para casa. Mas ele não se separa apenas juridicamente de sua antiga família, ele também cria uma "nova família". Sua "nova família" – ou seja, sua mãe, seus irmãos e suas irmãs – são, a partir de agora, todos aqueles que "fazem a vontade de Deus" (Mc 3,35). A "vontade de Deus" aqui não pode ser a Torá (que certamente foi fielmente cumprida por sua família biológica), mas sim o que Deus está agora pondo em movimento: seu propósito, sua causa, seu plano – mais precisamente: o que ele está realizando agora em Israel por meio de Jesus. Aqueles que fazem a "vontade de Deus" são aqueles que, nesta hora, ouvem a "palavra de Deus" da boca de Jesus e a seguem (Lc 11,28), ou seja, que se abrem para o Reino de Deus.

Com base em sua teoria das parábolas, Adolf Jülicher ainda acreditava que a parábola dos "filhos desiguais" tratava de uma avaliação da discrepância entre "falar e agir"[162]. Com isso, ele não fez justiça nem ao tema da vinha nem à localização da parábola nos conflitos de Jesus com seus contemporâneos. Não se trata aqui de um *ethos* atemporal ("As palavras do homem devem sempre estar em conformidade com seus atos"), mas do comportamento correto diante do Reino de Deus. Esta é a verdadeira "obediência" a Deus, que é agora exigida. A parábola dos "filhos desiguais" é um aviso urgente para não ignorar os sinais dos tempos, mas render-se ao chamado da hora.

Isso é o que devia ser dito sobre a tese estabelecida no início deste capítulo: *As parábolas de Jesus têm, sem exceção, o advento do Reino de Deus como tema.* Isso vale até mesmo para aquelas parábolas que à primeira vista parecem não ter nada a ver com o tema "Reino de Deus".

* * *

Mas como podemos descrever com mais precisão o tema "Reino de Deus", que domina todas as parábolas de Jesus? O que suas parábolas nos dizem sobre o reinado de Deus?

Primeiramente, elas nos dizem que ele está acontecendo *agora*. Ele não está acima das nuvens, nem aguardando em algum lugar no futuro. Está ocorrendo em meio aos ouvintes de Jesus (e, portanto, entre nós), e sua vinda é tão próxima quanto o verão quando os ramos da figueira se tornam tenros.

No entanto, a vinda do Reino de Deus é um acontecimento marcado por tensão. Se dissermos apenas que ele vem "em breve", perderemos essa tensão, pois é preciso dizer também: "ele já está aqui". Pode-se encontrá-lo agora, tal como o trabalhador que tropeça num cântaro de barro cheio de moedas de

---

162. JÜLICHER, A. *Die Gleichnisrede Jesu*, segunda parte, p. 385.

prata, e pode-se adquiri-lo, tal como o comerciante que encontra uma pérola preciosa. Deve-se até mesmo dizer: o reinado de Deus já irrompeu como um ladrão que invade uma casa. Gostaríamos de ter impedido. Não teríamos permitido que ele entrasse na casa de Israel e nos rituais de nossa vida. Mas ele veio como um ladrão à noite.

A comparação com o "ladrão à noite" sinaliza: o reinado de Deus não vem simplesmente tal como tudo na natureza cresce, amadurece e se torna cada vez maior e mais poderoso. É um acontecimento na "história": E "história" significa obstáculos, resistências, inimigos, ameaças, tribulações, calúnias. No entanto, Jesus também pode falar dessas resistências contra o Reino de Deus empregando imagens da agricultura: pássaros comem a semente; o sol seca o solo e queima a semente; espinhos e cardos sufocam os rebentos; um inimigo maligno semeia ervas daninhas; uma figueira não dá fruto.

Por outro lado, apesar desses obstáculos e ameaças, a vinda do Reino não pode ser detida. Apesar de todas as dificuldades, o bom solo dá frutos abundantes, a pequena semente de mostarda cresce e se torna um grande arbusto, uma enorme quantidade de massa é levedada.

Embora a vinda do Reino de Deus envolva todo o mundo, o lugar imediato, sua presença, sua pátria é Israel. Por isso, Jesus usa repetidamente a imagem da vinha; e por isso ele fala da figueira, do banquete e do casamento. O povo de Deus é confrontado com uma decisão profunda: os irmãos desiguais trabalharão na vinha de seu pai ou se recusarão? Os convidados participarão do banquete noturno ou apresentarão desculpas? Todos aparecerão com trajes apropriados para um casamento ou ofenderão o anfitrião? O povo de Deus receberá o noivo com tochas acesas? E estará atento quando o senhor da casa retornar do casamento? O perigo de perder o momento decisivo é grande. É o perigo de brigar como crianças que não conseguem decidir qual será sua brincadeira. É o perigo de permanecer cego aos sinais dos tempos – tal como os ricos que, tão ocupados consigo mesmos e com seu bem-estar, não percebem o que está acontecendo diante de seus olhos.

Em face dessa situação crítica, cada indivíduo no povo de Deus é chamado a agir. É necessário agarrar o novo com total empenho, com paixão, prazer, imaginação e desejo – assim como terroristas e grandes capitalistas atuam em seus negócios. No entanto, isso também deve ser feito com prudência, cuidado e consideração – como construtores que precisam calcular se podem financiar a torre planejada. No entanto, permanece o paradoxo de que o ser humano não pode causar o Reino de Deus por si mesmo; ele pode dormir tranquilamente à noite, pois Deus mesmo produzirá seu reino, e ninguém pode impedi-lo em sua obra.

Esse reinado de Deus, que já está ocorrendo agora, é a oferta de um amor e uma afeição incompreensíveis de Deus. Esse amor é tão grande quanto o amor do pai que abraça seu filho depravado e nem sequer ouve sua confissão de culpa até o fim – e é tão grande quanto a bondade do senhor feudal que paga a mesma quantia que paga ao primeiro. Assim como um pastor se alegra ao encontrar a ovelha perdida, e uma mulher ao encontrar sua moeda perdida, Deus também se alegra com cada pecador que se arrepende. Ele perdoa todas as dívidas, mas também exige que, a partir de então, todas as dívidas sejam perdoadas entre o povo de Deus. Quem não entende essa lei, quem exige implacavelmente reembolso dos outros, apesar de Deus ter acabado de perdoar todas as suas dívidas, será passível de julgamento.

Sim, as parábolas de Jesus também falam de julgamento – essa aparente contradição não pode ser eliminada delas. A prática do reinado de Deus inclui necessariamente a reunião de Israel; mas essa reunião do povo de Deus também leva a uma separação, que atravessa o povo escolhido: não só os peixes bons são recolhidos em cestos, mas os inúteis são descartados. E a figueira será cortada, se não der fruto apesar do tempo concedido a ela. E o joio no campo de trigo não pode ser arrancado agora, mas no fim será separado do trigo.

Certamente: reunião e separação, misericórdia e juízo, proximidade e distância do Reino de Deus não são um destino cego que agarra as pessoas e as prende em sua garra de ferro – quer elas queiram ou não. O reinado de Deus que agora se aproxima intensifica de maneira radical o que já era válido em Israel: a intimidade da confiança entre o ser humano e Deus. Todos no povo de Deus estão agora autorizados a confiar com infinita fé, até com uma insistente imediatez, na ação de Deus – como o amigo importuno que pode seguramente confiar que receberá pão para seu convidado; e como a viúva pobre que acaba recebendo ajuda. Se, neste mundo, pessoas se levantam à noite para ajudar umas às outras, e se até mesmo juízes corruptos acabam cumprindo seu dever – então certamente e em todo caso também Deus assim agirá.

Tudo isso foi uma tentativa de descrever[163] *o que o Reino de Deus significa nas parábolas de Jesus.* E mais uma vez, devo advertir: não é possível capturar as parábolas de Jesus em fórmulas. Por isso, no fundo, também não pude destilar ideias básicas abstratas dessas quarenta parábolas. Não tive escolha senão recorrer constantemente às narrativas e às imagens criativas de

---

163. WEDER, H. *Die Gleichnisse Jesu als Metaphern*, p. 65, enfatiza corretamente que as parábolas de Jesus não podem ser substituídas por nenhum tipo de fórmula. O que elas querem dizer pode, no máximo, ser "parafraseado".

Jesus. Não é que as parábolas de Jesus dizem ao povo simples, numa ilustração pictórica, algo que poderia realmente ser formulado de maneira muito melhor e mais precisa em linguagem teológica. Elas dizem, *em parábola*, o que é o Reino de Deus e como ele chega. *Aqui a forma parábola é insubstituível.*

O fato de Jesus ter falado repetidamente em parábolas se deve ao motivo de que, em última análise, só se pode falar do Reino de Deus dessa forma e, mais ainda, de que o reinado de Deus já vem para os ouvintes nas próprias parábolas – de maneira semelhante a como ela também já está ocorrendo nos milagres de Jesus. Se os ouvintes das parábolas de Jesus se deixarem levar e transformar por uma parábola, então eles estão próximos do Reino de Deus; e, de fato, ele já "está vindo".

Desse modo, a intenção de determinar o tema central das parábolas de Jesus é um esforço um tanto desamparado de parafrasear o que Jesus justamente não disse em fórmulas, mas em parábolas. O exegeta pode apenas reconstruir a situação histórica das parábolas, examinar sua estrutura, descrever seu universo de imagens e revelar a conexão orgânica que elas formam – mas, no fim, é necessário que os textos falem por si mesmos.

* * *

Ainda uma última observação sobre o tema deste capítulo! Leitores atentos terão percebido: minha interpretação das parábolas de Jesus mencionou repetidamente o "hoje" do reinado de Deus – que ele está vindo "agora", que com a aparição de Jesus ele já começou e já está começando a mudar o mundo. Na terminologia técnica, isso é chamado de "escatologia presente". Os eventos finais não começam apenas no futuro, mas já na atualidade. Eles já começaram, já estão aqui.

Então não há em Jesus "escatologia futura" – ou seja, o que ainda está por vir, o que ainda não chegou, o que ainda se aguarda e se espera de Deus? Evidentemente, há tudo isso em sua pregação. Em seu ensinamento, há certamente o tempo futuro, a consumação de toda a história, a vinda do Filho do homem para o julgamento, a consumação do mundo, o dia – para usar as palavras de Paulo (1Cor 15,28) – em que Deus será "tudo em todos". Já apontei várias vezes o arco de tensão do "já e ainda não".

Mas, ao que parece, nas *parábolas* de Jesus o "já-chegou" do Reino de Deus desempenha um papel mais importante do que o futuro ainda pendente. É fácil entender por que isso é assim: qualquer pessoa piedosa em Israel acreditava no reinado de Deus. Basta ler o Salmo 145, que diz:

> Todas as tuas obras, Senhor, te darão graças, e teus fiéis te bendirão. Mencionarão a glória de teu reino e falarão de tua façanha, anunciando a todos: "Tais são suas façanhas e a esplêndida glória de seu reino". Teu reino é um reino para todos os séculos, para todas as gerações, teu império (Sl 145,10-13).

O empolgante em Jesus não é apenas essa crença óbvia na eterna, já sempre existente soberania de Deus, ou na vinda dessa soberania no futuro. Não, o específico na aparição de Jesus consiste no fato de que o reinado de Deus está chegando agora, em sua pessoa, em sua pregação e em seus milagres. Isso é o que há de especial nele, e por tal razão ele precisava expor aos olhos de seus ouvintes justamente *isso*, anunciá-lo e expressá-lo em palavras. E ele faz isso principalmente em suas parábolas. Evidentemente, as parábolas eram o meio mais adequado para isso.

Portanto, em Jesus existe tanto o "já" quanto o "ainda não" – e a tensão entre ambos é mantida. Mas em suas parábolas, a ênfase recai nitidamente sobre o "já", sobre o "hoje", sobre o "agora". E isso está relacionado ao mistério de sua pessoa. É sobre isso que ainda preciso falar.

5 O tema dentro do tema

No fim do capítulo anterior, tentei descrever ou "parafrasear" o tema das parábolas de Jesus. No entanto, o ponto crucial ainda não foi abordado: quando Jesus fala do Reino de Deus em suas parábolas, ele também está falando de si mesmo. Na Parte II deste livro, encontramos essas autorreferências indiretas de Jesus em muitas parábolas. Vou retomar aqui quatro dessas parábolas, que representam as demais.

1. "A colheita abundante" (Mc 4,3-9). Vimos a dinâmica que se desenvolve nesta parábola. Em suas três primeiras partes, o poder destrutivo dos oponentes aumenta, e a destruição da semente cresce de maneira trágica: primeiramente, apenas os grãos são afetados pelos pássaros; depois, os primeiros brotos são queimados pelo sol escaldante; e, por fim, os espinhos e cardos sufocam os caules que já estavam frutificando. No entanto, a semente que cai em solo bom cresce e produz seus frutos.

Está claro: aqui Jesus está falando sobre a vinda do Reino de Deus. De fato, ele enfrenta muitos adversários, mas resiste a todos os seus inimigos. Apesar da oposição diversa, há, ao fim, uma colheita abundante.

No entanto, aqueles que, dentre os ouvintes de Jesus, conheciam a Escritura deveriam pensar no semeador como Deus. Isso porque, no Antigo Testamento, Deus é retratado como aquele que está constantemente semeando sua semente – de modo mais preciso, aquele que semeia seu povo entre os gentios (ou seja, que o espalha entre os gentios), ou o semeia novamente na terra durante o tempo da salvação vindoura (Zc 10,9; Os 2,1-3.25; Jr 31,27s.)[164].

---

164. Cf., a respeito, LOHFINK, G. *Die Metaphorik der Aussaat im Gleichnis vom Sämann.*

Mas será que a parábola fala apenas de Deus? Isso é difícil de imaginar. Jesus fala aqui indiretamente, e de forma contida, sobre si mesmo. Ele é o semeador que semeia a palavra da proclamação. Ele é, ao mesmo tempo, aquele que semeia pessoas (cf. Mc 4,16), ou seja, aquele que ganha pessoas para o reinado de Deus e as reúne ao seu redor. Ele é aquele que, desde o início de sua missão, tem de suportar os ataques de seus oponentes. Ele é aquele que, repetidas vezes, vê como seus inimigos afastam as pessoas dele e destroem a fé destas em sua missão. E ele é aquele que pode experimentar como, apesar de tudo, a semente cresce. Tudo isso ecoa nesta parábola, como "harmônicos" que ressoam quando se toca um instrumento musical. Eles são percebidos tão logo se tem diante dos olhos a realidade da atuação de Jesus.

No entanto, Jesus exprime explicitamente esse plano de fundo inconfundível. Seu estilo é justamente deixar não dito o que é próprio a ele mesmo. Embora o gênero "parábola" não permitisse referências abertas e explícitas de Jesus a si mesmo (exceto no fim das parábolas), Jesus também evita autorreferências na conclusão de suas parábolas. Ele permanece reservado quanto à sua própria pessoa. Talvez possamos dizer: ele preserva seu mistério.

2. "O filho pródigo" (Lc 15,11-32). Com esta parábola ocorre algo semelhante: quando Jesus narrou a seus ouvintes como o pai abraçou o filho que retornava, muitos devem ter pensado em Deus. Talvez tenham pensado no versículo do Livro dos Salmos que tinham ouvido ou recitado várias vezes: "Como um pai ama os filhos com ternura, assim o SENHOR se enternece por aqueles que o temem" (Sl 103,13). Eles também deveriam se lembrar de outros textos da Escritura Sagrada, como a famosa passagem do Livro do Êxodo, no qual Deus se revela a Moisés e são ditas estas palavras: "SENHOR, SENHOR!

Deus compassivo e clemente, lento para a cólera, rico em amor e fidelidade" (Ex 34,6).

Jesus apresentou-lhes na parábola do "filho pródigo" a imagem de um pai que lhes diria, se eles a aceitassem: Assim é Deus. Ele olha com amor para os culpados e perdidos. Ele transborda de alegria quando um perdido retorna.

Talvez até percebessem que esta parábola ia muito além daquela autorrevelação de Deus no Livro do Êxodo, porque aqui é retratado um pai que não guarda rancor – nem mesmo "até a terceira e quarta geração" (Ex 34,7). Pois este pai esquece completamente o que aconteceu. Ele perdoa incondicionalmente e sem concessões antecipadas. Ele perdoa mesmo onde os seres humanos não mais perdoam. O pai da parábola do "filho pródigo" reflete Deus.

E, no entanto, essa afirmação também não é suficiente aqui – assim como não havia sido na parábola da "colheita abundante". Pois, ao mesmo tempo, este pai representa Jesus. Jesus defende, na estrutura desta parábola, sua ação em relação aos pecadores contra as acusações de seus adversários. Ele justifica sua própria prática (Lc 15,1s.). Isso fica claramente demonstrado no diálogo entre o pai e o filho mais velho (15,28-32). Pode-se, portanto, dizer: nesta parábola, ao narrar sobre Deus, Jesus está justificando suas ações, a saber, sua aceitação dos pecadores. O que ele próprio faz é totalmente transparente em relação a Deus. Não há como separar as ações de Deus e as ações de Jesus.

3. "O fariseu e o publicano" (Lc 18,10-14). Ao ouvirem essa parábola, é provável que muitos dos ouvintes de Jesus tenham tomado o partido do fariseu. Pois ele corresponde – pelo menos à primeira vista – ao temente a Deus de Salmo 1, que "não se detém no caminho dos pecadores nem se assenta na

reunião dos zombadores, mas na lei do SENHOR se compraz" (Sl 1,1s.). E poderiam inicialmente associar o publicano aos "ímpios", que não pertencem à "assembleia dos justos", nem "subsistirão no juízo", e cujo caminho "se perde" (Sl 1,4-6).

No entanto, essa percepção pode ter sido abalada quando notaram a autossuficiência e a arrogância do fariseu em contraste com a humildade e o temor a Deus do publicano. Mesmo que ainda hesitassem na avaliação dos dois homens, no fim da parábola ouviram a conclusão de Jesus: "Este voltou justificado para casa e não aquele" (Lc 18,14). Vimos o que isso significava: O publicano é justificado por Deus, ele é absolvido no tribunal divino – mas o fariseu não.

Foi inevitável nos perguntarmos: quem dá a Jesus o direito de falar dessa maneira? Ele não estaria se colocando no lugar de Deus ao formular essa parábola? Ele próprio julga e absolve. Ele próprio pronuncia o julgamento divino. Isso era tão insondável quanto o fato de que o publicano foi absolvido por Deus, apesar de seu modo de vida completamente errôneo.

4. "Os lavradores violentos". Marcos 12,1-12 havia se mostrado como uma das parábolas mais controversas de Jesus. Muitos intérpretes duvidam que ela se origine de Jesus. O ponto crucial mencionado nesse contexto é: se Marcos 12,1-12 realmente provém do próprio Jesus, então ele teria falado pela primeira vez sobre si mesmo numa parábola – e aparentemente ainda também com o título cristológico posterior de "o Filho".

Quem nega que a parábola seja da autoria de Jesus deve estar claramente ciente de que isso implica uma "decisão prévia" fundamental: a decisão sobre se Jesus, quando as coisas em Jerusalém se intensificaram, poderia ter interpretado sua própria situação na parábola – ou não.

Se pressupomos que Jesus estava preso a um cânon fixo de asserções que ele repetia constantemente, de modo que lhe seria impossível dizer algo novo em novas situações; portanto, se pressupomos que ele vivia essencialmente fora da história – então essa parábola realmente não poderia ter vindo dele. No entanto, essa pressuposição não é apenas errada, mas absolutamente desumana: ela retira de Jesus a existência histórica e o transforma numa voz "atemporal".

Após sua ação no Templo em Jerusalém, Jesus devia saber que doravante se tratava de vida ou morte para ele e, ainda mais, que agora tudo se agravava para o próprio povo de Deus. Nessa situação, ele conta sua – possivelmente última – parábola, que deveria revelar qual era o jogo por parte dos líderes de Israel. Jesus quer, com essa parábola, revelar o que realmente está acontecendo em Jerusalém. O que ele diz ganha toda sua relevância com o que, desde o início, ele deixara claro com a alusão a Isaías 5,1s.: aqui se trata de Deus, o dono da vinha, e aqui se trata de Israel. Nesse contexto, quando a palavra "filho" aparece no decorrer da narrativa, Jesus está se pondo numa inconcebível proximidade de Deus.

Isso não estava totalmente fora do âmbito da pregação anterior de Jesus. Ele não havia aparecido apenas como o proclamador, mas como o representante do Reino de Deus. Quem o rejeitasse estava, com isso, rejeitando o próprio Deus.

Além disso: embora Jesus se coloque em cena na parábola dos "lavradores violentos" como em nenhuma outra de suas parábolas – mesmo aqui ele fala de si mesmo de maneira velada e oculta. "Restava-lhe ainda um: o seu filho querido" (Mc 12,6). Já tínhamos visto: isso não é de forma alguma o mesmo que o título cristológico posterior "Filho de Deus". Pois, na situação extremamente turbulenta e em parte sem lei da Palestina da época, não era de modo algum impossível que um latifundiário que vivia no exterior enviasse seu próprio filho, que era o único "legalmente capaz", para resolver questões legais em suas propriedades e com os juízes locais[165].

Desse modo, nessa parábola também temos ambos os elementos: a ousada pretensão de Jesus de precisar convocar o povo de Israel a uma decisão final, e isso como alguém que está no lugar de Deus, porém, ao mesmo tempo, o encobrimento pelo traje da parábola que assegura a discrição teológica.

* * *

No lema do prefácio deste livro, eu havia citado o conhecido teólogo evangélico Eberhard Jüngel: "As parábolas não apenas nos conduzem ao centro da pregação de Jesus, mas ao mesmo tempo apontam para a pessoa do pregador, para o próprio mistério de Jesus". Isso, no fundo, diz tudo. As parábolas de Jesus perdem sua situação e toda sua tensão se não percebemos por trás delas a tremenda reivindicação de Jesus.

Jesus não apenas prega *a respeito do* Reino de Deus, ele o proclama[166]. E ele não apenas o proclama, mas diz "Ele está presente agora". E ele não apenas diz "Ele está presente agora", mas diz: "ele está presente comigo" – com minhas palavras, com meus milagres. Jesus, portanto, traz o Reino de Deus. Mas como? Jesus permite que o próprio Deus reine, de modo que o Deus santo agora está definitivamente e para sempre neste mundo, mais precisamente em Jesus mesmo. O próprio Jesus tornou-se o lugar onde agora as pessoas decidirão a favor ou contra Deus. Mas não apenas decidirão. Jesus tornou-se, ele mesmo, o lugar onde se pode ver quem Deus é e o que ele quer. Nesse sentido, a frase posterior de João "Quem me viu, viu o

---

165. Cf. HENGEL, M. *Das Gleichnis von den Weingärtnern*, p. 25-31
166. Com as frases seguintes, remeto a LOHFINK, G. *Das Geheimnis des Galiläer*, p. 252s.

Pai" (Jo 14,9) é uma interpretação completamente legítima, e até necessária, do que já estava implícito nas parábolas de Jesus.

Por conseguinte, as parábolas de Jesus já contêm uma "cristologia implícita", e, por isso, toda "cristologia explícita", como a que é incontornavelmente incumbida à Igreja, deveria, na verdade, tomar como ponto de partida as parábolas de Jesus. Pois nelas estamos sobre um terreno histórico sólido, e elas já contêm toda a reivindicação de Jesus.

* * *

Ainda existe o círculo literário de debates, mencionado no início deste livro. Atualmente, ele discute as parábolas de Jesus. Evidentemente, é impossível registrar em detalhes as discussões revigorantes que ocorrem ali. Em todo caso, posso oferecer um breve esboço do fim de nossa última sessão.

A senhora mais velha, que, na interpretação da fábula do "leão, o urso e a serpente" (Am 5,18-20), havia defendido com tanta energia que ali se tratava da inevitabilidade da morte, disse o seguinte: "Não nego que deve haver um julgamento. E, mesmo assim, quero simplesmente esquecer essas parábolas que no fim falam sobre 'choro e ranger de dentes'. Eu gostaria de morrer com a maravilhosa parábola do 'filho pródigo' em mente". E acrescentou: "Também quero esquecer a parábola das pobres moças que não levaram óleo suficiente para suas lâmpadas. Acho assustador que a porta seja fechada na cara delas. Não posso e não quero imaginar um Jesus tão impiedoso".

O psicoterapeuta respondeu: "Mas você precisa entender que as 'virgens tolas', a 'porta fechada' e o 'choro e ranger de dentes' são imagens, imagens do lado sombrio do mundo – das sombras em nós mesmos, das nossas recusas, da inércia e da indecisão dentro de nós, das portas que nós mesmos fechamos;

são imagens do não resolvido, do não esclarecido, do que grassa destrutivamente nas profundezas. Por que você tem tanto medo de se expor a essas imagens? Por que tem tanto medo do julgamento? Eu, pessoalmente, desejo profundamente que um dia todas as coisas sombrias, confusas e malignas no mundo sejam esclarecidas – até em mim mesmo".

Então, o professor de filologia clássica tomou a palavra. Seu discurso foi dirigido a mim, mas tive a impressão de que ele era também uma leve correção ao que o psicoterapeuta havia acabado de dizer. O filólogo afirmou: "É bom que você recentemente tenha trazido à discussão a questão do estruturalismo. Quando alguns intérpretes tratam as parábolas de Jesus como 'constructos puramente estéticos' e 'obras de arte autônomas', isso tem suas limitações. Certamente, métodos estruturais podem ser uma parte extremamente importante da interpretação textual. Mas um estruturalismo absoluto, que conscientemente deixa de considerar o autor, a situação histórica e o entrelaçamento de cada texto com seu tempo e lugar, seria, para mim, nada mais do que um jogo estético. Um estruturalismo desse tipo arrancaria as parábolas de Jesus de seu enraizamento em Israel e na vida de Jesus. Amputaria os pés com os quais as parábolas de Jesus estão firmemente plantadas no solo da história. Com seus livros sobre parábolas, Charles Harold Dodd e Joachim Jeremias já apontaram o caminho para situar as parábolas de Jesus em seu verdadeiro solo na vida de Jesus[167]. Esse foi seu grande mérito histórico. Especialmente o livro de parábolas de Joachim Jeremias deve continuar a ser altamente valorizado".

Em seguida, houve um longo discurso daquele doutorando que estava trabalhando numa dissertação sobre os teólogos morais do século XVII. Ele disse: "Ah, às vezes eu me imagino

---

167. O professor de Filologia Clássica se refere aos seguintes livros: DODD, C. H. *The Parables of the Kingdom*, bem como JEREMIAS, J. *Die Gleichnisse Jesu*.

escrevendo, não sobre pessoas do século XVII, mas sobre as parábolas de Jesus. É onde está todo o meu interesse". E então ele falou sobre princípios hermenêuticos; parábola como metáfora; provocação retórica; análise narrativa; estrutura superficial e profunda; discurso informativo e performativo; sobre a relação entre actantes sintáticos e semióticos; a diferença entre parábolas, símiles e narrativas exemplares; as parábolas de Jesus como eventos linguísticos; e muitas outras coisas.

A mulher cujo filho havia morrido e cujo marido a traíra permaneceu em silêncio. Ela olhou para o doutorando com grandes olhos curiosos.

E a jovem de dezessete anos, que tantas vezes se destacara por comentários provocativos, mas inteligentes, disse apenas uma frase: "Eu quero encontrar o tesouro escondido e a pérola preciosa".

Agradecimentos

Meu agradecimento especial vai para o Professor Dr. Marius Reiser. Ele leu todo o manuscrito e, com sua habilidade filológica e sua paixão teológica, passou-me muitas ideias úteis.

A sra. Antje Bitterlich também, como sempre, revisou tudo e, com seu olhar cuidadoso, protegeu este livro de alguns erros ortográficos, de uns pontos sintáticos questionáveis e tropeços estilísticos.

Hans Pachner se dedicou de forma altruísta e meticulosa à obtenção de bibliografia, como fez em todas as minhas publicações anteriores.

E houve muitos que me encorajaram com seu interesse, suas perguntas e sugestões – menciono especialmente meu irmão Norbert, depois Volker Zehetbauer, Carmelita e Gerd Block, Kristina e Dr. Johannes Hamel. Raphael Jaklitsch me ajudou com rapidez e competência a resolver problemas de computador.

Com muita amabilidade, Dr. Bruno Steimer também acompanhou este livro, assim como os anteriores, com seu conselho especializado e sua experiência editorial. E já que estou falando da editora Herder: um agradecimento especial deve ser feito à sra. Francesca Bressan, do departamento de direitos estrangeiros, que já possibilitou tantas traduções dos meus livros com seu charme e suas relações internacionais.

A todos aqui mencionados e a muitos não mencionados, agradeço de coração.

Gerhard Lohfink

Referências

A bibliografia a seguir não pretende nem pode oferecer uma visão geral da literatura mais importante sobre as parábolas de Jesus. Seu intuito é apenas aliviar o peso das notas. Desse modo, ela contém apenas a literatura citada neste livro.

ALAND, K. *Synopsis quattuor evangeliorum*. 8. ed. Stuttgart, 1973.

BEN-DAVID, A. *Talmudische Ökonomie. Die Wirtschaft des jüdischen Palästina zur Zeit der Mischna und des Talmud*. Vol. 1. Hildesheim, Nova York, 1974.

BERGER, K. *Formen und Gattungen im Neuen Testament (UTB 2532)*. Tübingen, Basel, 2005.

BEYER, K. Semitische Syntax im Neuen Testament. Vol. I: *Satzlehre Teil 1*. 2. ed. Göttingen, 1968.

BROX, N. *Der Hirt des Hermas (KAV 7)*. Göttingen, 1991.

BUBER, M. *Die Erzählungen der Chassidim (Manesse Bibliothek der Weltliteratur)*. Zürich, 1949.

BULTMANN, R. *Die Geschichte der synoptischen Tradition* (FRLANT 29). 5. ed. Göttingen, 1961.

CROSSAN, J. D. *The Parable of the Wicked Husbandmen*. In: JBL 40, 1971, 451-465.

DALMAN, G. *Arbeit und Sitte in Palästina*. Vol. II: *Der Ackerbau*. Reimpressão. Hildesheim, 1964.

DALMAN, G. *Arbeit und Sitte in Palästina*. Vol. III: *Von der Ernte zum Mehl. Ernten, Dreschen, Worfeln, Sieben, Verwahren, Mahlen*. Reimpressão. Hildesheim, 1964.

DALMAN, G. *Arbeit und Sitte in Palästina*. Vol. IV: Brot, Öl und Wein. Reimpressão. Hildesheim, 1964.

DE VAUX, R. *Das Alte Testament und seine Lebensordnungen*. Vol. I, Freiburg i. Br. 2, 1964.

DIBELIUS, M. *Die Formgeschichte des Evangeliums*. Tübingen, 1919, [6]1971.

DITHMAR, R. (ed.). Fabeln, *Parabeln und Gleichnisse. Beispiele didaktischer Literatur* (dtv 4047). 2. ed. Munique, 1972.

DODD, C. H. *The Parables of the Kingdom*. Londres, 1935.

DORMEYER, D. Gleichnisse als narrative und metaphorische Konstrukte – sprachliche und handlungsorientierte Aspekte. In: ZIMMERMANN, R. (ed.). *Hermeneutik der Gleichnisse Jesu*, 420-437.

EAGLETON, T. *Einführung in die Literaturtheorie* (Sammlung Metzler 246). 5. ed. Stuttgart, Weimar, 2012.

EICHHOLZ, G. *Gleichnisse der Evangelien. Form, Überlieferung, Auslegung*. Neukirchen-Vluyn, 1971.

ERLEMANN, K.; NICKEL-BACON, I.; LOOSE, A. *Gleichnisse – Fabeln – Parabeln. Exegetische, literaturtheoretische und religionspädagogische Zugänge* (UTB 4134). Tübingen, 2014.

FIEBIG, P. *Altjüdische Gleichnisse und die Gleichnisse Jesu*. Tübingen, Leipzig, 1904.

FIEGER, M. *Das Thomasevangelium. Einleitung, Kommentar und Systematik* (NTA 22). Münster, 1991.

FÖRSTER, N. *Die Selbstprüfung des Mörders (Vom Attentäter) EvThom 98*. In: Zimmermann, R. (ed.). *Kompendium* 921-926.

GERBER, Ch. *Wann aus Sklavinnen und Sklaven Gäste ihres Herren werden (Von den wachenden Knechten) Lk 12,35-38*. In: Zimmermann, R. (ed.). *Kompendium*, 573-578.

GNILKA, J. *Das Evangelium nach Markus* (EKK II/2). Zürich, Neukirchen-Vluyn, 1979.

GROSS, W. *Richter* (HThK-AT). Freiburg i. Br., 2009.

HARNISCH, W. *Die Gleichniserzählungen Jesu. Eine hermeneutische Einführung* (UTB 1343). Göttingen, 1985.

HARNISCH, W. (ed.). *Die neutestamentliche Gleichnisforschung im Horizont von Hermeneutik und Literaturwissenschaft* (WdF 575). Darmstadt, 1982.

HARNISCH, W. (ed.). *Gleichnisse Jesu. Positionen der Auslegung von Adolf Jülicher bis zur Formgeschichte* (WdF 366). Darmstadt, 1982.

HEININGER, B. *Metaphorik, Erzählstruktur und szenisch-dramatische Gestaltung in den Sondergutgleichnissen bei Lukas* (NTA 24). Münster, 1991.

HENGEL, M. *Das Gleichnis von den Weingärtnern. Mc 12,1-12 im Lichte der Zenonpapyri und der rabbinischen Gleichnisse*. In: ZNW 59 (1968), 1-39.

HENGEL, M.; SCHWEMER, A. M. *Jesus und das Judentum. Geschichte des frühen Christentums*. Vol. 1. Tübingen, 2007.

HOFFMANN, P.; HEIL, Ch. *Die Spruchquelle Q. Studienausgabe Griechisch und Deutsch*. Darmstadt, 2002.

HUBER, W. *Passa und Ostern. Untersuchungen zur Osterfeier der alten Kirche* (BZNW 35). Berlin, 1969.

HUNZINGER, C.-H. Unbekannte Gleichnisse Jesu aus dem ThomasEvangelium. In: ELTESTER, W. (ed.). *Judentum, Urchristentum, Kirche. FS Joachim Jeremias* (BZNW 26). Berlin, 1960, 209-220.

JEREMIAS, J. *Die Abendmahlsworte Jesu*. 3. ed. Göttingen, 1960.

JEREMIAS, J. *Die Gleichnisse Jesu*. 7. ed. Göttingen, 1965.

JÜLICHER, A. *Die Gleichnisreden Jesu*. Duas partes em um volume. Primeira parte: *Die Gleichnisreden Jesu im Allgemeinen*. Segunda parte: *Auslegung der Gleichnisreden der drei ersten Evangelien*. Reimpressão. Darmstadt, 1963.

JÜNGEL, E. Die Problematik der Gleichnisrede Jesu. In: HARNISCH, W. (ed.). *Gleichnisse Jesu*, 281-342.

Katholischer Katechismus der Bistümer Deutschlands. Freiburg i. Br., 1955.

KLEIN, H. *Das Lukasevangelium* (KEK I/3). Göttingen, 2006.

LINNEMANN, E. *Gleichnisse Jesu. Einführung und Auslegung*. 4. ed. Göttingen, 1966.

LOHFINK, G. *Das Geheimnis des Galiläers. Ein Nachtgespräch über Jesus von Nazaret*. 2. ed. Freiburg i. Br., 2019.

LOHFINK, G. Das Gleichnis vom Sämann (Mk 4,3-9). In: *BZ* 30 (1986), 36-69.

LOHFINK, G. Die Metaphorik der Aussaat im Gleichnis vom Sämann (Mk 4,3-9). In: Id. *Studien zum Neuen Testament* (SBAB 5). Stuttgart, 1989, 131-147.

LOHFINK, G. *Im Ringen um die Vernunft. Reden über Israel, die Kirche und die Europäische Aufklärung*. Freiburg i. Br., 2016.

LOHFINK, G. *Jesus von Nazaret. Was er wollte, wer er war*. 7. ed. Freiburg i. Br., 2018.

LOHFINK, G. Was meint das Liebesgebot?. In: Id. *Gegen die Verharmlosung Jesu. Reden über Jesus und die Kirche*. 5. ed. Freiburg i. Br., 2019, 98-112.

LUZ, U. *Das Evangelium nach Matthäus. 2. Teilband. Mt 8 –17* (EKK I/2). Zürich / Neukirchen-Vluyn, 1990.

LUZ, U. *Das Evangelium nach Matthäus. 3. Teilband. Mt 18 –25* (EKK I/3). Zürich, Neukirchen-Vluyn, 1997.

MERZ, A. Jesus lernt vom Räuberhauptmann (Das Wort vom Starken) Mk 3,27. In: ZIMMERMANN, R. (ed.). *Kompendium*, 287-296.

MOENIKES, A. *Die grundsätzliche Ablehnung des Königtums in der Hebräischen Bibel* (BBB 99). Weinheim, 1995.

MOULTON, W. F.; GEDEN, A. S. *Concordance to the Greek Testament*. 4. ed. Edinburgh, 1963.

NESTLE-ALAND. *Novum Testamentum Graece*. 26. ed. Stuttgart, 1979.

OLRIK, A. Epische Gesetze der Volksdichtung. In: *Zeitschrift für deutsches Altertum* 51 (1909), 1-12.

PELLEGRINI, S. Ein "ungetreuer" οἰκονόμος (Lk 16,1– 9)? Ein Blick in die Zeitgeschichte Jesu. In: *BZ* 48 (2004), 161-178.

POPLUTZ, U. Eine fruchtbare Allianz (Weinstock, Winzer und Reben), Joh 15,1– 8. In: ZIMMERMANN, R. (ed.). *Kompendium*, 828-839.

RAD, G. von. *Das erste Buch Mose. Genesis* (ATD). 4. ed. Göttingen, 1956.

REISER, M. *Bibelkritik und Auslegung der Heiligen Schrift. Beiträge zur Geschichte der biblischen Exegese und Hermeneutik* (WUNT 217). Tübingen, 2007.

REISER, M. *Die Gerichtspredigt Jesu. Eine Untersuchung zur eschatologischen Verkündigung Jesu und ihrem frühjüdischen Hintergrund* (NTA 23). Münster, 1990.

REISER, M. Numismatik und Neues Testament. In: *Bib*. 81 (2000), 457-488.

REISER, M. *Sprache und literarische Formen des Neuen Testaments. Eine Einführung* (UTB 2197). Paderborn, 2001.

RICŒUR, P. Biblische Hermeneutik. In: HARNISCH, W. *Die neutestamentliche Gleichnisforschung*, 248-339.

SCHOEDEL, W. R. Gleichnisse im Thomasevangelium. Mündliche Tradition oder gnostische Exegese? In: HARNISCH, W. (ed.). *Gleichnisse Jesu*, 369-389.

SCHOTTROFF, L. *Die Gleichnisse Jesu*. 4. ed. Gütersloh, 2015.

SCHRAMM, T.; LÖWENSTEIN, K. *Unmoralische Helden. Anstößige Gleichnisse Jesu*. Göttingen, 1986.

SOMOV, A.; Voinov, V. "Abraham's Bosom" (Luke 16:22-23) as a Key Metaphor in the Overall Composition of the Parable of the Rich Man and Lazarus. In: *CBQ* 79 (2017), 615-633.

STEMBERGER, G. *Mekhilta de-Rabbi Jishma'el. Ein früher Midrasch zum Buch Exodus*. Berlim, 2010.

STRACK, H. L.; BILLERBECK, P. Das Evangelium nach Matthäus. Erläutert aus Talmud und Midrasch. 3. ed. Munique, 1961.

STUHLMACHER, P. *Biblische Theologie des Neuen Testaments*. Vol. 1: *Grundlegung. Von Jesus zu Paulus*. 3. ed. Göttingen, 2005.

STUHLMACHER, P. Der Kanon und seine Auslegung. In: Id. *Biblische Theologie und Evangelium. Gesammelte Aufsätze* (WUNT 146). Tübingen, 2002, 167-190.

TÀRRECH, A. P. La parabole des Talents (Mt 25,14 –30) ou des Mines (Lc 19,11-28). In: *A cause de l'évangile. Mélanges offerts à dom Jacques Dupont* (LeDiv 123). Paris, 1985, 165-193.

VIA, D. O. *Die Gleichnisse Jesu. Ihre literarische und existenziale Dimension* (BEvTh 57). Munique, 1970.

WEDER, H. *Die Gleichnisse Jesu als Metaphern. Traditions- und redaktionsgeschichtliche Analysen und Interpretationen*. 2. ed. Göttingen, 1980.

WEISER, A. *Die Knechtsgleichnisse der synoptischen Evangelien* (StANT 29), Munique, 1971.

WOLTER, M. *Das Lukasevangelium* (HNT 5). Tübingen, 2008.

ZIMMERMANN, R. (ed.). *Hermeneutik der Gleichnisse Jesu. Methodische Neuansätze zum Verstehen neutestamentlicher Parabeltexte* (WUNT 231). Tübingen, 2008.

ZIMMERMANN, R. (ed.). *Kompendium der Gleichnisse Jesu*. 2. ed. Gütersloh, 2015.

ZIMMERMANN, R. Parabeln – sonst nichts! In: ZIMMERMANN, R. *Hermeneutik der Gleichnisse Jesu*, 383-419.

As parábolas no ano litúrgico

Na lista a seguir, são apresentadas as parábolas lidas na liturgia dominical nos anos A, B e C (a liturgia ferial não é considerada).

Quando uma parábola é lida na liturgia dominical na versão paralela sinóptica como, por exemplo, na versão de Mateus, em vez da versão de Lucas tratada no livro, a linha estará destacada em *itálico*.

Ano	Celebração	Indicação	Parábola	Localização nesta obra (cf. sumário)
A	5º Domingo do Tempo Comum	Mt 5,15	A lamparina no candelabro	II, 38
A	6º Domingo do Tempo Comum	Mt 5,25-26	A caminho do tribunal	II, 26
A	9º Domingo do Tempo Comum	Mt 7,24-27	Construção da casa sobre a rocha ou sobre a areia	II, 37
A	*15º Domingo do Tempo Comum*	*Mt 13,1-9*	*A colheita abundante*	II, 8
A	16º Domingo do Tempo Comum	Mt 13,24-30	O joio no trigo	II, 18
A	*16º Domingo do Tempo Comum*	*Mt 13,33*	*O fermento*	II, 6
A	17º Domingo do Tempo Comum	Mt 13,44-46	O tesouro no campo e a pérola	II, 11

A	17º Domingo do Tempo Comum	Mt 13,47-50	A rede de pesca	II, 17
A	24º Domingo do Tempo Comum	Mt 18,23-34	O servo incompassivo	II, 29
A	25º Domingo do Tempo Comum	Mt 20,1-16	Os trabalhadores na vinha	II, 13
A	26º Domingo do Tempo Comum	Mt 21,28-31	Os dois filhos desiguais	II, 21
A	27º Domingo do Tempo Comum	Is 5,1-7	A canção da vinha	II, 4
A	*27º Domingo do Tempo Comum*	*Mt 21,33-43*	*Os lavradores violentos*	II, 40
A	*28º Domingo do Tempo Comum*	*Mt 22,1-13*	*O banquete*	II, 16
A	28º Domingo do Tempo Comum	Mt 22,11-13	O convidado sem traje de festa	II, 28
A	32º Domingo do Tempo Comum	Mt 25,1-13	As dez virgens	II, 23
A	33º Domingo do Tempo Comum	Mt 25,14-30	O dinheiro entregue em confiança	II, 33

B	5º Domingo da Quaresma	Jo 12,24	A morte do grão de trigo	II, 39
B	6º Domingo da Páscoa	Jo 15,1-8	A videira e os ramos	I, 6
B	10º Domingo do Tempo Comum	Mc 3,27	A subjugação do "forte"	II, 2
B	11º Domingo do Tempo Comum	Mc 4,26-29	A semente que cresce por si mesma	II, 7
B	11º Domingo do Tempo Comum	Mc 4,30-32	O grão de mostarda	II, 5
B	33º Domingo do Tempo Comum	Mc 13,28-29	A figueira em flor	II, 4

C	3º Domingo da Quaresma	Lc 13,6-9	A figueira estéril	II, 24
C	11º Domingo do Tempo Comum	Lc 7,41-42	Os dois devedores	II, 9
C	15º Domingo do Tempo Comum	Lc 10,30-35	O bom samaritano	II, 20
C	17º Domingo do Tempo Comum	Lc 11,5-8	O amigo insistente	II, 15
C	18º Domingo do Tempo Comum	Lc 12,16-20	O fazendeiro insensato	II, 27
C	19º Domingo do Tempo Comum	Lc 12,35-38	Os escravos vigilantes	II, 30
C	19º Domingo do Tempo Comum	Lc 12,39	A invasão bem-sucedida	II, 1
C	23º Domingo do Tempo Comum	Lc 14,28-32	Construção da torre e condução da guerra	II, 36
C	*24º Domingo do Tempo Comum*	*Lc 15,1-7*	*A ovelha perdida*	II, 10
C	24º Domingo do Tempo Comum	Lc 15,8-10	A dracma perdida	II, 11
C	24º Domingo do Tempo Comum	Lc 15,11-32	O filho pródigo	II, 12
C	25º Domingo do Tempo Comum	Lc 16,1-13	O administrador desonesto	II, 34
C	26º Domingo do Tempo Comum	Lc 16,19-31	O rico e o pobre	II, 22
C	27º Domingo do Tempo Comum	Lc 17,7-10	O salário dos escravos	II, 32
C	29º Domingo do Tempo Comum	Lc 18,1-8	O juiz e a viúva	II, 14
C	30º Domingo do Tempo Comum	Lc 18,10-14	O fariseu e o publicano	II, 19

Conecte-se conosco:

f facebook.com/editoravozes

◉ @editoravozes

𝕏 @editora_vozes

▶ youtube.com/editoravozes

◯ +55 24 2233-9033

www.vozes.com.br

Conheça nossas lojas:
www.livrariavozes.com.br

Belo Horizonte – Brasília – Campinas – Cuiabá – Curitiba
Fortaleza – Juiz de Fora – Petrópolis – Recife – São Paulo

Vozes de Bolso

EDITORA VOZES LTDA.
Rua Frei Luís, 100 – Centro – Cep 25689-900 – Petrópolis, RJ
Tel.: (24) 2233-9000 – E-mail: vendas@vozes.com.br